学生发展指导
典型案例

XUESHENG
FAZHAN
ZHIDAO
DIANXING ANLI

乔志宏 /主编　郭俊雄 /副主编

北京师范大学出版集团
BEIJING NORMAL UNIVERSITY PUBLISHING GROUP
北京师范大学出版社

图书在版编目（CIP）数据

学生发展指导典型案例／乔志宏主编．—北京：北京师范大学出版社，2024.9
ISBN 978-7-303-29349-0

Ⅰ.①学… Ⅱ.①乔… Ⅲ.①中小学－班主任工作－案例
Ⅳ.① G635.16

中国国家版本馆 CIP 数据核字（2023）第 152381 号

图 书 意 见 反 馈 　gaozhifk@bnupg.com　010-58805079
营 销 中 心 电 话 　010-58802135　58802786
北师大出版社教师教育分社微信公众号　京师教师教育

出版发行：北京师范大学出版社　www.bnupg.com
　　　　　北京市西城区新街口外大街 12-3 号
　　　　　邮政编码：100088
印　　刷：北京虎彩文化传播有限公司
经　　销：全国新华书店
开　　本：710 mm×1000 mm　1/16
印　　张：16.25
字　　数：244 千字
版　　次：2024 年 9 月第 1 版
印　　次：2024 年 9 月第 1 次印刷
定　　价：60.00 元

策划编辑：伊师孟　　　　　　责任编辑：王贺萌
装帧设计：焦　丽　　　　　　美术编辑：焦　丽
责任校对：陈　荟　　　　　　责任印制：马　洁

前　言

············

　　党的二十大报告指出，教育、科技、人才是全面建设社会主义现代化国家的基础性、战略性支撑。必须坚持科技是第一生产力、人才是第一资源、创新是第一动力。习近平总书记强调，人才是创新的第一资源，创新驱动本质上是人才驱动。培养有创新能力的人才是我国教育事业的重要任务，对学生发展的指导就是培养创新型人才必不可少的教育内容。

　　学生发展指导是指教师面向全体学生提供理想信念、学业进步、心理健康、生涯发展等方面的指导，促进学生健康发展，是学校教育的核心任务之一，是落实立德树人根本任务的重要载体。

　　学生发展指导区别于课程教学之处，在于其个性化指导的特征。教师作为指导者，需要俯下身来，转换视角，体验学生的感受，面对学生的困难，帮助其找到解决当下问题的路径，获得问题解决能力，从而实现自我成长。在这个过程中，教师应尊重学生、关爱学生。爱学生是学生发展指导的情感基础，如果心中没有对学生的爱，没有对他们成长成才的渴望，就谈不上学生发展指导。唯有爱学生，重视他们的未来，老师才会用心观察他们的状态，才能发现他们的困难和需要，挖掘他们的资源和优势，真正促进他们的成长发展。

　　在爱学生的情感基础上，做好学生发展指导还需要具备共情、倾听的能力。学生发展指导不同于管理和教导，它不是以学校的权威和成文的纪律要求学生，而是设身处地地帮助学生坚定理想信念、提高学习能力、促进身心健康、做好生涯规划。学生发展指导不是心理咨询，但它与心理咨询有共同的技能要求，包括如何与学生建立信任关系，如何快速理解学生的情绪情感等。通过这些技能的运用，教师可以有效地应对学生的问题。

在学生发展指导工作中，班主任是中小学生健康成长的引领者和人生导师。班主任在班级管理的过程中，不仅要履行管理职能，而且要关爱学生，及时有效地指导学生。为了能够更有针对性地提升班主任的学生发展指导能力，受禅境科技股份有限公司委托，我们开展了学生发展指导视域下中小学班主任能力素质模型研究。在此期间，我们邀请北京市"紫禁杯优秀班主任"获奖者分享他们作为一线班主任，在班级管理和学生发展指导方面所做的工作，内容涵盖了中小学各阶段学生理想信念、学业辅导、心理健康教育等方面。这些真实的案例充分展示了优秀班主任关爱学生、热爱教育事业的高尚情感，也展示出他们帮助学生面对成长任务时的高超技能，为广大教师在开展学生发展指导工作中应对具体问题提供了解决思路和参考方案。于是，我们将这些案例汇编成册，最终形成了本书，以总结和分享班主任在实际学生发展指导工作中的经验，以提升教师的育人素养和能力，促进学生综合素质水平的提高，助力青少年的健康成长。

在人工智能快速发展的时代，学生发展指导在教育工作中将扮演越来越重要的角色。我们希望这些优秀班主任的案例能够得到广泛传播，让更多教师在学生发展指导中拥有更专业的技能、更深沉的情感，取得更好的成果。让我们共同努力，使更多优秀的育人经验和做法得以传播，让学生拥有灿烂的未来，让教师赢得精彩的教育人生。

目录 CONTENTS

小学 低学段篇

小月亮成长记

边颖　北京市海淀区中关村第一小学

刚刚升入二年级的学生，初步养成了行为习惯，他们对学校的学习生活并不陌生，已经顺利完成幼小过渡。他们模仿能力强，但控制能力弱，辨别是非能力还需要培养。

小月亮就是一个刚刚升入二年级的女孩。她聪明活泼，平时表现优异，但有时会采用不恰当的方式引起老师及同学的注意。开学仅一个月，各科老师都注意到一名学生，那就是我们班的小月亮，她经常做出一些让大家感到不舒服的行为。比如，当老师正在黑板上写板书时，她就开始大声嚷嚷："老师，您挡住我了！"其实，她根本就没记笔记，等老师问到她时，她又说："我都记在脑子里了！"再如，我刚在黑板上写完注意事项，有的同学还没记完，她立刻跑来说："我要帮老师做事！"于是，她便不管三七二十一就把黑板上的字全都擦了！这种行为引起了众怒！类似这样的事情时常发生，更不用说站队说话、上课说话、书写潦草……一堆的"毛病"出现在小月亮身上。平时的说教、批评根本不管用！我发现，每每和她进行谈话时，道理她全都懂；每次别人犯了错误，她也能分析得头头是道。

一、爸爸妈妈苦恼多

我决定和她的家长聊一聊，找一找问题究竟出在哪儿。与小月亮的妈妈沟通了她在学校的行为表现后，家长很重视，其实家长早已意识到孩子的问题了。经过了解我发现：爸爸妈妈的教育观念不一致。妈妈要求严格，但由于工作忙，每次出了问题不能及时管教，总想同类问题攒在一起再教育，结果发现之前发生的事孩子早就忘到脑后了，教育效果不明显；平时爸爸总认为孩子身上表现出来的毛病是小事，等发现问题严重了，又不知如何下手，只把孩子批评得痛哭流涕，留给孩子的只是自己不满的情绪。孩子希望得到他人关注，但又不知如何展现自己，所以总做一些"特别"的事情来吸引别人的目光。久而久之，家长也很苦恼，不知如何教育孩子。

二、续写故事易接受

在了解了小月亮的家庭教育方式后，我明白了为什么我的说教如此困难！于是，我约孩子、孩子妈妈进行了一次面谈。我并没有批评和指责孩子，而是心平气和地以聊天的方式展开谈话。我给了家长一个建议：少说教，多对孩子讲故事、演故事，让孩子学会思考，思考怎样做会更好。家长开始不明白我的用意。于是，我就一个已经发生过的问题和家长共同探讨。一次集会，全校师生在操场上观看演出，我们班主任自然在行间巡视。当一个外班的老师走过孩子面前时，孩子立刻对老师大喊："老师，你挡住我了！"她的行为我都看在眼里，其实她根本就没有认真观看。我问妈妈："遇到这种情况，您会怎么教育孩子？"家长愤愤地说："这样的事她一定能做得出来！我一定会批评她，怎么那么着急！老师在工作啊！挡住你不是一会儿的事吗？""我也会这样对孩子说，那咱们一起想一想这样管用吗？"孩子妈妈说："不怎么管用！""是啊，我试过多次了，也没什么效果。咱们换个方法试试。"

于是，我找来了孩子。我和妈妈一起跟孩子谈问题。我给孩子讲了一个故事："一次，动物集会看电影，小兔子也高高兴兴参加了。可是它在看演出时不认真，一会儿喝口水，一会儿站起来，一会儿躺下，这时坐在后面的老黄牛不高兴了，'你就不能好好看？'小兔子高声叫道，'前边卖水果的小猴子挡着我了！'……"我问孩子："你觉得小兔子做得怎样呢？"孩子说得头头是道："小兔子做得不好，不认真看演出，影响了别人！"我接着又问："如果卖水果的小猴挡住你了怎么办？""我会悄声地对它说，'喂，你挡住我了！'因为别人都在看演出。""你真善解人意，懂礼貌！还有别的方法吗？"孩子思考了起来……我转身问妈妈："如果卖水果的小猴挡住您了，您会怎么做？"妈妈和我配合道:"我会等一等,小猴子肯定遇到什么事了,也许有人买水果,但它一会儿就会离开的。"孩子点点头,好像有点明白了。我接着又问孩子:"如果让你接着编故事,你怎么编呢?"孩子想了想说:"小兔子等小猴子走了,它就认真看演出,不再动了,大家都夸它!"故事说到这儿,妈妈会心地笑了。事后家长深有感触地对我说:"这次谈话给了我极大的触动,经过这番谈话,我才知道自己平时在对孩子的教育中还有很多缺陷。"

三、"三省吾身",促发展

接着,我们又谈了许多,首先解决父母教育观念不一致的问题。当遇到问题和分歧时,妈妈是问题解决的主导者,爸爸可以提建设性意见,爷爷奶奶可以不参与,并由爸爸来做思想工作。我也和孩子达成协议,即从今天开始,要做到"三省吾身"——每天在记事本上记录三条:第一,今天有什么进步;第二,发现别人身上的一个优点;第三,明天我要改进哪一点。这个记事本每天要拿给妈妈看,每周要给老师分享。积攒十个"做得好(√)",家长就可以给予一定奖励,老师也会给予奖励。我希望通过这种方式激励她观察同学的优秀行为,反省自己的不当行为,从而潜移默化地改变自己。妈妈和孩子表示同意,连声道谢地走了。

在今后的课堂上,孩子确实发生了变化,她变得踏实了,慢慢地静下来,字写得工整了,上课随意说话的次数逐渐减少……一次我刚写完板书,她又兴冲冲地跑来:"老师、老师……"突然她又停住了,悄悄地回到座位上。我悄悄走到孩子身边,特意表扬她:"你学会控制自己了!"孩子欣喜地点点头。一周、两周、三周……看着孩子的记事本,我感到很欣慰。"我要做到上课不回头。""明天我要认真写字。"……孩子每一天都认真记录着,家长也不厌其烦,每一天都鼓励着孩子:"不要随意说话,认真听讲,加油!"也正是在这种自评、他评的互动中,孩子形成了良好的行为习惯。

四、扬其特长展自信

当然，仅仅有这些还不够。小月亮精力旺盛，希望获得他人的称赞，我们不能用强制手段把小月亮的"疯"劲儿压下来，必须引导她学会用恰当的方式获得他人的关注和认可，从而让她的个性得到释放，赢得自信。小月亮有个特长——跳舞。她在元旦联欢会上的舞蹈让大家惊叹不已。那何不让她做领操员呢？于是我和她约定，让她在家悄悄练习体操动作，一定要做得准、做得美、做得熟练，等练好后我邀请她做全年级的领操员。小月亮欣喜若狂！于是，每天的课间操，小月亮有了"疯"的地方，每天都美滋滋地第一个站在领操台上做操。没过多久，恰逢学校征集优秀课间操编舞，全班只有一个名额，我毫不吝啬地把这个任务当着全班同学的面交给了她！同学们对她说："辛苦你了，小月亮，一定不要给咱们班丢脸啊！"小月亮使劲点点头。之后，我又和小月亮的家长取得联系，希望得到他们的支持！果然，小月亮不负众望，认真排练、录像。后来我才知道，为了追求完美，她反反复复录了近20次，只要有一点瑕疵就重新录制，整整跳了4小时，其间她也没喊一句累。她说这个视频是要代表班级交到学校的，一定要录好！连妈妈都为之感动！这是怎样的责任感和荣誉感在一直激励着她啊！元旦联欢会上我特意让小月亮领舞，让全班同学共同学习她自编自演的健美操，这着实让小月亮"疯"了一回。

五、兑现诺言，写总结

小月亮变了，她令同学、家长、老师都刮目相看。回首这一个学期，孩子确实进步不小，虽然其间也有波动，但已得到老师和同学们的认可。我也兑现了诺言，为孩子的进步颁奖，在全班进行表扬。我想那热烈的掌声就是对孩子最好的评价。妈妈也非常欣慰，特别是在一次家长会后，当听到一名学生的家长说我们班女生中小月亮进步最大了！妈妈欣喜若狂，立刻给我发来了短信说："孩子进入了一个好学校，遇上了一位有爱心、有耐心、有责任心的好老师！感恩！"学期末，我又让孩子和家长都做了自我总结和分析，不要小看这总结，那是孩子和家长内心的又一次梳理，又一次成长！

小月亮的成长也带给我很多思考。

第一，问题外化，易接受。从心理学的角度去考虑，我们很难发现自己身上的问题，但通过故事叙说、问题外化的方式，孩子很容易看到问题。让当事人提出解决问题的办法时，他会变得更自主、更有动力，从而愿意去改变。

第二，问题内化是关键。讲道理看似有用，但实效不见得好，让学生自己体会道理、实践道理更重要。反省实际就是自我评价的过程，自我评价远比外在评价更有价值，更容易触动孩子的内心。

第三，扬长避短展个性。我们每个人都有自己的个性和脾气。每个孩子都有闪光点。教师要善于利用闪光点，通过展现孩子的特长来保护孩子的个性，以优势成长改变错误行为，是每个教育者行之有效的法宝。

【专家点评】

面对班中棘手的小月亮，首先，教师从家校沟通入手，了解父母的教育观念，与家长形成教育合力，并通过示范，指导家长改变教育方法。其次，通过讲故事、续写故事等方式将问题外化，帮助学生认识到自身的问题。再次，应用强化理论塑造积极行为：记事本上的每日三条具体反思，家长和教师的及时强化，特别是当学生表现出期望改进的行为时，教师能够及时给予强化，并鼓励学生的积极行为。最后，能够站在人的全面发展的角度来看待学生：不是只解决学生"疯"的问题，而是能够发现学生的特长，为其创造展示自我的机会，帮助学生通过恰当的行为满足价值感的需要，提升自信水平。

携手同行结联盟

崔占伟　北京市通州区永顺小学

本班学生为一年级入学新生。开始进入小学时，学生和家长或多或少都会存在焦虑情绪。学生进入新的环境，可能会出现不适应的情况，家长的担心和焦虑会更多一些。家长担心孩子能否顺利地适应新环境，尽快进入学习状态；在班级中学习是否优秀，和其他同学相比是怎样的，老师和其他同学是否会喜欢自己的孩子；孩子是不是有一个健康的心理。以上是成为新晋一年级家长主要中焦虑的问题。

一、案例描述

小宝，男，2013年6月出生，相对于班级中的其他学生，他的年龄偏小。在进入小学前，小宝在家进行了自学，对一年级的知识有了初步的、简单的了解。但仅限于知识的学习，家长并没有注重孩子在这一阶段习惯和能力的训练培养，与同龄孩子相比能力较弱。小宝的爸爸在一家公司做维修工作，妈妈专职照顾孩子的生活和学习。在和妈妈的几次沟通中我了解到，和大多数母亲一样，小宝的妈妈看着自己的孩子聪明可爱，对孩子寄予了很高的期望，也特别重视对孩子的培养，各种兴趣班从未中断。妈妈将所有的时间都用在陪孩子上，时间安排很满。但是在孩子培养上，妈妈没有根据孩子的特点，制定适合孩子的学习目标。

入学的第一天，这个小家伙就吸引了我。他目光无神地站在一群叽叽喳喳的孩子中间，既不像有的孩子那样对新的环境充满好奇，也不像有的孩子那样胆怯得不敢言语。他只是愣愣地看着周围的一切。"小手举起来"，老师一声令下，大部分孩子迅速举起了小手，小宝看到别人举起手先是愣了一下，然后慌乱地也跟着举起手来。在整个新生培训的时间里，小宝的表现几乎都是这样：事事反应慢半拍。

正式上课后，小宝对老师布置的任务置若罔闻，不知道怎么完成，需要老师一对一帮助、手把手教他。例如，当要求大家拿出方格本时，老师要展示方格本给小宝看，并对他说："小宝，听到老师的口令后，要快快拿出这个本子。"小宝还是像没听到一样，每个任务都需要老师走过去教他，协助他完成任务。几天以后，小宝渐渐熟悉了环境，他开始在课堂上和同学说话。这样的说话，在我看来并不是孩子无视老师，无视纪律。而是他没有意识到这个时间是听讲的时间，听讲要安静，小宝没有任何规则意识，完全是自我的状态。

一年级是学生习惯养成的关键时期，针对小宝这样的情况，我希望通过与家长沟通，对孩子存在的问题形成共同的认知，一起帮助孩子尽快适应小学学习。几次沟通后，妈妈并不认同小宝存在问题，告诉老师自己一直都特别努力地培养孩子，并坚信在她的努力下，孩子会更出色。在一次放学后，小宝的妈妈和几位家长在教室等孩子做值日。有两个妈妈还细心地教孩子扫地，三个小朋友学得乐在其中。只有小宝旁若无人地拿着一个纸条折折画画，或是围着桌子自顾自地跑笑，自得其乐，小宝的妈妈有些不自在了。值日结束后，家长各自带着孩子回家了，我留下了小宝的妈妈。"小宝妈妈，刚才您应该看到了小宝的问题，咱们一起帮孩子解决问题吧。""我们家孩子比这个难的都会做，你就是成心的！"说完，妈妈就气冲冲地带着小宝回家了。第二天校长找到了我，说昨天有家长打电话，反映我故意找茬，并告诉我，那位家长说自己因为孩子入学，患有焦虑症，正在看病。听了这话，我不知是羞愧还是懊悔，虽然心中气愤，但我并没有表现出来。

二、案例解决

事情过后，我也进行了反思。在与家长进行沟通的整个过程中，我太急于求成，并没有考虑到家长的实际情况，一味地认为自己的想法就是家长的想法，没有站在家长的角度看待孩子的问题，没有考虑家长的感受，也没有用心地倾听家长的想法和她心中的问题。或许小宝妈妈已经意识到了，但是不愿面对或是苦于找不到有效的改变策略。在几次交流中，我否定了家长的教育，全面输出了自己的想法。而且在整个教育过程中，我更多倾向于与家长的沟通，而没有及时调整对小宝的改变策略。

事情发展到这里，我们看到了面对教育家校理念的不同，我们应该根据孩子的具体情况，家校共情共识，找到更科学的途径，让家长和教师形成教育合力，让我们的专业教育理念助力家庭教育。基于此，我调整了自己的方法。

为了避免再次发生冲突，在一段时间内我没和小宝的妈妈沟通，这并不是放弃了小宝。我尽量利用在校时间对小宝进行教育。多和孩子聊天，一件事一件事细细地教孩子怎样做。小宝不知道上课的规矩，我就搬来小椅子，坐在小宝身边，规规矩矩手放平，坐端正，给小宝做示范；小宝不懂得怎样和小伙伴一起玩，课间我就带着他主动加入同学，给他示范怎么和同学一起玩儿，并和他一起制作手工小书签，由他去送给同学；下课了，我带着小宝一起帮数学老师擦黑板，帮科学老师发书；每天对小宝当天的习惯训练进行考核。我们一起找本子，看谁找得又快又准。每次小宝获胜了，我都会奖励他一个我们俩约定好的小印章，并告诉小宝他获胜的原因。从手把手教到逐步放手，小宝基本上能够安静听课。小宝在课上可以自己准备用具，可以听懂并执行老师的指令，回答问题时表达比较流畅，课间知道找同学一起玩儿。在这段时间里，我并没有主动和小宝的妈妈沟通，在几次放学的时候，小宝的妈妈看到我欲言又止，我也没有主动询问。

一天放学后，小宝的妈妈还没有来接孩子，我只好把小宝带回教室。十分钟后小宝妈妈进来了，看到我正在和小宝一起写着当天的作业，便不好意思地说："老师，我是故意晚来的，在学校门口和您说话，怕您不理我。其实我前几天就想和您说，孩子的变化我看见了，之前孩子干什么都是我给安排好、摆放好。最近一段时间他每天都对我说和您在学校是怎么学习的，老师，谢谢您。现在我觉得孩子进步了，也看到了您是真的为孩子好。昨天晚上孩子写完作业，一遍一遍地数您奖励给他的小印章，跟我说想换一个礼物送给崔老师。我都想哭了，这孩子从小到大第一次懂事了。以前是我不对，请您原谅，我也看到了孩子的问题。以后我跟孩子一样，我也努力，有不懂的地方我主动问您。"听了小宝妈妈的话，我也释然了，把近一段时间自己的想法以及对小宝问题的分析和妈妈进行了详细的说明，也了解了小宝妈妈的困惑，我们就小宝的问题达成了共识，消除了误会。

和小宝妈妈的误会解除后，接下来就是改变家长的教育观念，提升家长的教育理念。借助学校开通的家长课堂，每次有课程和活动我都会和家长们一起看，并在班级群里和家长们一起交流。这样让所有家长看到自己与其他家长在教育认知和方式上的不同，通过大家的沟通，带动家长们对自己的育儿观念进行调整。慢慢地，小宝妈妈也不再排斥，开始加入大家的讨论中，愿意听取别人的意见，借鉴别人的方法。其实，在这之前有家长向我反映，小宝不会跟班里的同学玩儿，不是推就是拉拽，甚至把同学拽倒。家长们在放学时和小宝妈妈反映过这些问题，小宝妈妈认为那就是做游戏，是家长们小题大做了。时间久了，其他家长都不愿意和小宝妈妈沟通了。但通过老师与其他家长不断地交流，家长之间相互了解、相互熟识。家长通过与老师的交流，对老师的教育理念、班级管理有了了解。学校经常会组织家长进课堂，我也利用班级开放日，邀请小宝妈妈到学校体验老师的工作，观察每一个孩子在学校的表现。这样小宝妈妈既看到自己孩子的进步，也看到了老师为每一个孩子的成长所付出的努力。在家长志愿者征集中，小宝妈妈第一个报名，她说：我要让小宝看到妈妈的努力。经过一个学期的反复磨合，小宝妈妈改变了自己的教育理念，成为一名合格的一年级家长，我和小宝妈妈也结成了"不打不相识"的同盟。而小宝在家长和老师的合力教育下，也顺利融入了二年级的学习生活。

通过这个案例，我认识到在家校共同合作中，班主任工作要讲究策略。对小学一年级新生及家长开展相应培训，能够缩短新生入学适应期，这对新一年级班级建设十分必要。

三、案例反思

1. 共情才能共育

家长和老师都有一个共同的目的——让孩子在原有的基础上得到更好的发展。其实在这个问题上，主要是家长和老师没有达成一致的认识，所以才出现了老师认为对的，却没有得到家长的认同。

首先，在与家长的沟通中，我们不要急于表达自己的想法、指导家长的做法。我们应该学会有效倾听，在倾听的过程中感受家长的心情、家长的期望、家长的困难等；还可以了解家长的性格、为人处世的态度，这样可以减少不必要的误会。

其次，我们要用同理心和家长进行交流。家校沟通方式很重要，尊重、共情是我们进行家校沟通的前提，也是作为一名班主任应该具备的素养。能够设身处地地考虑家长的状况，理解对方，是每个老师都应该做的。我觉得作为班主任，或许我们也是家长，所以在跟家长沟通之前先要共情，我能理解你，我们是同盟者，这样大家不是一个对立的关系。接下来，班主任再给家长一些具体的指导方法，这样家长就不会有被指责的感觉，而是会跟班主任一起找到帮助孩子解决问题的策略，家长和老师是在一种相互理解、支持合作的氛围下完成对孩子的教育的，毕竟我们的目标是一致的。

2. 有效的学前教育

一年级是孩子学习的关键期。家长非常期望刚进入一年级的孩子能够尽早适应小学生活，得到老师更多的关注。但受一些因素的影响，如环境、家庭教育方式，许多孩子不能很好地适应新生生活。因此，适时对一年级学生的家长进行相应的培训，对更换角色的家长给予方法的指导，将对减轻家长的焦虑情绪，有效帮助孩子过渡，顺利开始小学生活有很大的帮助，这对教师进行新生班级管理、开展班主任工作也十分有利。

3. 提升自我

面对新入学的学生，入学后出现的此类问题对我们自身也提出了更高的要求。我们要对学生每个阶段的培养目标有清晰的认知，针对不同年龄段学生的心理特征，进行有效的指导。同时，专业的知识也让我们有的放矢地对家庭教育进行指导，帮助家长树立正确的家庭教育理念，帮助孩子提升能力，培养习惯，培养孩子的学习素养，让孩子顺利开启学习之路。

【专家点评】

家长是学生的第一任启蒙老师。初入校园的学生的行为往往可以反映家庭教育情况，班主任除了要做好学校教育之外，还需要关注学生的家庭教育。在工作过程中，班主任不仅要关注学生的心理状态，而且要关注家长的心理状态。选择用行动改变学生的行为习惯，进而影响家长的教育理念，让家校之间从对抗不合作的状态转变为友好的联盟伙伴。

崔老师所举事例是典型案例，很有研究价值。作为班主任，崔老师能够换位思考，站在家长的角度思考问题，并且有方法、有策略、有耐心地解决问题，这一点难能可贵。有时候，产生冲突的原因就是教育理念的不同。在教育理念上达成一致，就能够跟家长共情，很多问题也就迎刃而解了。崔老师关注孩子的点滴成长，对每一个孩子都负责，这种态度和责任感，是敲开家长心门的一块砖，并且能够更好地促进家校协同发展。

感谢特别的你

杜薇　北京市东城区府学胡同小学

　　在教学工作中，我们总会遇到不同问题，有时很让人头痛。我任教的三年级有一名刘同学。他有着鲜明的优点和不足。任教两年的音乐老师申请不再继续教我们班，甚至不再教这个年级的音乐课，就是因为我们班的小刘。课间，小刘因为在楼道随地吐痰被值班老师批评教育。早上，背着书包的小刘一头撞进教室，结果撞到原本大开着的门上，咣的一声又撞到墙上，把大家吓了一跳。小刘也有优点。二年级时，小刘创办了"飞鹰队"，还自编了队歌。此外，三年来，他总会提前写完作业。他坚持写日记，而且写得很生动。小刘能把课文按照自己编的节奏拍着手背下来，从而赢得同学们热烈的掌声……

　　记得要上一节数学观摩课，有区级、校级领导听课，授课内容是关于可能性的学习。数学老师选定我们班上这节课是对我们班级的信任，作为班主任的我也非常重视，课前叮嘱纪律，提醒学生注意精神面貌，认真听讲，积极发言等。上课时间到了，我帮助数学老师将学生带到观摩教室，我也留下来一同听课。

　　课堂上老师讲得很精彩，环环相扣，一定、可能、不能三个概念及三种情况讲述得清楚、明白。接下来是做练习，老师出了一道判断题："从现在开始一直到 2050 年，我们不吃东西，还能活着。"同学们说："不能！不能！"这时一个声音出现了，"可能，可能！"是小刘。我急忙用眼睛看他，想用目光制止他。可他根本不看我，只顾举着手大声说着可能。他解释说靠喝奶就能活着，数学老师和同学们都在帮他纠正"不吃东西"的前提，以及即便喝奶也难以维持 20 多年的时间。但他还是坚持"可能活着"。我十分气愤，终于和他目光相对了，那时我的表情一定很难看。

　　下课后，我询问小刘为什么说"可能"，他说他妈妈是医生，妈妈所在医院里的病人有的是"植物人"，他们就能不吃东西，而且活很久。我提醒他，植物人需要营养供给。他的回答偷换了"吃"的概念，不过他是有想法的。

没过两日，早上到校后，小刘坐在位子上念叨着："杜老师不公平，杜老师不公平！"声音大得周围的几名同学都侧目看他。我很生气地问他："我怎么不公平了？"他说："有人能做三次值日班长，而有人只能做一次，这不公平。"我明白了他说的是关于轮换做值日班长的事。为了调动学生多为班集体服务的积极性，我宣布谁做得好就可以奖励连任一天。上周，雪格同学任值日班长那天，我们到南校区上数学公开课，她负责得很好，我就宣布奖励她周五连任，这才有了小刘早上的意见。接着，他说这学期他才做了一次值日班长，以后可能轮不上了。我不知说什么好了。是呀，我明白了，我只想到鼓励做班长做得好的孩子，没有想到这会影响轮换的进程。

我经常和小刘的妈妈沟通小刘的在校情况，当天晚上在电话中说起此事，妈妈补充说："小刘几天前就在计算着哪天放假，本学期自己是否还能再担任一次值日班长。"

听到家长简单的描述，想到小刘在乎的、气愤的表情，我不禁反思自己在工作中的想法、做法是否周到全面。我们学习《弟子规》，背诵《弟子规》，更应该践行《弟子规》，我至少违背了《弟子规》中两方面的教导。其一，做事要谨慎地教导，即"勿轻略"，做事不要轻率，要慎重，学生的事不是小事。其二，做事要守信，即"凡出言，信为先"，要取信于人。

别看小刘年龄小，但是他有爱心，有责任心，很愿意为集体、为同学们服务。孩子们盼望着为大家服务，多可爱的孩子，多该被珍视的童心呀！事后，我及时和小刘交流，也在全班同学面前对我工作的不严谨，以及带来的问题，真诚地向他道歉，还表扬他心中有集体，愿意为同学们服务。

我们常常希望学生异口同声，也希望学生与众不同，问题在于这些都是我们的希望。课件上已经写出了答案，我们是有所设计，有所计划的。不是我们预设的就要纠正吗？这个纠正的过程应该怎样设计，我们是否考虑过。

学生所做的每一件我们认为不该做的事，说的我们认为不顺耳的话，都是有原因的。人和人看待一件事的角度不同，感受是不一样的，换位思考，就多了一分理解，也就有了不同的答案。

做老师要自信，是是非非要当机立断。但对学生而言，我们也应保留宽广胸怀，以接受不同的观点。

小刘就是这样一个敢想敢说的学生。在试图纠正、帮助他的同时，我也在纠正自己，提升自己，感谢我的学生。

【专家点评】

教育不应把学生视为单纯的知识接受者，不应让学生一味地认同我们的观点和看法，我们允许不同的声音，也允许不同的观点。对待学生，老师应当更加包容。我们应将学生看作知识的探索者和发现者，正确对待学生的不同观点及他们心中的疑惑。

杜老师能够从学生的行为中反思自身的问题，学会向学生"借"智慧。杜威说过，儿童是起点，是中心，而且是目的。该案例反映了老师尊重学生的主体地位。在学习活动中，老师应以学生为主体，重视学生的意愿、情感、需要和价值观；相信学生的发展潜能，并最终达到自我实现的目的。当放低姿态观察和倾听学生内心的想法时，我们也会发现他们是有大智慧的小孩子。向学生学习也体现了教师在工作中应该坚持教学相长，在教授知识的同时发现、了解学生的特点，从而助力学生的成长和发展。

珍惜教育机会　　成就学生成长

杜薇　北京市东城区府学胡同小学

学生各有所长，教师应调动学生们的积极性，发挥他们各自的长处为大家服务，从而不仅帮助他人，而且锻炼自己。我们班的小牟和小茅两名同学，像很多学生一样，他们利用课余时间学习乐器。

周五上午的最后一节课是音乐课。上完音乐课后，我作为班主任主动到音乐教室，向教音乐的邓老师询问课上同学们的学习情况及课堂表现。见我走进来，邓老师主动说今天课堂纪律没问题，但出现了一些小情况。

原来音乐教材中有一课是了解乐器，邓老师希望班上有学习大提琴的孩子给大家做一次讲解展示。同学们知道班级中小牟、小茅两名同学在课余时间学习大提琴，于是纷纷举荐。但没想到的是他俩不愿意承担此任务，理由是要准备音乐考试，平时太忙了，没时间准备。邓老师接着对我说："咱班真怪，在别的班说要展示所学的乐器时，同学们都积极争取，他们俩却不愿意参加。"这件事，该怎么办，是听之任之，不当回事，还是……

我快速地回到班里，这时孩子们正准备吃午饭。我请小牟、小茅来到教室前，我和气地问他俩："猜一猜为什么请你们过来？"他俩诧异地望着我，其他同学提醒说："应该是大提琴的事吧！"我于是直接问他俩："为什么不愿意承担这项任务？"他俩果然说是没时间准备，要准备音乐考试。我接着说："你们俩换一个角度想一想，要是承担这项任务，又会有什么好处呢？"他俩想了想，小牟轻声说："其实准备大提琴考试与给同学们讲解大提琴也不矛盾。"小茅补充说："给同学们讲，让大家了解大提琴。"小牟说："作业抓紧做，也有时间准备。""还有吗？"我继续启发着，眼睛望向座位上的同学们，嘉珺同学说："给同学们讲有关大提琴的知识，也能锻炼自己。"这时他俩已经明白了我的用意，我说："那你俩愿意接受这项任务吗？"见他俩都说愿意，于是我请他们回到了自己的座位上。

　　我接着问同学们："判断一件事该不该做的标准是什么？"同学们交流着："帮助他人""促进学习""父母开心"……我总结道："同学们说得特别对，音乐课上为同学们讲解、展示大提琴是一件好事，这件事我们应该承担，还要努力做好，因为这是能帮助同学们学习的，自己更是会受益的。"我接着举例："杜老师带着你们学习传统文化，诵读古诗文，杜老师也特别受益，这是教学相长的道理。你们的爸爸妈妈为你们学习乐器付出多少辛苦，你们能讲给同学们，学做小老师，这对他们也是很好的回报，他们会很开心。正像《弟子规》中说的那样'亲所好，力为具'。我们学习知识技能的目的就是掌握多为他人服务的本领，努力地创造和传承。"最后我还送给同学们两个词，一个是"毛遂自荐"，另一个是"责无旁贷"，并通过解释词义，引导学生要学会担当。当然，我也向两名学生表态，说杜老师会积极调动大家的力量全力支持他们。

　　支持要有行动。我告诉邓老师，两名同学愿意承担这项任务，并会积极准备。这样使邓老师心中有数，好早做安排。我又分别和两名同学的家长取得联系，不仅讲明了这项工作的内容，还特别介绍他俩从推脱到接受的过程，介绍了我们师生以及全班同学的交流过程，最后赢得了家长的支持。为了便于交流、了解准备情况，我组建了微信群，群名叫"我爱大提琴"。其实我对大提琴知之甚少，我真正爱的是学习大提琴的学生们，并想从热爱音乐、热爱学习的情感出发带动他们。小牟和小茅积极行动起来了，他们利用课余时间练琴也更加主动了，还把将在课上展示的曲目视频发到群中，供大家鉴赏，让大家提建议。两个人分工合作，很快就把在课上演示的PPT做好了。他们还通过微信群商议好，利用周末，小牟到小茅家进行合练。家长帮忙记录了他们在家中合练的情景，看他们准备得很认真，我既欣慰也对他们上好展示课充满信心。

　　一周之后的音乐课上，两位小老师走上讲台。我放下手头的工作，欣然前往。他们先是合奏三曲《天鹅》《金蛇狂舞》《荷塘月色》，引导同学们发现大提琴音色的特点。接下来，小牟主讲，讲述得自然流畅；小茅主拉，演奏得熟练准确。这是一节将认识乐器、音乐欣赏、学习展示融为一体的学生课堂。整节课上，我认真地、动情地倾听；帮助摆架子、翻乐谱、拍照片、拍视频，然后将照片、视频发到班级群。我的角色是学习者、欣赏者、服务者、报道者……

这节课上得十分成功，结束时同学们、邓老师和我都报以热烈的掌声。下课了，邓老师仍然赞不绝口，还特别邀请这两名学生走进另外两个班级进行讲解，给他们进一步锻炼自己、服务他人的机会。在后面的课程中，小牟和小茅还提出让班级中学习小提琴的若朴同学一同加入演示，让同学们对比大提琴和小提琴两种乐器的不同之处。这个好想法，是我和邓老师都没想到的。我也安排好工作准时参加，做好服务工作，给予他们支持。

这件事引起我的思考，一是要重视班级学生学习的每一门课程，加强和各学科老师的有效沟通，及时了解、掌握学生的学习情况。通过音、体、美等课堂教学的有效完成，促进学生德、智、体、美、劳全面发展，落实五育并举。二是要珍惜每个教育时机。判断教育时机的标准是看它是不是有利于学生的成长进步，是不是有利于促进学生全面发展。在问题的解决中，我们要积极创设条件，搭建平台，调动学生、家长、教师的力量成就学生。三是在日常教学中不要害怕出现问题，不要害怕出现异样的声音，因为这正是我们做好工作的机会。教师通过积极正确的引导，促进问题解决，调动学生的积极性，学生回报我们的是意外的惊喜。在这个过程中，我们也在不断积累经验，成就学生的成长。

【专家点评】

心理学研究表明，学生在受到激发和鼓励的情况下，可产生完成目标的内在驱动力，促使他们自觉创造条件，最大限度地发挥自己的主观能动性、积极性和创造性，从而完成任务。因此在日常生活中，当学生面临选择踟蹰不前时，教师应帮助他们分析背后的原因，同时鼓励他们大胆尝试，这样能够让他们更主动地去承担和探索。

　　杜老师通过了解学生的心理特点，运用教育智慧消除学生心中的顾虑，进而调动学生的积极性，使学生充分利用各种机会进行自我展示。一个有智慧的教师是善于发现并利用每一个教育契机的人。杜老师能够与学生交流，通过巧妙地梳理学生心理，帮助学生发生思想上的转变，进而促使他们发生行为上的转变。

读懂学生的情绪语言

高鸿艳　北京市通州区教师研修中心实验学校

开学后不久，一个长得十分可爱、帅气的一年级小男孩，很快就成了有名的人物，他叫小张。刚开始老师们都很喜欢他，可是没过一周他就引起了各学科老师的"注意"，成了老师的教育重点。

那些天，我几乎每天都会听到关于他的消息，如上体育课时，他想上厕所，没有和老师说就尿裤子了，然后脱了裤子在门口开心地跑，同学们都大笑起来，还有一些同学也围着他跑。数学课、语文课上，他经常开小差，不写作业，不收拾学习用品、把书包弄到地上。音乐课上他乱喊，乱叫，乱跑。课下无缘无故就动手打人……我每天都跟他说千万别打人，不要欺负人……就怕他惹祸。

有一天，我外出听课，担心他会"出事"，特别嘱咐其他任课老师多关注小张，结果回来后，他还是"出事"了。英语老师说她让一名同学到台前表演，那名同学回自己座位时，小张伸出自己的脚故意绊倒同学。课下他还乱发脾气、打人。

一、了解行为背后的故事

要想解决问题就要找到问题出现的原因。于是我找到小张家长，经过长谈，渐渐了解了他的情况。原来小张在三岁时父母就离婚了，从他记事开始，就没有感受过母爱，这几年都是他爸爸一个人带他。爸爸说小张从小到大缺少关爱，三岁之前由妈妈带，没有小伙伴一起玩耍，没有爷爷奶奶、外公外婆的陪伴。妈妈不爱说话，不爱跟人接触，脾气古怪，小张的成长环境跟别的孩子不一样。后来爸爸带着他到处走、到处接触人，现在改变了很多。小张在运动方面表现也不好，爸爸现在会带着小张一起锻炼，让他逐步提高运动能力。现在爸爸也在反思自己在家庭教育中的不足。

二、读懂学生情绪语言，梳理问题找方法

一次运动会上，小张没有参加项目，也不和同学玩，他紧紧地拽着我，抱着我，还一个劲地管我叫妈妈、妈妈……我当时想：孩子爸爸不管多么爱他，多么细心，多么想学习教育方法，可孩子从小失去母亲的关爱，内心没有安全感。于是，我对他的情绪问题、打闹事件、种种违反纪律的行为又有了新的认识。孩子从小没有妈妈陪在身边，妈妈所能给予孩子的爱与教育，不是老师和孩子的爸爸能够替代的。爸爸、妈妈对孩子的教育会直接影响孩子的大脑发育，妈妈的缺位让孩子的大脑里缺少了许多教育元素，所以他才会有和其他同学不一样的言行。

我在对他渐渐了解后，也分析、梳理了他的一些问题。

1. 情绪问题

小张脾气不好，在不能明确表达自己的愿望时会发脾气、大哭，甚至打人，但有人听他诉说，他会马上停止哭闹。

2. 自我认知问题

小张秩序感不好，但经过善意的提醒，他会马上改正自己。要是被其他孩子告状，他可能不会好好配合，他更想自己去改正错误。

有时候他又会莫名其妙地难为情，尤其在正式的场合下，如表演节目、当众发言时。

小张有强烈的自主意识，如老师让按要求画画，他却要按自己的想法去发挥。

3. 行为问题

小张管不住自己，爱捣乱，幼儿园老师形容他只有七秒的记忆，很多道理、规矩他都知道，但就是记不住，管不住自己。

爸爸平时对他的处罚多，他说不会再遇到比他爸爸的处罚更严重的处罚了，所以谁说都不听。

小张容易沉浸于自己的世界。不管上课还是下课，他都喜欢沉浸于自己的

世界中，这时就需要用他更喜欢的其他事物转移他的注意力，如听故事、看故事书。

小张经常会抬手打人。当他意识到自己犯了严重错误时，还会打自己。

小张身体协调性比较差，体育方面不好，虽然爸爸每天都带着他锻炼，但效果不明显。

小张有很强的好奇心，不经过别人允许就去碰他感兴趣的东西。

通过分析以上问题，我发现：孩子需要关注、需要爱的陪伴，他的行为正说明他希望和别人交流，但是他不会正确表达自己的情感需求，也不会正确表达自己的情绪。我要多关注他、多关爱他，让他学会管理自己的情绪，这样他才能专注学习。

三、学点心理学，教育很轻松

心理学通过研究表明，人类在成长过程中，并不能完全掌控自己的行为，其行为总是受到潜意识的影响。在受到内心欲望的驱使或环境的压力时，人的行为经常会失去自我控制，其失控行为的程度就得看当事者对于事情的看法以及应变能力，严重的失控行为就会出现完全违背自己的信仰和认知的言行。

《原生家庭》一书阐述了每一人的性格都会有原生家庭的影子。了解小张的家庭情况后，我看到了小张的无辜与无助，认识到了原生家庭对他的伤害及影响。我会从另外一个角度理解他，从内心与他和解，不再把他看成容易违反纪律的小孩子，而是从心底去关爱他，在生活中多关心他，用"你刚才表现得还可以"或者"很好，希望你能保持"这样的语言方式和他交流。在课下我经常和他聊天，给他讲道理。他有进步了，我就奖励他糖果……他也乐于接受我的要求，慢慢地小张学习专注力提高了，老师们都说他有了很大进步。有时课下他会拉住我的手，依偎在我身旁叫我妈妈，我知道他在我这里是有安全感的，他不再发脾气了，情绪也比之前稳定了。

在读完《最受欢迎的哈佛心理课》一书后，我给小张提出了一些建议，让他积极参加班级和社区的活动，培养自己的社交兴趣和社交能力。人是社会的一员，必须生活在社会大家庭中。我们要学会和别人沟通，学会关心别人，学会包容别人。我们努力去爱别人，去帮助别人，从而增强自己在学习、生活上的信心，减少心理上的一些危机感。我还告诉他要多交朋友，把生活中、学习中开心的事和烦恼的事，多和好朋友一起交流，这样可以缓解自己的不良情绪，更能获得新的思考。在家里，要多听爸爸的建议和教导，多做一些力所能及的家务活。小张采纳了我的建议，家长也很支持我的想法，并配合我一起教育。经过一段时间后，小张越来越自信了，小伙伴们都很喜欢他，他的学业表现也越来越好了，也能很好地控制情绪了，再没有淘气、违反纪律的事情发生了。

情绪指的是任何心理感觉、感情的激动或者骚动，泛指所有激烈或兴奋的心理状态。情绪的表现可以分为几个方面，包括生理变化、主观感觉变化、行为冲动变化。在这个教育案例中，解决小张情绪发生和变化的因素到底有哪些呢？我们应先了解决定小张情绪发生的关键因素。当我了解到他的家庭情况后，对他的认知和评价有了转变。再者，搞清楚决定情绪的关键因素是人、事物与人的需要的关系，即处理关系问题。孩子从小缺少母爱，没有和母亲建立亲密关系，缺乏母亲对他的教育、引导、理解、关心、陪伴。弥补孩子母爱的缺失不仅需要老师的教育，还需要家长的配合。

学生的成长与家庭教育理念、教育环境、教育行为有关系。学生出现的问题各有不同，教师需要用不同教育方法去转变、影响、感化他们。有些问题不是一时就能解决的，教师需要学习一些相关的专业心理学知识，深入了解学生的语言及行为背后的故事。今后，我会继续关注学生的问题、情绪，用心把他们教育好，促进他们健康成长，快乐学习。

【专家点评】

共情是指体验别人内心世界的能力。人本主义心理学家罗杰斯曾提出共情理论，该理论包括深入对方内心去体验对方的情感和思维，拥有同理心；借助知识和经验把握对方的经历和人格之间的联系，更好地理解问题的本质；把自己的情感传达给对方，以影响对方并取得反馈。高老师能够深入学生的内心，体验学生的情感，理解学生的情绪语言，真正了解学生的诉求是什么。

教师与学生处于不同的人生阶段，产生情绪情感的分歧很正常，但是如果教师能够与学生平等对话，就能够更深入了解学生心理，从而建立起沟通的桥梁。这样能够让学生更信任教师，正所谓"亲其师，信其道"，很多问题都会迎刃而解。学生的情绪是最直接的语言，这就需要教师能够通过其情绪语言或者肢体语言去观察、体会学生的想法与诉求。

家校合力　改善亲子关系

郎朝霞　北京市通州区潞苑小学

居家期间家长除了要照顾孩子的衣食起居，还肩负起学科教师和班主任的角色。在与孩子朝夕相处中，亲子冲突时有发生。

牛牛和父母就处在这种矛盾集中爆发的状态。才上一年级，牛牛就有点叛逆，他不喜欢被说教，做事有自己的想法，学习主动性比较差，自我管理能力比较弱。牛牛的父母脾气比较急，也没有找到适合自己孩子的教育策略，面对磨磨蹭蹭的牛牛，他们时而耐心有加，时而大发雷霆。不过平时各忙各的，冲突没有那么集中。而居家期间牛牛和父母在空间和时间上有了更多交集，平日里隐藏的亲子问题被引燃和激化。

其间，牛牛妈妈几次向我打电话"投诉"，说牛牛作息毫无规律，一起定好的计划也是能拖就拖，每天懒懒散散。家长苦口婆心地劝说，他答应得好好的，但还是各种拖延、逃避；冷暴力不理他，他不痛不痒，依旧我行我素。只有发一通火或者教育一顿才能有立竿见影的效果，可这效果也只能维持两天。妈妈恨铁不成钢却又无可奈何，陷入说教—批评—冷战—发火的恶性循环。

和牛牛视频聊天时，他向我展示因为不认真写字而被妈妈撕坏的书本，他形容妈妈发火时的样子像"疯了"，对爸爸的介绍则是脾气暴躁。听牛牛云淡风轻地说着这些，我特别心疼。

一、深入沟通，把握亲子关系

通过和牛牛父母的一次视频沟通，我了解到由于父母工作忙，牛牛大部分时间都是奶奶在带。父母的缺席，使得孩子既渴望父母的陪伴，又缺乏对父母的信任。父母对牛牛期望高，但性格急躁，经常采取简单粗暴的方式进行教育，这更拉开了孩子与父母之间的心理距离。

最近一次的亲子冲突，是因为牛牛乱花钱。为了调动牛牛的学习积极性，妈妈和牛牛约定，如果认真写作业，牛牛就可以赚钱。可是，一天下班回到家，妈妈得知牛牛用写作业挣的钱买了零食和玩具，就开始批评他乱花钱，牛牛颇不服气，气得妈妈大发雷霆。我问妈妈，您教过牛牛怎么理财吗？或者对这些钱的用处做过规定吗？妈妈才想起来她只教了牛牛怎么挣钱，没教他怎么花钱。所以，在牛牛看来他只是用他挣的钱去买想要的东西，他不明白妈妈为什么生那么大的气。

在我的引导下，牛牛的父母试着站在孩子的角度看待问题，意识到家长总把孩子当作大人看待，一直提要求，却没有想过这件事情对孩子来说可能有难度，更没有想办法提供支持帮助孩子达到目标。

借着这次沟通，我梳理出牛牛的特点：第一，畏难，需要情感支持和方法的指导；第二，性格倔强；第三，渴望被关注，需要他人的肯定和欣赏。

关系大于教育，态度大于方法，面对孩子的种种问题，我们应该首先从改善亲子关系开始。牛牛的父母也同意我的观点，我们一起在改善亲子关系上做了一些尝试。

二、统一战线，团结协作

1. 师长统一认识，互相配合

牛牛父母最头疼的就是牛牛对待学习的态度。我列举了一些牛牛在学校抓紧时间写作业、帮助同学、热爱劳动的表现，肯定地告诉牛牛父母，牛牛是一个自尊心强而且很有上进心的孩子。

我提醒他们，牛牛现在每天过得稀里糊涂，表面看起来满不在乎，内心却是焦虑的。但是他不知道如何改变这种状态，又经常收到负面评价，所以有一些自暴自弃，面对学习时会选择逃避。家长不能一味地提出要求，而要和孩子站在一起，了解他的努力和遇到的困难，理解他的心情，成为孩子的"同盟"伙伴，一起面对问题、解决问题、树立信心。

牛牛的父母反思了自己的教育方式，表示同意我的观点。

2. 亲子统一战线，结为同盟

一方面我鼓励牛牛的父母试着以孩子的角度看待问题，另一方面我们一起寻求解决问题的方案。我建议他们和牛牛一起制定作息时间表，培养牛牛的时间观念，同时我们配合演了一出戏。

我给牛牛打了个视频电话，询问他的生活状态和学习情况，就其表现批评了一番。见到老师这么生气，牛牛低下头不再说话。妈妈赶紧说牛牛在家会主动做家务、照顾弟弟，他还喜欢看课外书，牛牛会更加努力，请老师相信牛牛。就这样，在孩子因被老师批评而心情低落时，妈妈趁机和孩子统一了战线。牛牛的内心对妈妈充满感激，爸爸妈妈借着这个机会给牛牛鼓劲，和他一起制定了作息时间表。

很多孩子都制定过作息时间表，但是往往虎头蛇尾。为此，我给牛牛的父母提了几点建议：

（1）制作亲子作息时间表。这张时间表既规定孩子的活动内容，又规定家长的时间安排。

（2）作息时间表除了学习、睡觉和游戏的安排，还要留出一些自由、自主的时间。

（3）每天在固定时间盘点成员表现，家庭成员之间互相鼓励和督促。

（4）赏罚分明，爸爸妈妈遵守或违反安排也都要接受奖罚。

在孩子看来，这份家庭时间表让他生活更加充实，也了解了爸爸妈妈每天是如何安排生活和工作的。这份时间表带给孩子的不是被监督、被管束，而是与爸爸妈妈成为同盟战友，一起管理时间，这样孩子更愿意遵守和接受。在了解了孩子面临的困难和挑战之后，我们帮助孩子找到克服困难的方法，既增进了亲子关系，也大大增加了孩子的自信心。

三、走进内心，读懂孩子

亲子关系的关键在于沟通，沟通重在走进孩子内心、读懂孩子。牛牛表现出来的倔强与对抗，其实是对父母不理解的一种抗议。我告诉牛牛的父母，与孩子产生分歧时不妨思考他到底在想什么、他为什么这样做。对孩子的了解越多，理解和尊重也会更多。

我和牛牛的爸爸妈妈一起做了三个约定。第一，下班再晚，也要和孩子聊聊天，多了解孩子。第二，多了解孩子行为背后的原因，做一个倾听者，不要急着反驳。第三，如果控制不住愤怒的情绪，可以远离现场，等情绪平稳后再进行沟通。

一天，牛牛和弟弟玩水时，T恤被弄湿了，牛牛刚换了一件衣服，没一会儿又被弄湿了，爸爸让他再换一件他就是不换。爸爸对牛牛倔强的态度很不满，刚要发脾气时想起我们的约定，赶紧离开现场。等静下心和孩子聊才知道，原来牛牛觉得再换一件衣服还是会湿，奶奶又得多洗一件，不如一直穿着这件，奶奶就能少洗一些衣服了。爸爸很震惊地对我说："我从来不知道他会这样想！"这件事以后，牛牛的爸爸妈妈更明白倾听孩子、读懂孩子的重要性了。

或许有时孩子的行为让人不解，孩子的倔强和任性让我们觉得被冒犯，其实这是因为每个孩子都有自己独立的思想。如果我们站在孩子的立场，从孩子的角度思考问题，就会发现孩子的行为其实是情有可原甚至令人感动的。

四、关注优点，欣赏孩子

在牛牛父母眼中，牛牛懒散贪玩、逃避学习、自律性差、言而无信，从头到尾都是问题，指责和批评成为父母教育孩子的主要方式。一直生活在父母否定中的牛牛越来越缺乏自信，破罐子破摔成为他无奈的选择。当爱指责的父母和不自信的孩子碰撞到一起时，紧张的家庭氛围和逐渐疏远的亲子关系成为必然的结果。

牛牛内心特别渴望得到父母的认可和欣赏，我相信，每个孩子都有他自身的优点与可爱之处。只要父母调整心态，运用恰当的方法，用心去发现孩子的优点和进步，就能让孩子感受到父母的欣赏和信任。

用什么方法能帮助父母发现牛牛的优点，帮助牛牛尽快建立自信，同时增进亲子关系呢？

我建议牛牛的父母在家里打造一面成就墙，每个家庭成员都把自己的成就记录在墙上，如妈妈做的美味的饭菜、爸爸顺利完成工作任务、孩子认真书写的一张字……爸爸妈妈要引导孩子发现自己的成就，多鼓励孩子，激发孩子的热情。还要每周开家庭会议，围绕成就墙互相赞美彼此的进步，给彼此一个拥抱或者小小的奖励。

家庭成员之间的相互欣赏、相互鼓励，能够营造和谐温馨的家庭氛围，对孩子的成长非常有益。牛牛的爸爸妈妈对我说，起初他们总羡慕别人家的孩子，觉得自己的孩子有很多问题。自从有了成就墙，他们逼着自己使劲找孩子的优点，没想到孩子的优点越找越多，也开始为自己的孩子感到骄傲，孩子好像也不那么难管了。

如果父母总是一味地批评和指责，孩子会感到自己做什么都不行，久而久之就会产生消极情绪。家长要善于发现孩子的优点，让孩子看到希望，鼓励孩子不断超越自我。父母借成就墙这个形式传递出对孩子的欣赏和肯定，孩子也通过前后对比发现自己的进步，从而获得自信，亲子关系也得到了改善。

理想的亲子关系是相互关爱、相互支持、相互理解的稳定关系，在这种情况下，教育孩子是一件简单和自然的事情，孩子成长的样子往往就是家长期望的样子。但是，现实生活中大部分家庭的亲子关系是不稳定的，孩子并不能真正信任家长。

我先通过与家长多次沟通和实践，使得牛牛的父母意识到亲子关系的重要性，认同理解与尊重的原则，进而愿意在行动上多陪伴、多交流、多换位，最终亲子关系得到缓和，和孩子的沟通更加顺畅。

但是家庭现有的亲子关系不是一朝一夕形成的，而是长期互动的结果。在重塑关系的过程中，父母的固有认知和评价习惯有时会再次破坏稍有改善的亲子关系，出现亲子关系的倒退或反复。父母必须认识到，真正获得孩子的信任是一项需要诚心与恒心的长期工程，父母要不断学习、反思和调整。教师除了要对孩子进行引导教育，还要不时鼓励家长，给出一些建议，尤其是在家长受挫、迷茫的时候坚定其改善亲子关系的信心，与家长一起为孩子营造健康、和谐的家庭环境，让孩子在和谐的亲子关系中汲取营养，获得前进的信心和勇气。

【专家点评】

亲子关系是我们来到这个世界上的第一个人际关系，对于孩子身心的成长至关重要。父母是孩子的第一任老师，父母的一言一行直接影响着孩子未来的成长。居家期间，父母与孩子长时间待在一起，很多矛盾容易集中爆发。怎样处理好自己对孩子的期望与孩子本身的意愿之间的平衡，是父母的必修课。老师能够与家长进行有效沟通，协助家长改善亲子关系，这不仅有益于学生的在校表现，而且有利于学生的身心健康成长。

郎老师不仅善于思考，而且能够发现问题的本质，解决问题有方法、有策略。郎老师对待学生有耐心、有恒心。亲子关系问题的解决需要时间和行之有效的方法，这都需要老师的经验和教育智慧，还需要不断地跟进、督促落实。从这个案例不难看出，郎老师的跟进是及时的，与家长的沟通是高效的，取得的效果也是非常明显的。

为学生搭起成功之梯

蒙见凤　清华大学附属小学清河分校

小郭同学读三年级时，我成为他的班主任兼语文老师。接手该班后，我从学生中了解到：小郭易怒，不注重个人卫生，入学以来各方面的表现都有些不足，没什么同学愿意和他交朋友。小郭的爸爸妈妈对孩子的期望比较高，但爸妈对孩子溺爱，从不对孩子说"不"，由此导致孩子任性，眼高手低，胆大不怕人，什么都想得到最好的。

面对小郭，我应该怎么办呢？想起在一次班主任培训会上，陈纪英教授说："所有的学生都希望表现好行为，所有的学生都希望得到关注而表现好行为，所有的学生都希望得到支持而表现好行为，所有的学生都希望得到重视而表现好行为，所有的学生都希望得到理解而表现好行为，所有的学生都希望得到鼓励并表现好行为。"作为老师，我们应该相信每个学生都愿意学好，都能学好，都能获得成功！我们应该努力去成就学生们的美好愿望，帮助他们获得成功。在这种理念的支撑下，我努力发现小郭的好行为，理解他，帮助他，为他搭起成功的阶梯。

在日常生活中我观察郭同学的表现，了解其行为背后的原因以及解决办法。我发现小郭的卫生习惯很不好，鼻子上还天天挂着两条"白龙"，经常当众擤鼻涕，座位上常有一堆擦鼻涕的手纸。在班里，小郭敏感多疑，喜欢大喊大叫，想哭就哭，情绪变化无常，上课经常要去厕所。他经常骂人打架，出口就是脏话，还喜欢拿别人的东西，敢跟老师对着干，脾气倔强。小郭的语文、英语学业表现欠佳，写的字龙飞凤舞，不喜欢上体育课。他什么事都争着做，但什么事又都做不好。学生不愿与他做朋友、讨厌他，任课老师也拿他没办法。

难道小郭真的一无是处吗？我继续观察……慢慢地，我发现了他的优点，他爱看科学书，比较聪明，他还特别愿意为班级做事……每次看到他有好的表现时，我就走近他，夸夸他。不久，他也跟我慢慢亲近起来。有一天他竟然跑来告诉我，说他想当班长！他有这样的想法我很诧异！怎么办？我首先告诉自己：他想当班长，说明他渴望进步，我要肯定他，不能挖苦他。于是，我对他说："好呀，不过，咱们得和同学们商量商量，你看好吗？"接下来，我一边和班干部商量，一边继续观察他，了解他。终于，我发现了小郭平时表现不好的几个原因。一是卫生习惯不好，爱说脏话，爱发脾气，导致许多孩子不喜欢跟他玩。二是家中"爱的过分"和学校"爱的缺失"导致他喜欢惹是生非，从而吸引他人的注意力。找到原因后，我便开始"对症下药"。经过两年的努力，小郭改变了很多不良习惯，逐渐得到了老师和同学的好评。其间，小郭也当过几次值日班长或代理班长，到第三年即六年级时，根据他擅长画画这一特点，同学们选举他当班级的宣传委员，小郭自己也非常高兴，因为他已真正认识了自己，觉得自己长大了，懂事了，进步了。最后小郭顺利毕业，他对自己的未来充满了信心。

回顾与他相处的三年，我认为他的成功得益于以下几点做法。

一、在情感上变讨厌为欣赏

讨厌意味着摒弃的开始，而欣赏则是接受的开端。让每一名学生做最好的自己，让每一名学生获取成功，让每一名学生健康成长是班主任老师义不容辞的责任和义务。所以我必须变换观察的视角，改变心态，变讨厌为欣赏，带着欣赏的眼光去看小郭。之后，我发现了他越来越多的优点。课间，他主动来擦黑板，我夸他："小郭，你把黑板擦得那么干净，真好！谢谢你！"他冲我一笑说："老师，不用谢，下节课我接着来擦。"课上，他把手举得高高的，我叫他回答问题，并悄悄地提醒他下次举手时声音小点或者努力做到不出声，他做到了，我就在他的日记本上贴上一个大大的"赞"；跟同学玩的时候，我特意靠近他们，夸他机灵，愿意拉着他的手，甚至拥抱他，同学们看老师愿意跟他玩，也都和他玩起来；我还经常悄悄地递手纸给他，为他准备一个小小的课桌垃圾袋，让他及时把"小白龙"处理掉，对于他龙飞凤舞的作业本，我仔细找出一些横平竖直的字，并画上小星星，当小星星达到一定数量时还给他发奖……就这样，我欣赏他，不断地发现他的好行为，不断地鼓励他，他也越来越努力，越来越有信心，他的优点也就越来越多了。我对他也越来越有信心，我不断地告诉自己：小郭是一名好学生，是一名能够获取成功的好学生！后来，我找他谈话，发现他的闪光点与不足，与他一起商量进步的办法。一方面，我根据他好动、好干活、好表现的特点，让他负责黑板的卫生工作，做得好的地方及时给予表扬。这样既让他有活干，增强动手能力，又满足了他爱表现的心理，也为他当班长奠定了一定的基础。另一方面，我鼓励大家与他交朋友，理解他、帮助他、谅解他。慢慢地，小郭变了，他不说脏话了，打人现象也没了。归其原因，这些进步是老师和同学们情感的变化，老师和同学们接纳他，给他提供参与集体生活、表现自己长处的机会，让他有改变自己的想法，帮他树立信心，为他的成功打下了坚实的基础。

二、在行动上变全盘否定为因势利导

"亲其师，信其道。"情感上的变化让学生的成长有了坚实的基础。因势利导是指顺着事情的发展方向加以引导。在日常教育教学中，我们发现，学生总会出现这样或那样的问题，学生出现问题时，老师不要全盘否定，要善于分析，进而循循诱导，促其向有利的方向发展。记得那是四年级第一学期的期中考试，刚刚考完语文，我从其他班级监考完回到教室，监考老师就气呼呼地对我说："瞧你们班小郭，假借上厕所，拿着一堆资料在外面看，这不是明显的作弊啊！说他他还不承认，还跟我争辩。"当时我也很生气，但我极力控制自己，等心平气和后，我去和他聊天，让他说说自己的想法，和他一起分析事件的问题所在。我肯定并表扬了他"渴望取得好成绩"的想法，但是对他的做法提出了批评，并告诉他应该怎样与老师和同学沟通，怎样提高成绩。说完后，他对我说："老师，我以为我死定了，没想到您还表扬我，我实在是对不起您，给您丢脸了，我以后再也不干傻事了，一定努力做好每件事！"趁着他的热乎劲，我和班干部一起为他制订了"爱心小组计划"。我们成立一个小组帮助小郭学习，其中语文、数学、英语三科学习都有专人负责，有具体计划和目标，达到目标时还可以奖励他当值日班长。在后面的生活中，小郭还会不时犯错误，每次出错，我都会和他好好地聊一聊，和他分析哪些是对的，哪些是错的，以后应该怎样改进，并把这些内容写在日记里，经常看一看，想一想，让他不断激励自己，少出差错。就这样，遇事不是全盘否定，而是因势利导，使我对小郭的教育收到了事半功倍的效果，也让他越来越自信，为他的"心理账户"储藏了更多的正能量，让他的成功有了源源不断的保障。

三、在方法上变孤军奋战为众人相助

个人的力量是微薄的，群体的力量是巨大的。在小郭的成长路上，凝聚了老师、学生、家长的智慧与力量。

首先注意发挥教师的群体作用。教师群体团结一致，共同制订教育计划，共同实施教育措施，形成一个教育网，共同做好小郭的思想工作。

其次发挥班干部的群体作用，为他树立榜样。陶行知先生说过："小孩最好的先生，不是我，也不是你，是小孩队伍里最进步的小孩。"班干部这个群体无疑是班集体中的优秀群体，是学生们的榜样。如何发挥班干部的作用呢？我让小郭当老师助理，任务是管七名中队干部。这对好表现、爱显威风、想当班长的他来说无疑是件"美差"。在他上任之前，我事先做好班干部的思想工作，让班干部帮助小郭提高学习能力。他每天要检查班干部背课文、默写课文，同一内容他必须查看七遍，这个查看的过程其实就是学习的过程。查班干部纪律时，他要认真观察班干部怎么做，其实这正是班干部在教他怎么做。没想到，在潜移默化过程中，小郭也养成了很多好习惯。此外，为了当好老师助理，他自己也得有个好样子，否则，别人不服他，因此，他也有意识地要做出个好样子来。这样，班干部群体就为他树立了榜样，使他有"模"可仿。时间长了，

他的进步显而易见。

再次注意发挥小组的群体作用,让小组成员帮助他学习,督促他守纪律。为了能让小组群体的作用得到充分体现,我在班上开展"最佳小组"的评选活动,为了争当"最佳小组",小组每个成员都不甘落后。于是,他们就团结起来,相互帮助,一起帮助小郭。

最后发挥学生的群体作用,鼓励全班同学帮助小郭克服困难。这样,在全班同学的帮助下,他终于改掉了身上的许多坏习惯,成为老师、同学喜欢的好孩子。

当然,在整个过程中,我还要与他的家长密切配合,经常沟通,力争得到家长最大的支持与帮助,在情感、行动、方法、效果上学校要与家长保持高度一致。

四、在效果上变急于求成为循序渐进

根据量变质变规律,我们知道,改变习惯不是一朝一夕的事。因此,我们应循序渐进地改掉小郭的坏习惯。在这样的思想指导下,我与他本人、他的家人、学校领导、班级同学共同协商,为他制定了成功四步骤。第一步,在四年级第一学期,实现"三不",即不扰乱课堂纪律、不打同学、不欠交作业。第二步是在四年级第二学期,实现"三做",即做课堂上的积极发言者、做同学的好朋友、做交作业的小标兵。第三步是在五年级,实现"三是",即在校是个好学生、在家是个好孩子、在社会是个好公民。第四步是在六年级,做合格毕业生。我的做法是循序渐进,逐步提高要求和标准。在实施过程中,按"一天的目标""一周的目标""一月的目标"依次完成,小郭每获得一个小小的成功我就及时给予鼓励。在实现这些目标的过程中,"大合同""小合同"也随之产生,这里的合同就是根据小郭的不足及奋斗目标制定一些措施。比如,为了实现不扰乱课堂纪律的目标,最开始我跟他制定的"小合同"是:第一,上课期间尽量不去厕所;第二,尽量不当众出声擤鼻涕;第三,不在教室哭闹。如果一天达到要求，就奖励当一节课的班长，依此类推，如果一周都能达到要求，就奖励一周当班长。就是这样简单的事，刚开始时，他还是达不到，但是当班长的梦还是在不断地激励他，偶尔他也能当一节课班长，经过近两个月的坚持，一些不良习惯开始悄悄离去。后来，他多次主动找我制定新的"合同"，内容也逐步增多，难度逐步加大。当然，他也变得越来越好，当班长的机会也越来越多。一石激起千层浪，班长梦的实现让他方方面面都有了不同程度的进步。在小郭的转化过程中，我深深地体会到：只有将目标细化，注重过程教育，变急于求成为循序渐进，设计孩子容易达到的层级目标，才能使其明确前进的方向，取得不断进步。

在小郭的成长过程中，我也在不断地思考。我深知班主任工作既是一门科学，又是一门艺术。班主任工作的科学性不仅体现在多了解学生和多研究上，而且体现在育人方法上。首先，要学会了解学生，这是班主任工作取得成功的保证，要迅速、准确、全面地了解学生，就要有敏锐的观察力和细致的调查研究能力。特别是对学生所做的每一件事的背后原因都要了解清楚，了解学生的心理，找到恰当的方法，真正做到因材施教。其次，要学会宽容，多表扬少训斥，注意循循善诱，发现他们的闪光点。特别是对于班级里的特殊学生，班主任更要有耐心和恒心。每个学生都渴望自己被别人肯定，尤其是教师的肯定，当他被肯定后，会激发出他更多的热情。对于学生的优点，教师要给予恰当的表扬，但不是说对其缺点就视而不见，相反，对其缺点应及时批评，使之明辨是非。小学生的可塑性强，他们每个人身上都有优点。多看学生的优点，因势利导。是花就会开放，每名学生都会成才，要相信每一名学生都能做最好的自己！努力让每名学生健康、阳光、乐学！把每名学生的健康成长当作我们的最高荣誉。

人们习惯把教育界比喻成百花园，把教师比喻成园丁，我们没有理由撇下任何一片绿叶，热爱每一片绿叶是园丁的天职。只要教师用心观察学生，感受学生的变化，用智慧为学生搭起一级级成功的阶梯，我相信，每名学生就是一束阳光，每一个跳动的音符都会组成一曲优美的乐章。就让我们尽情地弹奏每一个动听的音符吧！

【专家点评】

案例中郭同学向老师表达想要担任班长的职务，老师及时捕捉了孩子向好的愿望，并以此为契机，采用个别教育与集体教育两种途径，帮助孩子改变不良习惯。在日常教育教学中，我们常常遇到像郭同学这样的孩子，他们也想好好学习，渴望被大家喜欢，但是控制不住自己。心理学家罗伊·鲍迈斯特（Roy F. Baumeister）提出了自我控制资源理论。他认为自控力是非常重要的心理力量，但也是会被消耗的，就像身上的肌肉一样，经常锻炼会变得越来越强壮，但过度使用又会感到疲劳。

每个人都有心理账户，账户里存储着很多心理资源，如安全感、归属感、自尊、自信……对于潜能生而言，由于自身机体、家庭教育等，他们在成长过程中，表现更多的是消极行为。他们经常被打击，内心需要不能被看到、被满足，因此他们的心理账户本身就很有限。而遵守规则、好好学习都需要从心理账户中提取资源，因此这些孩子更需要及时补充心理能量。

案例中，老师看到郭同学向好的愿望，结合他的优势，为其设置了"工作岗位"，一方面使郭同学感受到老师对他的认可、同学对他的接纳，从而树立可以做好事情的信心，另一方面老师利用平行教育原则，把郭同学置于集体之中，使其成为集体的一员，使集体看到郭同学的转变，接纳他并支持他成长。这些教育行为都在为郭同学的心理账户进行储值。

在班级活动参与中培养学生的担当意识

商文伟　北京市通州区后南仓小学

时代发展要求学生具备三方面的基本素养，即文化基础、自我发展和社会参与。社会参与要求学生勇于担当，具有实践创新能力。班级是个小社会，如何培养学生的参与意识呢？

学生在三年级自我意识开始增强。随着课程难度增加，课堂上回答问题的学生逐渐减少，面对困难，学生会说："我真不会！"面对以前懵懂状态中老师引导可以迈过的坎坡，现在孩子们退缩了……

一、迎合契机，顺势而为

三年级上学期，所有学生在校用餐。为了帮助学生养成良好习惯，我先要求他们在家学习用餐盘吃饭，吃后洗净。到校后第一周由老师完成分餐。

1. 宣传"我为祖国节约每粒粮"（宣传环节一直穿插在节粮活动中）

（1）开展有关高度重视粮食安全和提倡厉行节约反对浪费的活动。

（2）了解世界粮食日。

（3）参加后南仓小学"美德节"，了解有关节粮活动的知识，制作手抄报。

（4）课后开展粮食浪费调查。

2. 组织"小盘光光，红心闪亮"活动

学生、家长共同组织活动，选出活动获奖者。

3. 具体实施步骤

（1）学校要求。

安静有序，争做"美餐星""服务星"（每周评选一次）。

（2）熟悉流程。

餐前洗手、准备餐盘、排队盛餐、收拾餐具、个人清洁。

（3）重点环节。

分餐：老师示范如何分餐，学生按老师要求学习分餐。每个学生都有机会参与分餐，在操作过程中，教师应明确盛餐要适量，够吃就好。

取餐：按照排队顺序进行取餐。

就餐：安静就餐。

光盘：学生吃完后如果餐盘是干净的，奖励"光盘星"；规定时间内完成就餐，并收拾好餐具，奖励"时间星"。

个人清洁：如果餐具、桌面、地面干净，奖励"清洁星"。

（4）家庭要求。

①提前学习使用餐盘。②对家庭就餐做调查、分析。

学生们从开始慌张取餐到后来井然有序盛餐，一步步养成了节约粮食的好习惯。

二、巧用契机，克服畏难情绪

学校本学期要开展垃圾分类主题宣传教育活动，要求每个班开展一次班会活动。我一直在思考如何开展本次班会，提升学生的担当意识。

我把本次班会设计为演讲形式。"台上一分钟台下十年功。"班会40分钟的呈现只是劳动成果的展现！为了让学生在上台前有目标，知道自己该怎么做，我为他们制定了演讲规则与奖励制度。

首先，学生要做到敢登台。这一阶段，我鼓励学生大胆登台。讲不好没关系，忘词没关系，只要敢上台；说一遍可以，说两遍可以，说三遍也可以。

在台上经历了一次失败、两次失败后，有的学生仍会继续到台上展现自己。尚沃、浩云就是这样的学生，当同学们看到他俩一次又一次登台，仿佛做游戏一样，老师也在肯定他们，大家可开心了。于是，他们放下了自己的畏难情绪，很快融入其中，学生们心中最初的抗拒感消失了。

其次，教师应鼓励学生。学生们在演讲前已经做好充分准备，他们把演讲稿背诵得滚瓜烂熟。进行演讲时，他们大胆表现自己，声音洪亮。

再次，通过同学互动，调动集体参与积极性。这个阶段要完成班会内容——垃圾分类的宣传。在这个环节中，有的同学设计了问答题，有的同学设计了歌谣，还有的同学设计了儿歌，更有的同学准备了奖品……总之，同学们发挥了自己的想象力，创造了各种形式的活动调动大家参与的积极性。同学们在活动中不知不觉地愉悦了身心。

最后，召开班会，在这个环节我把评比标准展示出来，并现场进行评比打分，颁发奖状。

三、创造契机，鼓励学生承担班级责任

1. 以小组为单位参与班级活动

我将全班 46 名同学分成了 14 个小组，每个小组选出一名组长。最初我在分组的时候并没有选出组长。为了学习方便，后来每个小组开始自己推荐小组长，慢慢他们已经能按照座位的自然轮换自己分组了。

小组是组成班级的基本活动单位，同学们在小组里可以一起学习，一起讨论，一起商量要完成的活动，还可以互相监督，互相督促，成为一个进步的共同体。针对小组的这个特点，我在班级评价中增加了一项，即评选七个"合作星"小组，获奖小组的小组长被评为优秀小组长。因为有了竞争和激励的机制，参与的学生们积极性很高，其实他们在不知不觉中已经参与了班级工作，增强了担当意识。

2. 任命班长，树立榜样

班长的选择非常重要，他们是同学们的榜样。班长肩负着班级的重要职责，有他们的榜样引领，班级秩序就更加稳定了。

3. 值周班长竞选，激励担当意识

第一次我提出值周班长竞选时，只有一名同学参与了竞选，第二周又有一

名同学加入竞选中，无疑这两名同学肯定是值周班长。第三周、第四周的时候没有人参与竞选，这件事情引起我的思考。

为什么这个职务让所有的学生都望而生畏呢？经过询问，后来我发现是因为距离感使大家产生了畏惧。班长的职务究竟怎样才能和学生产生关联呢？我尝试鼓励学生，也在微信群里给家长提供每周竞选值周班长的消息，情况依旧如故，学生们的热情不高。

怎么办呢？一次偶然的称谓改变，让我找到了办法。事情是这样的：张同学因为做了值周班长之后更自信了，各方面表现不错。为了表扬他，当天我就称呼他为张班长，听到张班长这个称谓后，那个孩子很开心，他挺着胸脯，眼中满是自豪！接着我对刘同学也采用了此办法，称呼他为刘班长，那个同学也很开心。

因为称谓改变，两名同学不由自主产生了自豪感，而其他同学明显流露出极其羡慕的神色。我趁热打铁，告知同学们，下节课继续值周班长竞选活动。

本着"我也能行"的姿态，第一个勇敢者登台后，同学们陆续登上讲台参加值周班长竞选，充分表达愿意为班级服务的意愿……我数了数，这次共有13名同学参与竞选，虽然准备比较仓促，但是同学们勇于承担责任的积极性被调动起来了。

4. 与语文学科知识整合，明白班级责任人人有责

三年级语文下册第二单元口语交际内容是"该不该实行班干部轮流制"。我在班级中组织了该主题活动。我先让学生针对口语交际主题"该不该实行班干部轮流制"完成一篇发言稿。

在第二天课堂上，我把北京师范大学黄四林老师的一段话分享给孩子们："健全人格要自信自爱，坚韧乐观，具有抗挫折能力。"学生们记在心里。接下来小组内交流，然后班级进行自主分享。

班级交流后学生们谈本次活动的收获更是思维活跃，他们明白了班干部是

服务的群体,是协助老师开展班级工作的小助手,应有担当意识,做到公平公正,不能"任人唯亲"也不能"官报私愤"……

经过老师的小结引导,最后大家一致认为班干部工作有共同的特点:服务功能、榜样引领!干部轮流制可以让同学之间取长补短,好比一滴水只有融入大海里,才能永不干涸!自己为集体付出既是责任也是义务!

【专家点评】

一个有智慧的班主任是善于发现并利用每一个教育契机的人。商老师结合自身在教育实践中的具体案例,从迎合契机、巧用契机和创造契机三个方面向我们阐释了在班级活动中如何引导学生萌发社会意识,如何克服畏难情绪,并通过多种方式创造契机鼓励学生承担班级责任。

责任和担当是新时代社会发展的原动力。青少年阶段是人生的"拔节孕穗期",因此青少年在新时代承担的时代使命和社会责任担当意识不可忽视。商老师能够充分利用班级活动的各种契机,鼓励学生担任班干部,培养学生的社会责任担当意识,使学生形成正确的世界观、人生观和价值观。行为主义心理学主要研究个体外显行为的塑造,认为个体行为是可以通过训练或学习的方式进行塑造的。商老师巧妙利用班级活动的各种契机,改变学生,使学生克服畏难情绪。

一个厌学生的改变之路

王红　北京市通州区贡院小学

小涵在学校时，会时不时呕吐，而且呕吐的次数越来越频繁。家长带着孩子去看医生，该检查的项目都检查了，结果显示孩子的身体什么问题都没有。可是，小涵只要在学校就会呕吐，一回家就不吐了。频发的状况使得我和家长都特别焦虑，家长不能正常工作，家庭氛围紧张。记得有一次，我拨通小涵妈妈的电话，请她到学校来接孩子，她从车里出来，我分明看到了她眼里的泪水，在那一刻，我十分自责，自责自己不能分担孩子妈妈的忧愁。

一、贴心聊天找原因

一天，我请小涵来到书法教室，这间宽敞的教室只有我们两个人，我和小涵开始了朋友般的聊天。她把自己的苦恼一股脑向我倾诉了出来。通过跟孩子的聊天，我隐约感到孩子压力有些大，因为孩子告诉我妈妈给她报了 12 个兴趣班，这 12 个兴趣班把她一天的生活安排得满满的，她每天像一个旋转的陀螺，没有一点空闲。因为疲于赶时间，她在课上和课下学的知识都记不住。因为记不住，所以她各科成绩都不是很理想，这导致她害怕上学，因此出现了生理反应。我把孩子的压力向孩子妈妈委婉地说了出来，但是妈妈说，其实那些兴趣班只是用来打发她的时间，学着玩而已。听了妈妈的话，我顿感"出师不利"，如何能劝说小涵妈妈呢？

二、专家解疑心欢喜

小涵呕吐是压力过大所致，这似乎得不到妈妈的认同。那天学校正好请来专家为班主任讲课，专家的一席话一下子敲在了我的心上：现在有不少特殊的疾病，比如，有的孩子压力太大，反应就是不停呕吐，到医院一查什么问题也没有。证实了呕吐的原因，我再一次与家长进行了沟通，家长把孩子的兴趣班减到了 6 个，但是孩子的压力还是大，一来学校，孩子还是呕吐。惆怅再次萦绕在我的心头。

三、视力不佳终相信

两个月后，可怜的小涵仍被呕吐折磨着。一天，小涵的妈妈再次给我打电话，说要带孩子查视力，因为孩子最近总说眼睛看不清东西。晚上我关切地询问小涵的情况，小涵妈妈的话让我悲喜交加，因为眼科专家发现孩子的验光正常，视力没问题，医生也提示：眼睛看不清东西可能和孩子压力大有关。当孩子妈妈听到医生这样说的时候，她在微信里对我说："真是让我心态崩了，眼泪都快忍不住了。我会好好和孩子聊聊，真不想学就放弃！随她心意。"看到妈妈的这段话，我的眼眶不禁湿润了。

四、多种措施树自信

卸下重担的小涵接下来要面对的是走进学校的问题。孩子自 10 月生病后，一开始还能坚持来校，但是后来来校次数越来越少。家长和孩子都很怕考试，我跟家长坚定地说："没事，只要孩子能上学就行！"为了减轻孩子压力，我允许孩子把一些能用手捏的小颗粒带到学校，觉得自己不舒服的时候可以捏一捏；在每天吃午饭的时候，孩子喜欢在讲台前指挥盛饭，我就悄悄地对同学们说："同学们，以后就由小涵管理大家的用餐秩序，大家同意吗？"孩子们都懂事地点点头。

12 月 28 日，休息了一段时间的小涵终于走进了班级，还好一天没有吐，我悬着的一颗心终于落下了。一直到了 12 月 31 日小涵表现都很好，她终于战胜了自己。

妈妈在微信圈里这样说：最近孩子出现的问题常常让我失眠，是班主任王老师每天细心和我沟通，帮助我解决问题，相信有这样的好老师，我们一定会克服眼下的困难！

寒假过后，小涵终于和其他学生一样按时上课，不再呕吐，但是我依然秉持对她最初的要求，只要人来就行，不给她压力。别的同学交作业都是一课课判，而小涵每次的作业是做完一页请我判一页，我知道她这是她在给自己赋能，建立信心，这无疑加大了我的工作量，但是我乐此不疲。看到她工整的作业，我还会情不自禁地为她贴上一个大大的"赞"！

一天，年级组长告诉我，小涵的妈妈给我送来了一面锦旗，当走进学校办公室，说起送锦旗的原因的时候，她不停地哭。那天我看到了那面锦旗，锦旗上写的是：师德高尚爱生如子；亲切关怀，如沐春风。

当孩子有了问题时，我们一定要站在家长与孩子的角度，与家长反复沟通，这样才能与家长共情，从而做到家校共育，促进孩子的健康发展。下面这段话就是家长的真实感受。

此期间，王老师搭建起家校共育的桥梁，她主动联系我们，给我们细述孩子在学校的情况，关心孩子的点点滴滴，帮助家长缓解焦虑，传授解决问题的经验，让我们意识到这不是生理问题而是心理问题，需要家长和学校共同帮助孩子走出困境，重建自我。

这个事情我们从最初的不敢相信，到接受，再到有面对问题的勇气，最后有解决问题的决心，都是在王老师一通通电话中，在不厌其烦、细致耐心的沟通中实现的，通过这种方式帮助孩子建立信心，找到自我，帮助我们坚定解决问题的方向，改善和孩子的关系，调整处理问题的方法。

下面我列举一些沟通记录及沟通分析：

小涵妈妈您好，孩子说您给她报的兴趣班太多，她忙不过来。减一些吧！

这些话对我们的改变：家长替孩子取消了一半的兴趣班课，周日可以全天休息了。

您说得太好了，太对了！孩子压力很大，我感觉有的时候，她呕吐并不是身体原因，而是心情的原因，她还担心您再要一个孩子。虽然她跟我说，她是担心您的身体，但我觉得她是担心不能从您那里得到更多的爱。希望您可以走近孩子，站在孩子的角度多想一想。

这些话对我们的改变：让我们意识到小涵的担心，她担心妈妈再要一个孩子会减少对自己的关心。了解了小涵的心里想法后，我对小涵进行了心理疏导，使她放下了心理包袱。

所以，减压！孩子健康快乐比什么都重要。咱们就做一个健康的平凡人也很好。

什么事情都不如孩子的身体健康重要。

跟她说，好了就来，愿意做什么都行，大家都很想念她。

没事，不要给她压力。她快乐就行。

能上学就是胜利！

这些话对我们的改变：这些鼓励的话，一次次重建了我们家长的信心，给了我们勇气，让我们一次次擦干眼泪，坚定解决问题的信心，我们也和孩子一同在成长。现在的小涵每天按时到校，从来没有呕吐过。她热爱学习，还主动辅导别的同学功课，做事积极、阳光、快乐！

【专家点评】

案例中的小涵是典型的由心理压力过大导致的机体反应不良。过度的压力会对孩子的身心造成很大的负面影响。人体的内分泌系统对压力源的反应十分敏感，压力反应过程中的许多生理变化都与内分泌腺的活动密切相关。皮质醇是一种由肾上腺皮质分泌的激素，被称为压力激素。如果皮质醇长期处于较高水平，就会导致人的内分泌系统紊乱，进而影响大脑和身体的功能。如果学生在经历压力时，没有得到成人的积极支持，那么他们的生理反应会更加强烈。因此，减少学生不必要的压力与学生在经历压力时成人给予支持是非常重要的。

王老师通过与孩子共情，走进小涵的内心，了解了孩子呕吐背后的实际原因——长期压力过大导致机体反应不良；王老师通过与家长共情，赢得小涵妈妈的信任，减轻孩子过重的课外负担，进而使小涵的身体和心理得到了调节。

"赞美卡"活动激活学生自信心

吴丽丽　刘志兰　北京市通州区贡院小学

我们所带班级共有 45 名学生，其中 20 名女生，25 名男生。学生大多比较活跃，课余生活丰富。但有些学生不爱学习，上课不认真听讲。在日常教育教学工作中，很多教师向我抱怨：咱班学生太让人费心；咱班总有淘气鬼，影响大家学习。长此以往，学生在这样的评价和班级氛围中形成了恶性循环。于是我们开始思考，该如何引导学生调整心态培养自信心。最终我们提出：借助"赞美卡"这一媒介，激活学生自信心，营造温暖友爱的班级文化氛围，促使学生建立自信，相互学习，增强学生的包容心和责任感，促进学生健康成长。

评价在学生成长过程中起着杠杆调节作用，教育理念的实施效果在很大程度上受到评价体系的影响。如何发挥评价的导向、改进和激励的教育功能，如何扩大评价主体的多样性，一直是基础教育改革关注的重点问题。对此，我们针对学生存在的问题，借助"赞美卡"这一评价机制，在所任教的班级开展了实践研究。之后将实施了"赞美卡"这一活动的班级学生和未实施"赞美卡"这一活动的班级学生进行对比和分析。最终我们发现，实施了"赞美卡"这一评价机制的班级的学生更有班集体责任感，同伴的关系更融洽。下面将具体描述"赞美卡"的实施过程及结果。

一、互赠"赞美卡"活动的理论依据

加德纳把人的智能分成八种，即语言智能、逻辑—数学智能、空间智能、身体—运动智能、音乐智能、人际关系智能、自我认识智能、自然观察的智能。他认为，人的才能是多元的，学生有多方面发展的可能性。每个人都有各自不同的特色。因此，对学生学习评价应该是多方面的，这就需要评价主体的多元化、内容的多维化以及方法的多样化，从而促进学生的全面发展。"赞美卡"将不同学生纳入评价体系中来，实现了评价主体的多元化。另外，根据马斯洛的需要层次理论可知，每个学生都有表现的欲望，都希望能最大限度地把自己优秀的一面展示给别人。"赞美卡"为学生搭建多元化的成功平台，满足学生"尊重"和"自我实现"的需要，让每个学生都有机会拥有充实、自信的学校生活体验，让学生扬起自信的风帆。

二、"赞美卡"的特色

"赞美卡"具有鲜明的特色。第一，在评价方向上，"赞美卡"以学生的实际表现为参考。教师对学生的肯定，对学生未来的发展有着积极作用。可以说，它是一种面向未来发展的积极的评价手段。第二，评价的结果不与奖惩直接挂钩，评价是自愿、自发的行为，这使学生能够积极参与，没有顾忌。第三，评价者和评价对象建立在互相信任的基础上。第四，在评价主体上，将学生纳入评价体系中。传统的评价多以教师为主，忽略了学生之间的评价。而在小学生的成长中，同伴的影响是不容忽视的。

三、"赞美卡"的活动实施及效果

这次活动的开展取得了良好的效果，无论是对学生的个人成长，还是班级的文化建设都起到了积极的作用。

1. 运用"赞美卡"，在表达中提升学生的听、说及写作能力

学生在写"赞美卡"前，要认真分析同学的优点以及今后努力的方向。在赞美同学的过程中，学生参与评价能够训练听、说及写作能力。

2. 运用"赞美卡"，在赞扬中增强学生的主体意识和自信心

小学生的自我意识正处于客观化时期，是获得社会自我的时期。在这一阶段，个体显著受社会文化的影响，是学习角色的重要时期。而来自同伴的认同，形成积极情感体验，对塑造学生的良好行为习惯具有积极作用。

3. 运用"赞美卡"，在交换中传达情感，增强班级凝聚力

人的情感是在一定的环境中、一定的场合下产生的直觉的情绪体验，是由

对某种情况的感知而引起的。通过"赞美卡"，学生能够互相发现对方的优点，并给予积极的评价，在友好的互动中进一步加强了解，增进感情，这有助于班级学生和谐、融洽地相处，从而营造温暖友爱的班级文化氛围，增强班级的凝聚力。

四、"赞美卡"活动面临的问题

在开展"赞美卡"的活动中也存在一些问题。

评价内容单一。学生的评价多集中在"学习好""纪律好""卫生好"等方面，随着活动的展开，这种重复性的评价也越来越多。

评价语言的贫乏。学生不知如何表达，只是简单地写 XX 上课纪律好、学习认真。评价语言较为贫乏。

照顾"边缘学生"的方式有待研究。这里的"边缘学生"是指在活动中不积极、不主动，性格较为内向，游离在活动边缘的学生。一般学习突出、能力突出的学生较易收到"赞美卡"，而内向的学生则存在只收到少量或者没有收到赞美卡的现象，对于这一部分的学生，教师该如何保护他们的自尊心，避免他们越来越边缘化，调动他们的参与积极性需要进一步研究。

保持评价活动持久性的方法有待研究。如何将活动有效、长期地开展下去，需要持续的跟进和深入研究。

五、"赞美卡"活动反思

1. 教师的指导示范

评价具有传导的机能，在日常教学活动中，教师要善于捕捉每个学生的闪光点，多渠道、多手段、多层次不失时机地对学生进行激励评价，从而丰富学生的评价语言。在学习中，学生得到教师积极的、激励性评价，体验到的不再是挫败感，而是经过自身努力的成就感，从而增强自信心，进而乐于学习。

2. 关注活动边缘化的学生

引导学生进行个体纵向比较，这对活动边缘化的学生尤为重要。教师通过有意识地引导，抓住学生的闪光点，以点带面，赞美其长处，注重学生生命成长、发展过程的评价，注重学生在活动中的情感体验，激发他们的兴趣和培养他们的自信心，让他们积极参与活动，充分发挥激励评价的辐射功能。

3. 建立有效的活动机制

为了加强活动的长久性和持续性，形成行之有效的、可以在全校推广的活动机制，教师需要从整体制定针对不同年级的活动方案来保证后续活动开展的完整性和持续性。首先，保证活动时间。教师应根据班级具体情况确定活动时间，以组织互赠"赞美卡"的活动。其次，加强展示。教师可以挑选观察仔细、写得认真的"赞美卡"在学校进行展示、评选，以促使最大化地发挥"赞美卡"的评价和激励作用。最后，教师可以尝试将"赞美卡"与班干部评选、三好生评选等挂钩，以此加强学生的参与积极性，促进学生健康成长。

【专家点评】

小学阶段是个体自我概念形成的一个重要时期。小学生采用稳定特征描述自己在学习能力、社交能力、身体能力以及外貌等方面的特征，并整合为一种总体的自我心理意向，即整体自尊感。积极正向的自我概念对学生的健康成长有着深远的影响。吴老师利用"赞美卡"的评价机制，鼓励学生关注正向行为，将问题行为视为成长的机会，积极营造尊重、共情、鼓励与欣赏的班级氛围，引导学生构建积极的自我概念，为学生的健康发展奠定坚实的基础。

卫生新星的逆袭之路

张瀚升　北京市通州区民族小学

小亦个头不高，走起路来左摇右摆，炯炯有神的眼睛里藏着些许顽皮。他坐在第三排，桌面上的学习用具杂乱无章地摆着，文具下还有黑乎乎的东西，像是胶水黏上去又用手擦过的样子。他的卫生情况实在堪忧。

一天课间，我正在办公室批改学生的作业，就听到了敲门声，原来是小亦的组长，她说："老师，我们组因为小亦，每周评比都垫底，可太亏了！"在安慰了她之后，我便来到班级门口，我看到小亦正高举着一双脏了的小手，张牙舞爪地追着前桌跑，一边跑还一边喊："尝尝我黑风神掌的厉害，哈哈哈！"所过之处皆引来了同学的不满，他不是把别人的笔袋碰掉，就是把别人的桌子撞歪，有时还能留下一个脏手印，直到有同学悄悄地提醒："老师来了，老师来了，快回座。"小亦方才抬头看见站在门口的我。他吐出舌头，蹑手蹑脚地回到了座位上。

上课铃声响后，我离开了教室，回到了办公室继续批改作业。我专门找到了小亦作业，翻开他的作业，映入眼帘的是几个大黑点，再往前翻，发现他的作业本每一页都不太干净。小亦作业上的涂抹痕迹很重，有的地方有大块的黑乎乎的橡皮印，甚至还有黑手印。看来他不仅不注意个人卫生，还不注意书面整洁。究竟是什么原因造成他如此不讲卫生的？该如何帮帮小亦呢？我沉下心来思考，决定先从了解家庭情况入手。

一、家校沟通，协力共育

我拨通了小亦妈妈的电话，了解小亦的家庭情况。由于父母工作繁忙，小亦上小学前和父母分开住，一直由奶奶带着，到上小学时，才回到父母身边生活，但多数时间仍是奶奶负责小亦的生活。在老人的观念里，东西不干不净吃了没病，小男孩皮实一点没坏处，也就没有督促小亦养成晨起睡前刷牙洗脸、饭前便后洗手等卫生习惯。虽然小亦妈妈知道小亦卫生习惯不太好，但是她认为自己在家的时候多督促孩子就可以了，长大了孩子自然就知道干净了，也就没把这个当回事。

我当即向小亦妈妈反映了小亦的在校情况，我说："小亦妈妈，您看孩子平时请病假，多是肚子疼导致，生病和他的卫生习惯有很大关系，如果现在不帮助小亦养成良好的卫生习惯，以后再想培养就不容易了；而且健康也是会受影响的。"小亦妈妈听完我的话后，意识到了问题的严重性，她说："老师，您说得有道理，的确是我们疏忽了，那您有什么好的建议呢？""养成一个好习惯至少需要一个月，而且养成后还要坚持，在家您辛苦一些，多抽时间监督小亦做到饭前便后洗手，睡前晨起洗漱，牙具毛巾让他自己摆放，练字画画前洗手，注意保持书面整洁；在校我会多监督他的卫生情况，咱们一起合作，相信小亦的卫生习惯慢慢会好起来的。"我建议道。小亦妈妈欣然接受我的建议，并对我关注小亦表示感谢。

二、利用班会，小组帮扶

虽说小亦的卫生问题主因在家里，但学校习惯培养的力量也是很大的。每周一次的班会是梳理班级情况、帮助学生养成好习惯的重要活动。因此，我利用班会开展了以"我是健康小卫士"为主题的习惯养成教育活动。

在班会上，我先播放了《邋遢大王》的两个动画片段，一段是没人喜欢不爱干净的邋遢大王，另一段是蜕变之后的邋遢大王赢得了大家的喜欢，以此导入课堂，激发学生的活动兴趣，使学生初步感受讲卫生的重要性。接着，我又向学生出示有关卫生健康的文字资料，让学生进一步了解细菌、病毒对人们身体的危害，养成良好的卫生习惯对健康有着至关重要的作用。

在班会的交流环节，我让学生进行小组合作，探讨如何养成良好的卫生习惯。同学们热火朝天地讨论着，让我惊喜的是小亦也积极举手发言，他说："我们每天都要刷牙洗脸，不能偷懒，吃饭前要洗手，写字时也要把手洗干净，掉在地上的东西不能吃。"看来和小亦妈妈的沟通已经初见成效，小亦已经有了讲卫生的意识。但转眼再看他的桌面，还是有涂抹的痕迹；他的脚边也有一些因为站起来而从位斗里带出来的纸团。我在教室的时候，可以提醒小亦，但是我不在的时候呢？我想到了一个办法：建立卫生帮扶小组，让同学之间的互帮互助在小亦卫生习惯的培养中发挥重要作用。

因此，班会结束后，我叫小亦来办公室进行交谈。

"小亦，老师想夸夸你，我发现最近你的卫生情况进步很大，衣服上少了黑点、油点，作业也比之前干净许多。"

"老师，您不知道，最近我妈天天在家念叨洗手洗手的，说不洗手肚子里就长小虫。而且您不也总在班里说要讲卫生，勤洗手嘛。尤其是在今天的班会上，我才知道细菌吃到嘴里是多么可怕。"说完，小亦拍着胸脯安慰自己。

"是啊，不过老师看到你位斗里的纸团可还是不少，除了注意勤洗手以外，你还要注意在学校的个人卫生，垃圾要及时丢，别存着，因为这样也是会滋生细菌的，影响你的身体健康。"

"老师，我不是故意的，但是上课不能扔垃圾，我一下课先想着玩，就忘扔垃圾了。"

"那老师帮你想个办法，我请你们组的组长来帮忙，你们二人组成卫生帮扶小组，让她多提醒提醒你，怎么样？"

"……行吧，那就听您的，我可不想再让他们说我卫生不好了！"

从小亦的对话中，我知道他其实是一个有自尊心、比较要强的学生，希望他能在组长的督促下，养成良好的卫生习惯。

三、增设岗位，优化评价

在卫生帮扶小组的作用下，小亦的卫生情况大有改善，但是问题随之而来。两周之后，小亦的组长就来找我，说："老师，刚开始小亦还挺配合我的，我提醒他下课清理位斗，他也照着做，但是这周我有时候提醒他，他就不搭理我了，还说随便，反正还是输。"我对组长说："好的，老师知道了，你先回去，老师想办法。"

借着每周卫生评比的机会，我在班内和学生交流了有的组虽然卫生情况在进步，但是仍然评不上优的情况，并提出解决方法：一是在评比内容上增加"卫生进步最大的小组"一项，每周被评为"卫生进步最大的小组"的组员可以每人获得一个大贴画，以此给更多小组鼓励；二是增设卫生组长的岗位，让各组的卫生能更进一步。对此，学生们一致通过，觉得这样更合理了，比之前的评比兴致更高了，都希望在月评的时候能拿到最优，获得奖励。在大家欢呼雀跃的同时，我发现最高兴的莫过于小亦了，他开心地说道："哈哈哈，我们组也有机会啦，看我的吧！"充满童真的话让我也笑了起来，我说："小亦，你这么激动，是想当卫生组长吗？"随之，同学们七嘴八舌地说："我看行，就让他当我们组的卫生组长吧，他可在意这个评比了。""老师也同意，我看小亦最近进步还挺大的。"我微笑地看着小亦，他也抬起头看向我，眼中带着点惊讶，又带着点惊喜，他可能没有想到我会提议让他当卫生组长。没多想，小亦就点了点头，说："那我就试试吧。"

就这样，小亦靠着自己的行动和同学们对他的鼓励，走上了卫生新星的逆袭之路。在小亦成为卫生组长后的几个月里，他们组多次在周评中因进步最大而获得大贴画，也终于在一次月评中获得了"卫生之星"的称号。

我想小亦的这条逆袭之路并不简单，这只是一个开始，想养成良好卫生习惯需要长时间的坚持。在教育教学过程中，我们要不断发现问题、解决问题，遇到问题时，不急于指责学生，而是先观察其具体行为表现，再从家长那了解情况，因为人的习惯不是天生的，想要找到问题根源，就要和家长勤沟通，对症下药；不能忽略班内同学的作用，小亦的进步少不了小组同学的帮扶，他们在班内一起学习和玩耍，容易相互影响，利用同学间的正向影响，会使问题解决起到事半功倍的效果。每一个问题的解决都不是一蹴而就的，要做好持久的准备，这就需要老师在学生有了阶段性改变的时候，适时调整方法，进一步激励学生，使学生养成良好的习惯。老师是方向标，是引路人，给学生指明方向，教学生好的方法，为学生托起明天。

【专家点评】

有的学生身上可能会呈现多维度的问题。老师可以先抓住其中一点，进行引导，通过关爱、支持、帮扶使其发展，学生便可以树立信心，其他方面的问题也会有所改进和提升。

教师要想帮助孩子进行改变，一定要准确把握孩子外在表现背后的深层原因。然后，有的放矢地制订教育计划，即"对症下药"。案例中的张老师抓住学生邂遇的问题表现，采用家校协作、同学帮助、发现优势、提供展示机会等途径，帮助学生树立自信心。

让公益之花美丽绽放

张丽萍　北京市东城区板厂小学

近些年我一直从事低年级班主任工作。学生来自不同的家庭，有着不同的社会背景，家长们的教育观也存在很大的差异，学生生活成长的家庭氛围给他们带来了不同的影响。在家中，有的学生集万千宠爱于一身，但在集体生活中，他们不擅长与人交往，不关心他人的需求和想法，时时事事总以自我为中心。学生的这种表现，会给班级带来影响，对于他们今后的个人成长也至关重要。

作为班主任，我们应针对学生的问题，采取行之有效的教育方法对学生进行积极引导，培养学生的同理心，使学生不仅能体验到自我存在的价值，而且能感受到关爱他人、帮助他人的快乐。班级文化建设对于学生的成长必不可少。班级是学生健康成长的精神家园，每一个孩子的成长都离不开班级的滋养。作为班主任，我们要注重班级文化建设，营造有温度、有思想、有内涵、有创意的班级文化，让班级文化陶冶学生情操，彰显班级特色，凝聚班级力量，引领班级发展，达到育人浸润无声的效果。

教室是学生每天学习生活的地方，我会和学生一起用心布置教室，努力让教室的每面墙、每个角落都具有教育内容，富有教育意义。例如，在"文明提示大家写"专栏，我鼓励孩子们用心书写文明提示语，书写他们心中的美德；召开"好朋友手拉手""让爱住我家""学会合作，携手前行"等主题班会，给方法，重引导，促转变。与此同时，我带领孩子们走出家门、走出校门、走进社会大课堂，开展系列公益活动，让学生在公益文化社会大课堂的浸润中，把爱心献给他人，展现当代少年儿童的责任与担当。为此，我和孩子们一起设计了属于我们的班级名片，人人参与班级活动，人人争做阳光少年，把社会主义核心价值观的种子埋在孩子们心里，让公益之花美丽绽放。

班级名片

班级名称：北京市东城区板厂小学（太阳花班）
班级口号：人人都是班级形象，个个都是班级力量！
班级特色：帮助别人，快乐自己！在有爱的集体中，做有爱的学生。

一、树立爱心公益小榜样——让榜样引领成长

新年的第一天，偶然看到一名学生妈妈的朋友圈：40 名少先队员，在新年的第一天，走进聋儿康复中心，把爱心和温暖送给了那些需要帮助的残疾儿童。班中的这名同学和妈妈一起参与其中，他们和那里的孩子们一起做游戏，一起包饺子，一起联欢，每个孩子的脸上都绽放着笑容。

在与学生妈妈的交流中，我得知她是一名聋儿康复中心的志愿者，长期以来，她一直和很多志愿者一起资助那些残疾儿童。班中的这名同学从幼儿园大班开始，就和妈妈一起参与公益活动，小小年纪，已经坚持两年多了。作为班主任，我要抓住契机，在班级中树立小榜样，号召同学们向她学习，加入她们的爱心公益行列，做一名小小爱心公益使者。

二、开展爱心公益微行动——让活动促进成长

在学生家长的帮助下，在家委会家长的共同策划下，我们太阳花中队的同学们利用暑假，在老师和家长志愿者的带领下来到了聋儿康复中心，开展了"共筑中国梦，红领巾在行动"主题活动，和那里的孩子们共同度过了难忘而有意义的半日生活。

活动开展之前，我告诉学生，那里的孩子听力存在障碍，他们听不到声音，但是他们得到了很多爱心人士的帮助，如有人为他们捐献人工耳蜗，使得他们和正常的孩子一样享受着快乐的童年。同学们被爱心人士的行为所感动，也希望能够奉献自己的一份爱心，做一个心中有爱的学生。

在康复中心的小院儿里，同学们和校长学习手语，和那里的孩子们亲切交流，开展联谊活动。我们献上了精心准备的独唱、舞蹈、韵律操、京剧，小院

让公益之花美丽绽放

儿里掌声阵阵，到处充满了欢声笑语。那里的孩子们也为我们表演了诗朗诵，同学们认真倾听，为他们的真诚所感动。

同学们向康复中心的孩子们赠送了图书，这些书，是我们在活动之前在体育公园开展爱心义卖，用义卖款买来的，一本书沟通无声的世界，一份爱滋润成长的心灵。每一本书都代表着我们的一份爱心。

同学们和康复中心的孩子们一起做游戏，相互了解，相互认识，认真倾听，耐心陪伴，短短的半日时光让他们成为了朋友。在活动的最后环节，我们共同种下了太阳花，希望每一个孩子都像太阳花一样充满希望，在阳光下尽情绽放。同学们的表现受到康复中心校长、老师的赞扬。关爱他人，奉献爱心是我们的责任，我们会把爱心传递下去。

三、传递爱心公益正能量——让实践助力成长

同学们发起为聋儿康复中心义卖的活动。家长给予我们大力的支持，和同学们一起走上街头，在大街上积极宣传关爱聋儿，寻找爱心人士，筹集善款。与此同时，家长和老师们也纷纷献出了自己的一份爱心，义卖八千多元，虽然这些钱解决不了多少问题，但是大家不畏严寒，奉献爱心的精神值得传扬。

同学们的行为感动了全校师生，他们愿意和我们一道做公益，献爱心。于是同学们向全校师生发出了倡议，号召全校师生加入我们的行列，一起行动起来，传递正能量。全校师生开展爱心义卖活动，共得五万多元，全部献给聋儿康复中心，为那里的孩子送去新年的祝福。

四、争做爱心公益小使者——让人人收获成长

爱心活动绝不是一念之举。每年的3月5日是学雷锋纪念日，在这一天，我们续写《雷锋日记》，续存雷锋存折，我们走进社区，走进公园，用微行动践行雷锋精神；3月12日是植树节，我们走进公园，参加全民义务植树活动，为碧水蓝天增添一抹绿色；炎热的暑假，我们走进消防中队，学习消防知识，致敬消防队员；99公益日，我们走进公园，为抗战老兵募捐。人人付诸行动，

奉献我们的微薄之力。各种活动的开展，使孩子们在亲身体验中接受教育，明白人人需要爱，人人付出爱，在爱的阳光下我们一起成长！

同学们把为别人带来快乐作为自己的快乐，学习着，收获着，成长着。在日常的学习生活中，他们发生了很大的变化：同学们将自己设计的奖状送给敬爱的老师、智慧的校长、互帮互助的同学、默默无闻的保洁阿姨、为同学们安全护航的保安叔叔，用行动温暖身边的人。同学们还以小组为单位开展爱心公益活动。大家走进太阳村，奉献爱心；走进山区，为山区的孩子们送去图书；走进邮局，为贫困孩子捐献衣物；走近孤独症儿童，与爱同行。公益之花在班级绽放，一颗颗向上向善的种子在他们心中生根发芽。

爱心公益活动的坚持，公益文化的浸润，让同学们学会了关心，学会了帮助，学会了善待他人，使他们把帮助别人作为自己的快乐，让身边的人时刻感受温暖。学期末阅卷结束后，我因病住院进行手术，手机天天收到孩子们的短信、语音，这让我感动不已。教师节，我会收到孩子们悄悄放在桌上的贺卡，贺卡上那些温暖的话儿，我读了一遍又一遍。他们感谢老师对他们的关心帮助，感谢老师对他们的教育。我想，这也许就是我们做教师的幸福吧！做有温度的教师，培育有温度的学生，作为班主任，我们必须努力！

从学生的转变中，我深深地感受到班级文化在学生自我教育中的作用，这种形式的教育比生硬的说教要生动得多，能起到事半功倍的效果。公益文化让学生的品行得以塑造，能力得以培养，集体荣誉感得以加强，同学们在丰富多彩的活动中，感知、感悟，学会担当，学会负责，学会合作，学会关爱，树立了正确的价值观。

班级文化是一种无形的教育课程，能够在无形中发挥教育力量，潜移默化地影响每个学生。作为班主任，我会潜心研究，用心实践，努力上好这门隐形课程，让我们的教育真正做到"随风潜入夜，润物细无声"。

【专家点评】

　　班级文化是指班级内部形成的具有一定特色的思想观念和行为规范的总和，是一个班级内在素质和外在形象的集中体现。张老师所带的这个班级具有鲜明的班级文化——爱心、公益。班级文化是以育人为目的，用潜移默化的方式影响学生的物质文化和精神文化的总和。班级文化是在社会文化、学校文化、教师文化的影响下，由班集体中全体成员创造出来的独特的班级生活方式。

　　在教育教学过程中，张老师发现学生存在不擅长与人交往，不懂得关爱他人，任何事情心中想的只有自己的表现后，确定了爱心、公益的班级文化，进而组织了丰富的活动。学生在参与公益活动的过程中，体会到助人的快乐。良好的班级文化使每一名学生身居其中，增强了集体的凝聚力，营造了积极向上的氛围。

润物无声　教育无痕

张丽萍　北京市东城区板厂小学

学生来自不同的家庭，有着不同的社会背景。在家中，有的孩子衣来伸手，饭来张口，遇到不顺心的事情就会发脾气，以各种不同的表现获得家长的满足。在校园生活中，他们同样也是如此，没有集体观念，同学间不懂谦让，事事想的都是自己。看着孩子们的表现，作为班主任的我，看在眼里，急在心里。采用哪种教育方式对学生进行有针对性的教育，改变学生现有的状态，使学生有责任心，有荣誉感，能够在集体生活中健康快乐地成长是摆在我们面前的重要课题。

学习《妈妈的账单》这篇课文给了我莫大的启迪。小男孩彼得给妈妈开了一份账单，索取他每天帮妈妈做事的报酬。当他得到报酬，同时看到妈妈给他留的一份总额为零，却满载着母爱的账单时，他惭愧地把索取的报酬塞进妈妈的口袋。读了这则故事，我被这位母亲独特而有成效的教育方式所折服。这不正是无痕教育的境界和效果吗？教育家苏霍姆林斯基说，在教育过程中，儿童越是觉察不到教师的教育意图，教育效果就越好。这种教育不留痕迹，是把教育意图和目的通过间接、暗示或迂回的方式潜移默化，作用于被教育者，这是智慧德育实践追求的境界及最终效果。在班级管理中，我努力追寻无痕教育，让无痕教育助力学生成长。

一、精心设计，让教室文化富有生命

教室是有生命的，它是师生每天发生教育碰撞的地方。作为班主任，我有目的地带领学生对教室环境进行精心的"包装"，努力让教室的每面墙、每个角落都具有教育内容，富有教育意义。

针对所带班级学生的特点，我非常注重建设既具有个性又充满生命力的教室文化。我发动家长，和孩子们一起研究班级名称，一起设计班徽、制定班训、班规。"太阳花班""快乐少年班""春苗班"……一个个具象化的命名把格式化的数字符号转化为一种精神意向，赋予教室生命成长的力量。我会带领着孩子们精心设计教室的空间和墙壁，与励志结合、与课程结合、与自我提升结合。"我是集体小主人""我为红领巾添光彩""让艺术之花绽放""花儿向阳开，朵朵放光彩""文明提示大家写"等纷纷出现在教室中。班级文化让学生在潜移默化中受到影响。教室的每一个空间，每一个角落，都是由师生共同创造的，是一段师生共同穿越的生命历程及审美倾向的见证：智慧在这里闪光，个性在这里张扬，梦想在这里起航……

二、因势利导，换个角度见成效

规则意识对每个学生而言都是非常重要的。对于课间的安全游戏，我进行了多次说教但是不见成效，总有同学出现课间打闹的现象，换个方式会不会有效果呢？偶然间发现班里有个男生很喜欢汽车，他成立了一个"汽车小队"，目的是和女生抗衡，做些恶作剧的游戏。结果"秘密"被我发现了。一个课间，孩子们搭着肩组成长长的"汽车"在教室里穿梭。看到此情景，我问谁是"汽车小队"的队长，这个男孩只好忐忑地站了出来。我没有批评他，而是表扬了他，说他是一个敢于担当的孩子，我的表扬让他对接下来的批评没有了半分抵触，通过深入浅出的分析，孩子认识到了自己的错误。让孩子意外的是，我并没有取消他的小队，因为我发现和他在一起打闹的几个孩子都是平时很爱看书的孩子，于是我征求了他们的意见，并为小队重新起了一个雅致的名字叫"书海拾贝小队"。我和孩子们一起制定了新的目标和活动内容，开展读书交流活动。在我的倡导和支持下，小队越发壮大，他们不仅利用课间、午间休息时间看书，而且每个假期坚持开展读书交流活动，在他们的带动下，班级的读书活动蔚然成风。

事情的转变，让我感受到了无痕教育的重要性。换个角度看问题，因势利导，用智慧呵护孩子的心灵，用善良维护孩子的自尊，一定会收到意想不到的效果。

三、同感对话，用孩子的眼睛看世界

教育是充满人文关怀的，它穿行于生命相遇的任何契机之中。作为班主任，我们要善于发现孩子的优点，尊重个体的独特性，重视孩子生命的激情与冲动，相信每个孩子都会在期待中朝着正确的方向发展。

记得六一儿童节的合唱比赛，经过大家的努力，我们取得登台演出的机会。然而比赛时，我们班的小指挥被舞台上突然释放出的五彩缤纷的泡泡所吸引，他的目光追随着舞动的泡泡，指挥的节拍虽然没有乱，但他的目光不再看向同学们，使演出没有达到预期效果。对于他的表现，我真的很生气，为什么做事这么不专注？我想了又想，也不能都怪他，平日的练习他是很认真的，都是泡泡惹的祸。别说是孩子，我们大人也会为泡泡的出现欢呼雀跃。作为教师，当出现问题时，我们要有孩子的心态，用孩子的眼睛看世界，感受孩子内心的冷暖。可怎样教育他，让他知道做事要专注呢？我没有责怪他，而是和他聊起当天的演出，聊起那些可爱的泡泡，聊起他看泡泡的专注。他留恋泡泡漫天飞舞的美景，但更为自己走神而导致演出没有达到预期效果懊悔不已。我们谈起全班同学为参加演出付出的辛苦努力，谈起家长们对演出的无限期待，谈起班级没有获得集体荣誉的遗憾，他意识到自己的问题，真诚地表示以后一定用心做事。

教育是心灵的艺术。我认为，作为教师，我们需要尊重孩子的天性，在呵护孩子的天性中，以可行的方式引导学生形成正确的观念和责任意识……我站位于平等，发挥同感的心理效应，看似无意无痕，而实际上蕴含着教师的教育目的和深深的期待。

四、迂回示范，让心灵与心灵碰撞

班主任每天面对一群鲜活的生命个体，唤醒人性中善良、美好、纯真的情愫，让孩子凝聚人情味，富有同情心和正义感，是我们教育价值最完美的体现。

为培养学生的责任意识，学校开展了爱心义卖活动，班中的一名同学用20元代金券买下其他学生的一捆小铅笔头。当我问她为什么要买时，她的回答让我震惊："因为没人买他的东西，我怕他伤心。"这是一个善良的小姑娘。但是对于那个用一捆小铅笔头作为爱心义卖品的学生，他的行为却遭到了同学们的不满。面对同学的议论，他没有任何改变。我拿出自己准备的带锁的漂亮日记本，对小姑娘说："你是个善良的孩子，老师愿意把这个日记本送给你，和你换回那捆铅笔头。"听了我的话，全班同学向我投来异样的目光。那个小姑娘顿时流下了眼泪，说不能随便要我的东西。我告诉同学们，某某同学（拿小铅笔头作义卖品的学生）是我的学生，学生一时犯的错，这个责任就应该由我来承担。我发现那个学生低下了头，先前的无所谓的态度已换成一脸的不自在。第二天，该学生拿来自己喜欢的铅笔盒送给了那个女同学……

我以为，教育的智慧，应该这样显现：遇到问题，不强加、不直给、不责怪，而是在生命与生命、心灵与心灵碰撞的过程中，努力投映教师的生命态度，更是在播撒阳光中建构起师生的生命共同体……

五、微信故事，潜移默化中育心育情

在每天分餐的过程中，我发现孩子们很挑食，不是不吃这个，就是不吃那个，每天的剩饭桶里都会有很多剩菜剩饭，我告诉他们每一种蔬菜都有它的营养价值。在我的劝说下，孩子们对于不爱吃的菜都会说少要一点，但是最后还是会剩下。一次看朋友圈的信息时，《雨花斋的故事》深深打动了我。我一定要让孩子们了解这个故事，在潜移默化中让孩子们受到教育。

雨花斋，是免费提供素食的互助餐厅，它为很多老人提供了方便。在这里人们以礼相待，相互尊敬，从来不浪费。老人实在吃不下，在这里服务的义工会把剩下的饭菜吃掉。看完视频，教室一片寂静，很多同学开始践行光盘行动，要多少，吃多少，倒饭的同学越来越少，节约蔚然成风。

妙文不敢独享，我和孩子们还分享过很多故事，共享心得体会，育心育情，让孩子们受益匪浅。

我和孩子们的故事还有很多很多，润物无声，教育无痕。我的无痕教育让孩子们在潜移默化中受到影响，良好的成长氛围使很多孩子发生了改变，文明的行为和良好的习惯见证着孩子们的成长。作为班主任，我始终认为教师职业是有温度的，带着温情与学生一起成长，我们的教育才会更有力量。孩子们的进步让我收获了幸福，收获了快乐，收获了成长，让我感受到自身存在的价值，我会继续探索无痕教育的真谛，带着学生一路前行，享受教师职业带给我的成就感和幸福感。

【专家点评】

教育之美在于没有教育的痕迹。无痕教育作为教育理念，既是一种教育方式和育人技巧，也是一种教育的美学哲学境界。张丽萍老师通过对教室的精心设计、对突发问题的换位思考等，让学生们在一定的情境感染下，在撒播阳光中潜移默化地结成师生生命共同体，达到无痕的效果。

教育的最高境界是此时无声胜有声。在无痕教育中，教师应努力营造一种亲和的学习生活氛围，淡化教育痕迹，激发师生的潜能，使师生在参与、学习过程中体验学习的快乐、获得心智的发展。张丽萍老师通过与孩子们分享很多励志故事，共享心得体会，育心育情。

小学 高学段篇

"两块儿泡芙"引发的冲突

边颖　北京市海淀区中关村第一小学

　　小T是一名四年级学生。他学习能力较弱，很难跟上正常学业进度，上课常处于游离状态，作业必须有老师对他进行一对一帮扶指导。最令人头疼的是小T不能和同学正常交往，他内心渴望与同学玩耍，但又不会交流，因此大家都远离他。越是被远离，他越是以令人无法接受的方式引起别人的注意，如骂人、嘲笑他人、扔别人的东西……小T还总是以说谎的方式达到被父母关心的目的。班里大多数同学对他的表现习以为常，尽量不跟他计较，但他们的认识水平有限，情绪易激动，遇到自认为不公的事往往就容易爆发。

　　一次数学课，有外校老师来听李老师的课。事先李老师也没通知学生，就是想看看大家的表现怎么样。结果令李老师非常高兴，学生们表现都不错。为了鼓励大家，课下李老师买了泡芙分给全班同学吃。两名班干部分别从两边发，一不小心发给小T两个。同学们让他交出来，他就不交，原因是他想吃两个。就这样，几名同学与小T开始了争执打闹。

一、控制自己情绪，接纳学生情绪

　　早有班干部慌慌张张地找到我，请我这个班主任出面解决。来到班里，我看小T低着头嘴里不停地嘀咕着。我真是怒上心头，但是我又不停地警告自己，要冷静，别发火，否则自己的思维就乱了。我知道10岁的学生虽然不小了，有一定的价值判断，但当他遇到认为不公平的事情时情绪就很难控制，易冲动。我对起争执的同学说："谁能把事情跟我说清楚？"其中一名同学委屈地哭了："老师，是小T太气人了！"另一名同学把事情原委说了一遍。全班同学也随声附和，看来这次都认为是小T的不对，但无论如何打闹是不对的，教会学生冷静处理突发性问题是关键。

二、精心分析，疏导孩子情绪

轮到我发挥作用了，我又使出我的惯用"伎俩"——带领全班同学一步步分析，理解错误行为背后的原因，并找到解决办法。四年级学生可以进行比较复杂的分析，他们能在反复比较、衡量的过程中认识自己的行为与他人行为的关系，并把自己作为一个独立的人，在处理问题时，能够说服自己，调整自己的立场和看法。

我请两名发泡芙的班干部先谈谈这件事："如果让你们再次发东西你们会怎么做？"班干部说："我们俩会事先告诉大家每人一块儿，我们俩也会分好组"。我说给他们掌声，这就是做事要谨慎，要细心，有计划，有方案。

随后我又问大家，假如由于小干部失误，多发你一块儿，你会怎么做？

一个学生站起来说："我会告诉老师，我多了一块儿。"又一个学生说："我会把多余这块儿交出来。"此时，我说："相信有好多同学都会毫不犹豫地把多余这块儿交出来。都谁会这样做，请举手。"刷，有三分之二的同学举起了手。（也表扬那些没举手的，诚实。）

三、集思广益，寻找解决问题的好办法

我继续同学生进行分析："如果大家遇到了像今天一样的突发事件时怎么办？"我请同学们思考两分钟，再告诉我他们的想法。别小看这两分钟，这正是小学生自我认知、自我判断的过程。

经过冷静的思考，大家都觉得没什么可计较的。两名打闹的同学也都说自己太冲动了。

说到这，突然传来一个不同的声音："那不公平啊！"有不少学生跟着愤愤不平。"是呀，不公平。""对，大家说得都很对"，我顺着这个声音说，"现在我们遇到一个难题，你们大家一起想想办法，如何解决才算公平？"

于是，大家展开了讨论。

"可以让他再买一块儿，然后补给李老师。""下次分东西的时候可以少分

他一块儿。""就算了吧，反正是一块儿泡芙，也没多少钱。"大家都笑了。

此时，同学们的情绪都已平复了许多，不再那么激动了。

四、故事隐喻，让沟通有效无痕

我又给大家讲起了一位老爷爷因为换玩具与服务员起了争执，结果导致心脏病突发去世的案例。2016 年 6 月 27 日，一位老爷爷在北京西单商场地下一层玩具柜台购买了一台 300 元的遥控仿真快艇玩具，因玩具出现故障，老爷爷及其家人多次来到西单商场协商玩具快艇的更换或维修事宜。在交涉期间，当被告知玩具快艇无法修理后，老爷爷情绪较为激动，与玩具柜台销售人员发生了言语冲突。不料，在争吵期间，老爷爷突然倒地失去了意识，后经抢救无效死亡。死因诊断为：由高血压引发的猝死。因为 300 元而失去了生命值不值？显然这不是等价的。

我请大家仔细思考，我们这个未知数 x，大家要在方程的右边放哪些东西才能相等呢？你想得到什么？是仅仅那一块儿泡芙吗？同学们陷入了沉思。

五、营造和谐氛围，让集体接纳

事后，起争执的几名同学当着全班同学的面互相说了自己的错误，并互相道了歉。小 T 同学也承认自己拿了两块儿泡芙不对，应该交给老师，并表示以后再也不会这样做了！全班同学给予了热烈的掌声。

教师不仅是传道授业者，而且是学生道德发展的榜样，教师的言行会影响学生的道德发展，因为学生还处于成长过程中，他们还不完全具备判断道德的能力。因此，教师要学会理性地面对自己的情绪，科学地管理学生的情绪，掌握一些管理情绪的策略和方法，从而提高教育教学效果，帮助学生健康成长。

第一，教师要认识、接纳自己的情绪，这是处理问题的前提条件。当我们生气时，自己未必会立刻察觉到，尤其是当一味地把注意力放在引起情绪反应的事情上时，就容易陷入情绪当中。因此，当我们有情绪反应的时候不要执着于当前的情绪事件，可以试着从情绪中跳出来看看，试着告诉自己：今天可能遇到各种事，首先我要做到"不生气"。

第二，要尊重、理解学生的情绪，这是解决问题的重要方式。教师不仅要科学地认识学生的情绪，而且要在情绪规律认知基础上理解学生的情绪。学生的问题行为是由于某些事情自然发展而出现的。教师自己曾经也是一个孩子，也做过错事，说过错话，换位思考，将心比心，说服自己，宽容和谅解学生，这样你便会怒气全消，从而理智地处理问题，赢得学生尊敬。

第三，耐心寻找学生不良行为背后的原因，科学指导学生管理情绪，这是解决问题的根本。当我们看到学生的问题时，不要急于生气、发怒，要理性地分析行为背后的信念，进而影响学生的情绪，实施有效的教育和管理。学生在成长过程中，由于自我肯定和渴望被他人认可的需求不断增加，如果不能得到良好的回应可能会产生不良情绪。从心理学上来讲，这是学生在寻找价值感和归属感。学生会根据他们对自己生活经历的感知或个人思维方式做下意识的决定。当价值感和归属感得不到满足时，他们可能会采用不恰当的表达方式。透过不良的行为现象，教师要努力找到做出这些不良行为的根本原因。

第四，要积极营造良好的班级氛围。班级是学生成长的家园，更是学生人格、品行、修养、理想信念熏陶和培养的重要场所。努力创设一个宽容和谐、积极向上的班级氛围会促进学生成长，有利于学生保持积极正向的情绪。

【专家点评】

面对"两块儿泡芙"引发的冲突，边老师意识到四年级学生对公平的强烈追求，理解学生情绪体验强烈、情绪控制力较差的年龄阶段特点，基于对学生年龄阶段特点的把握，做到了"先处理情绪，再解决问题"。边老师能够敏锐地觉察自我情绪，调节自身情绪，并接纳学生的情绪感受。边老师根据冰山理论，看到了学生行为背后的情绪感受、观念等更深层次的内容，在接纳情绪的基础上，引导学生分析自己的想法和认识，从转变观念、满足学生核心需要层面解决问题，达到了良好的教育效果。

多元评价　　让学生找回自己

高鸿艳　北京市通州区教师研修中心实验学校

以前我在要求学生填写"小学生综合素质评价手册"时，往往让学生独立完成，其中的具体内容、要求、评价标准等没有带领学生学习过。同学之间，小组之间的互相评价我也没有做过多指导，我觉得作为高年级学生，他们有能力独立完成这些任务。

经过学习培训，我有了新的发现。例如，评价手册的填写，应该是老师指导在先，让学生明确具体要求，知道《中小学生守则》《北京市中小学生日常行为规范》，了解校训、班训、思想道德、学业成就、综合实践活动、心理健康、审美素养、个性发展、我的收获等方面的具体目标是什么，知道自己在本学期要做到哪些，还要知道经过一段时间，如半个学期或一个学期自己能做到什么，这是一个阶段性的指导、规划、实施及评价的过程。在学习中，教师应注重关注学生的思想、学业、心理成长等过程性评价，而不是只要最后的一个填写结果。

说起填写评价手册，我不由得想起一名学生。这个学生平时不太自信，我通过对他的观察、分析，制定了辅导策略和多元评价方法，从他的学业及心理方面进行辅导，对他进行综合评价。学期末，这个孩子变化特别大，各方面都取得了很大进步。多元评价，让他找回了自己。

他虽然是五年级的学生了，但是心理年龄很小，自理能力差，未养成良好的学习习惯，各科作业都不主动完成，经常拖欠各科作业，课上不注意听讲。父母向我反映爷爷奶奶溺爱孩子，孩子自理能力差，做事自由散漫，也不听父母的话，答应父母的事总是做不到。父母也说自己无法管教，说孩子不是学习的料，随他去了。他虽然学业表现欠佳，但在品德方面表现得很好，尊敬师长、遵守学校纪律、热爱集体、捡到东西知道主动交给老师。此外，他在劳动方面表现也很积极，不怕脏，不怕累。

在一次班会课后，我指导学生填写评价手册后，发现他一直拿着笔愣神。我走过去看他，他正在"我的自画像""思想道德"专栏下的"关心父母健康，主动与父母沟通"一栏犯愁呢。再一问他，原来对于"学业成绩"专栏中"当学习遇到挫折时也不放弃"；在"心理健康"专栏中，"能够与家长老师和同学等不同人群建立和维持良好的关系，做事情有目标，有计划。心情不好时能有效地调节，解决学习和生活中的常见问题，承担有挑战性的任务"这些专栏，他也不知道怎么写形成性评价。

他的这些问题引起了我的注意。我告诉他别急于填写，先和老师聊一聊。他笑着同意了。经过与他聊天，我对他有了进一步的了解，日后又多次对他进行观察，并在自己的记录本上写出了他的一些表现。此外，我还通过和其他老师进行沟通，了解他的表现。在学校，他经常上课不专心听讲，老师批评他，他也不往心里去，一副无所谓的样子，即使老师刚批评了他，一会儿下课他就又去玩了，还有说有笑，好像跟他没关系似的。针对发现的问题，我制定了帮助策略。

一、查找问题，分析原因

以上现象表明，造成该生问题的原因有以下几点。

第一，从小没有养成良好的学习习惯。

第二，学习能力有待提升。

第三，大人溺爱孩子，使孩子自理能力差，做事散漫。

通过分析，我制定了辅导策略和评价方法：从心理上对他进行辅导，提高其学习能力，对他进行综合评定，以促进他尽快成长。

二、和家长沟通，从多元评价入手

我想从他的学业水平及身心健康方面的评价入手，让他能从多角度认识自己，积极评价自己，肯定自己，从而帮助孩子找回自信心。

在和家长进行沟通时，我对孩子的妈妈说："我的孩子比您的孩子大，我愿意把我认为好的方法、好的经验和您分享，让我们一起从他的学业及身心健康方面进行关注，多鼓励他。"我也把他在校的各方面表现向他家长进行了反馈，并表扬了他，让家长觉得自己的孩子有很多优点，让家长以这些优点为契机多肯定孩子，表扬孩子，从而让孩子对自己有信心，对学习有信心，也希望他能在其他方面有所进步。最后我们达成了一致意见。孩子妈妈答应我下次教育孩子时不再用简单粗暴的方法了，会多和孩子交谈，用亲近、关爱的方式让他心里感觉到父母对他的关爱，妈妈还表示要争取每天多陪伴孩子，并让孩子做一些力所能及的事，多给孩子一些锻炼的机会，培养孩子的自理能力。

三、一对一真心交流，让评价有爱

我经常利用课余时间与他谈心，并对他做得好的地方进行表扬。我说："你思维敏捷，乐于助人，课上能积极发言，遇到疑难问题有钻研精神，但在学习中还有点缺乏恒心，时好时坏，如果平时能严格要求自己，改掉粗心的毛病，你将会是同学学习的榜样。"他看着我不好意思地低下了头，并答应我以后再加把劲，好好学习。经过一段时间的观察，我发现他上课专心听讲了，发言积极了。看到他的转变，我及时在班里表扬了他，并把他表现优秀的方面填写在评价手册上。课上，我也请他说说自己内心的真实想法。他看到自己一些小的进步都被老师发现了，还在班里表扬了自己，脸上挂满了喜悦，从此他学习更认真了，成绩有很大的进步。

四、让周围充满爱的鼓励性评价，促进个体发展

尺有所短，寸有所长。每个孩子都有自己的擅长之处，也都有自己的不足之处。我对所有的同学说，我们要包容他身上的缺点与不足，他是我们集体的一员，我们一起来帮助他，让他能尽快进步，同学们答应了。在一段时间里，

我看到的是同学们对他的包容、鼓励、帮助。我也看到了他的变化，他变得自信了，脸上堆满了笑容。我把他点滴的进步和几位科任老师进行了交流，并达成一致意见，平时对他要多鼓励，少批评，多包容他的缺点。

一段时间后，他真的改变了，给了我很多惊喜：每天早上，他来到教室里自己就能静静地看书或者写作业，对作业他很用心，正确率也高了，书写也有进步了，字更漂亮了。我听到更多老师表扬他了。放学后他能把教室打扫得干干净净，遇到一些小事他也能够积极动脑筋想办法来解决。

在对该同学的评价过程中，我进行了具体分析，制定了辅导策略和评价方法；和家长沟通，一对一真心交流，让周围充满爱的鼓励性评价。在评价时，我关注到了该生身上的闪光点，使他建立了自信。

教学艺术的本质不在于传授，而在于激励、唤醒和鼓舞。激励性评价使教师能着眼于发现学生的优点与长处，观察学生的细微与变化，寻找学生的闪光点，为学生营造一个支持性的环境，最大限度地调动学生的积极性。

通过这个案例，我体会到让学生进行评价时要让其多关注个体评价方式，教师也要多和学生进行心与心的沟通。教师要用发展的眼光看待学生的进步，要用爱的评价最大限度地理解学生、了解学生，助力学生全面发展。只有综合评价，才能让他们打开心门，接受外界一切美好的事物，接受我们的教育。

【专家点评】

学习者的能力是多方面的，每个学习者都有各自的优势。学生在日常活动中表现出来的能力不是单一维度的数值反映，而是多维度和综合能力的体现，因此对学生的学习评价也应当是多方面的。只有多元评价才能推动主体多元化、内容多维化和方法多样化，最终促进学生的全面发展。伴随着"双减"政策的落地，人们的教育观念也在发生变化，即更多地倾向聚焦于人本身，把培养一个健全健康的人作为育人的首要目标。坚决杜绝唯分数论，更不能带有色眼镜看待学生之间的差别。要尊重学生之间存在的差异，努力做到因材施教、一人一策。同时，多元化的评价能够使教师更加关注学生的学习过程，促进学生全面发展，帮助学生树立信心。

高老师善于思考，能够从经常性工作中寻找教育学生的契机。例如，在让学生填写"小学生综合素质评价手册"时，发现了教师指导的重要性，这也是了解学生的一个窗口，能够走进学生的内心世界。

打破交流障碍

化国辉　北京市东城区史家胡同小学

小何是我班里的一名女同学，读四年级。她戴着一副紫红色的眼镜，看上去特别文静。平时她从不与同学发生矛盾，学习能力与表现都不错，能够按时完成作业，并且书写工整。课前小何会准备好学习用具，上课能认真听讲、记笔记，下课除了上卫生间，总是静静地坐在自己的座位上。

在前三年的学习生活中，无论课上还是课下，小何都很少与其他人交流。

为了更好地熟悉小何，争取在成长中给予她更好的帮助，我主动联系了家长和之前的老师，并与班干部进行了交谈。

通过交流我了解到，小何是个胆小、性格内向的孩子。她是独生子女，从小与家人交流没有问题，只是在外出时极少与人交流，因此当时并没有引起家长足够的重视。时间久了，她觉得不与人交流，对她的生活没有什么影响。随着时间的推移，家长逐渐意识到了问题的严重性，开始替小何找心理咨询，上专门的课程，但都没有明显的效果。

在常年的班级生活中，无论是她自己还是周围的老师与同学，都逐渐接受了她很少与人交流这一事实。甚至当有新老师进班上课，偶然叫到小何回答问题时，马上会有同学主动向老师说明，她上课不说话，平时也很少与同学们说话。时间长了，这个环境本身就给小何构成了一种无形的约束。

面对这一情况，我该怎样做呢？在教室里也很难一下找到打破这种状态的契机。那么，在集体活动中，能不能找到帮助小何真正融入集体的办法，让她感受到集体生活的乐趣，进而克服其自身的心理障碍呢？

组织班级活动是一个班级学生成长必不可少的教育内容。在班级活动中，学生们可以培养自信心，激发潜在的能力，还可以拉近师生之间的关系，增加班级的凝聚力，所以班级活动的开展，是形成良好班级氛围的重要途径。体育特色班级文化建设是我多年带班的优势。因此，在带学生练习跳长绳时，我特别观察到小何没有像大多数不会跳的同学那样去参加其他游戏，而是在不远处一直注视着同学们是怎样练习的。这个细节让我看到了希望，觉得此时孩子内心有了要加入的愿望，应该让她尽可能地融入集体生活，使她充分感受到自己是集体的一员，从情感上拉近她和班里每个成员之间的距离。于是，再次组织大家参加集体跳长绳训练时，我便提前安排和她同住一个社区的小伙伴在训练时带她一起参加。这次她没有拒绝并顺利加入，我发现她比大多数同学跳的水平要低一些。此时我一边调整摇绳的角度与速度，一边提示她动作要领，尽量减少她失误的次数。这时她虽然没有用语言回应我，但从她动作的调整与改变中，我看出她听进了我的话。为了提高她参与的积极性，即使出现失误，大家对她也没有责备只有鼓励。就这样，小何在日后的集体训练中从未缺席过。

师爱是教育的基础，认同是接受的前提。小何内心非常敏感，我们只有慢慢走近她，让她感受到老师的关心与爱，才能使她逐渐放下恐惧与戒备。在与她相处的过程中，我会控制好自己的情绪，并关注她任何细微的变化。课上我会在不经意间向她投去关心的目光；我会表扬她的作业书写工整、听讲认真、笔记翔实等。课下每次发现她的作业中有些瑕疵的时候，我都会耐心地给她讲解。我逐渐发现，自己在班里一句不经意的幽默话语，也会让她露出浅浅的微笑。

居家学习期间我非常担心小何的成长会不会因此而间断。在和她爸爸交流中得知，假期小何已经开始和熟悉的伙伴进行语音交流了。居家期间学校推出了"和谐课堂"，让学生可以在线上自主选择感兴趣的课程。学校还组织了"班级社区"交流活动，不同年级的学生可以在一起交流各自上课的心得与收获。第一期我看到小何的手抄报、笔记，感受到了她一贯认真的学习态度。在第二期参与交流前，我建议小何爸爸和她商量尝试录制一期关于交流活动的视频，小何也真的做到了！听到小姑娘那悦耳的声音时，我的内心感慨万千。

班主任既要善于抓住教育契机，又要善于创造适合学生的成长环境。有了这个良好的开端，我决定再接再厉。在第二学期开学之际，我们与武汉的小伙伴一起建立了"手拉手活动群"，通过视频会议的形式每周进行"固定的约会"，即一起阅读相同的书籍，通过分组线上交流的方式，分享阅读心得，交流学习生活。在一次又一次的在线交流中，小何变得越来越自信，越来越爱说了。在我还犹豫要不要提示小何爸爸让她也尝试当一次主持人时，小何居然主动报名并成为第五期的主持人。这样的改变让我觉得不可思议！

"班级社区交流"和"手拉手活动"成为小何改变的重要基石。2020年6月8日，无论对我还是小何，都是难忘的一天。那天早晨，小何进班后，我听到了一个熟悉又陌生的声音："老师，我的体温是36.1℃。"熟悉是因为我在居家学习期间的语音作业中、在班级社区的交流视频中无数次听到过这个声音；陌生是因为在近四年的校园生活中，在半年多的直接接触中，这个声音从未在面对面的交流中、在教室和校园中出现过。这声音突如其来，又是我期盼已久的，我心中激动万分，这是一个多么美好的改变呀！

学生返校当天我们还要按要求完成区级"三好学生"的评选。以小何在班级中的一贯表现，她完全可以参选。我决定看看她是否会自荐参选。自荐参选对她来说，还是有一定困难的。其实不只是她，对于四年级内向的孩子来说，迈出这一步也都不容易。

当我读完评选条件，孩子们开始自荐时，我向小何投去鼓励的目光。从她的表情中，我感受到了她内心的波澜。此时我决定再"托她一把"，我向大家推荐了小何，列举了这半年来小何在各方面的进步，供大家参考。结果小何顺利当选了。这是小何的成长，也是集体的成长！

暑假里，在给学生打电话了解假期生活时，我再一次和小何进行了交流。沟通中我感受到小何开始变得自信阳光。虽然她与那些优秀的同学相比还有不足，但她的改变我们有目共睹。

进入五年级后，小何的改变越来越明显：在课堂上和大家一起朗读；在区级"三好学生"评选时主动自荐……相信在未来的学习生活中，小何一定会成长得越来越好。

一方面，这个案例能够成功的关键在于我并没有急于求成，而是从一名老师的角度，希望给孩子的成长带来有价值的帮助。另一方面，我通过细致观察、深入接触，发现小何自身成长与改变的原动力，然后顺势而导，鼓励小何渐渐走出封闭的自我状态。在整个过程中，我们遵循系统脱敏疗法的基本思路，循序渐进，因势利导，最后使小何能主动参与班级主要活动，当众表达自己的观点。

【专家点评】

良好的师生关系是有效教育的重要基础。教师和学生成长于不同的时代背景，两代人存在一定的代沟是很正常的。作为教师，我们需要不断地学习，了解新时代学生的新特点。化老师遵循学生的成长规律和心理活动规律，与学生进行有效的沟通和平等的对话，让学生感受老师对他的爱与尊重。

在本案例中，老师采用"融入同伴群体—书面交流—在线语音交流—面对面的简单对答交流—流畅的电话交流—正常的面对面语言交流"这种方式来逐步帮助学生进行行为改变。很多时候，我们希望一下子把问题解决了，但实际上问题的解决往往是长期的、复杂的，如果能够把问题分解为递进的小问题，一点点解决，逐渐接近目标，老师和学生都会更有信心和成就感。

她为什么总是"不问而取"?

郎朝霞　北京市通州区潞苑小学

学生出现不良行为是班级管理中的常见现象，班主任需要认真调查、恰当处理。如果处理不好会对当事学生和班级造成恶劣的影响。低年级学生出现这些行为，大多是因规则意识不清晰。随着年龄的增长，这种行为一般会减少，可是也有学生会出现一犯再犯、愈演愈烈的情况。

小敏就是这样一个例子。从一年级到四年级，小敏多次出现未经允许就拿走同学物品的情况。为此，她多次受到父母的批评教育，我更是多次教育引导，小敏每次保证不会再这样做，但仍会有类似的行为出现，甚至情况更加严重。

家庭条件优越的小敏，为什么要屡次拿走别人的东西呢？明知道这是不对的行为，为什么她还一犯再犯呢？同学们对她这种行为已经十分不满，为什么她仍执迷不悟呢？我脑子里浮现出一连串问题。

一、理论指导

要想帮孩子改变不良行为，就要了解其行为背后的动机。我在网上搜集了大量关于孩子不良行为的文献资料，还请教了一位儿童心理专家。最后针对儿童产生不良行为的原因，我做了以下梳理。

1. 证明自己的能力，以获得成就感

当表现不佳，被周围人轻看、冷落时，孩子可能会采用他人谈之色变的行为，来获取佩服和赞叹，获得成就感。

2. 亲子关系不畅，以此反抗

平时父母缺少对孩子的关注，或者对孩子要求过高，管教过严，孩子可能会以不良行为引起关注或表达反抗。

3. 周围不良环境的影响

学校环境和家庭环境对孩子的成长至关重要。好的环境能够促进孩子成长，但不良环境可能会造成孩子情绪不稳定，影响孩子身心健康。

4. 强烈的占有欲

自己羡慕的物品无法得到时，随意拿走其他同学的物品。

综合小敏的情况，我认为前两种原因比较符合她的情况，但还是需要和家长进一步沟通、了解，并取得家长配合。

二、个体分析

我把小敏的父母约到学校，并说明了要沟通的内容。小敏爸爸的脸一下子变得阴沉，小敏的妈妈也很激动。我先安抚了小敏父母的情绪，告诉他们孩子成长过程中出现问题是很正常的，只要我们处理得当，孩子依然会成长得很好。现在最重要的是找出孩子出现这种行为背后的原因，对症下药。

在和家长沟通中我得知，家里对孩子的物质需求基本上都能满足，各式零食常年放在客厅茶几上，孩子的零花钱、玩具、衣服等方面的供给比同龄人只多不少。

既然不是物质的缺乏，那就是心理的需求得不到满足。我们继续分析小敏在家和在校的学习生活情况，寻找小敏的内心需求。

小敏父母都是通过自身的努力成为各自行业的佼佼者，他们希望以严格的管教让孩子变得优秀。小敏忘写作业、考试成绩不好、和同学产生摩擦，都可能受到父母严厉的批评，这种教育使小敏产生了自卑的心理。小敏的父母听着我的分析不住地点头，妈妈还补充了小敏在家开始出现顶嘴、把自己反锁在屋不吃不喝等表现。看来，敏感又自卑的小敏面对严格要求的父母已经开始感到压抑，需要一个正确的出口疏解情绪。

班级里的小敏在老师面前十分乖巧、懂事。虽然成绩不好，但是比较听话，做错了事情还会写纸条道歉。可是，经常会有同学向老师打报告说小敏有很多行为上的问题，老师也进行过多次的沟通教育，小敏认错态度特别好，可是依然会出现同样的问题。时间久了，她在班里几乎没有朋友，她渴望同伴的关注和关爱。

小敏家教严、学习吃力、交往受挫，自卑又敏感的她太需要成功的体验，需要被认可和接纳。于是，小敏做了其他同学不敢做的事，取得了关注并获得"成功"，也因此满足了她的"成就感"。

说到这儿，这个在家被严厉管教、在校被同伴冷落的小女孩，不由得让人心生怜悯。对这个背着这么多负担的小姑娘，我不免心疼她的经历，爸爸低头不语，妈妈已泪流满面。

三、对症下药

了解了孩子不良行为的动机后，我开始对症下药，从以下四个方面采取措施：

1. 和小敏一起商定矫正措施

小敏明白平时她的一些行为是不好的，她特别想改掉这些坏习惯。于是我们一起想出了几个方法：

（1）设定每日目标，提升自我效能感。师生共同制定"21 天好习惯养成表"，内容宽容他人、文明用语、乐天助人、努力学习四个维度。每天进行自评和师评，表现好可以得一颗星。在一颗颗星的积累中，小敏的自信心也树立起来，养成了好习惯。

（2）避免单独活动。必须和同学集体活动，不给自己创造犯错误的机会。

（3）多参加校内外活动，在活动中主动和同学交往。

（4）我们一起向其他老师和同学鞠躬道歉，为自己的行为承担责任。

2. 和小敏父母达成一致意见

要想彻底改掉小敏的不良行为，家庭教育的理念和方法就必须做出调整。我对小敏的父母提出了几点要求。

（1）不要采取过于严厉的教育方式。

（2）对学习成绩放低要求，孩子快乐、健康最重要。

（3）多倾听、多理解，获得孩子信任，建立良好的亲子关系。

（4）支持小敏参加同学读书会、聚餐，帮助她建立良好的同伴关系。

放学看到妈妈来接小敏，我开玩笑地问小敏："妈妈最近表现怎么样？有进步吗？"小敏煞有介事地回答："有进步，但是还有提升空间。"妈妈在一边像小学生一样说："谢谢女儿鼓励，我会继续努力！"然后我们哈哈大笑起来。几个月过去了，小敏和爸爸妈妈的关系也慢慢缓和了，妈妈还报名参加了一个育儿课程，努力了解孩子的心理，学习用科学的方法教育孩子。

3. 老师搭设展示平台

此外，小敏需要大家的鼓励和肯定，需要获得自信的平台。针对小敏的特点，我努力给她创造机会。

（1）小敏喜欢画画，而且画得还不错，我在班级展板上为她做画展。

（2）小敏学了几年拉丁舞，跳得有模有样，我组织班级开展才艺展示会，她飒爽的舞姿让同学们惊叹不已。

（3）鼓励小敏参加课前小演讲，提前带她排练，让小敏在同学面前展现精彩的自己。

（4）抽出时间为小敏补课，学习上的进步让小敏信心倍增。

在同伴的掌声和欣赏的目光中，小敏获得了靠自己努力得来的认可和尊重。

4. 引导建立友好的班级舆论氛围

小敏渴望建立良好的同伴关系。每个孩子都充满正义感和同情心，只要老师用心引导，他们会毫不犹豫献出自己的爱。

（1）发动同伴主动关心。我同与小敏接触比较多的同学解释了小敏不良行为的原因。要想帮小敏改掉这个缺点，就要多关心她，帮助她，课间的时候多和她一起玩。同时，我又找了班干部，嘱咐他们杜绝班里出现排挤现象，带头维护班级友好互助的班风。

（2）开展活动引导欣赏。班级定期开展"夸夸他（她）"活动，鼓励孩子们发现别人的进步，树立"进步的孩子最可爱"的班风。我抓住机会在班级表扬小敏的进步和闪光点，引导同伴学会欣赏她。

就这样，在老师、家长、同学和小敏自身的努力下，一个学期过去了，没有再听说小敏违纪的现象了。小敏和同学们一起学习、一起嬉戏的身影经常出现在校园内外。

每个年龄段的孩子都可能出现违纪行为。本案例中的小敏已经9岁，按照皮亚杰的道德发展阶段理论，小敏正处于初步自律道德阶段，已经有了基本的对错判断，具备自律的能力。这个阶段出现"不问而取"，需要家长和老师充分关注和教育，最重要的是找到孩子不良行为的原因。事实上，孩子大部分不良行为是因为"缺乏"，这种"缺乏"，可能是物质的缺乏，也可能仅仅是内心感到缺乏。本案例中的小敏就是典型的内心感到缺乏，试图通过违纪行为获得老师、家长、同学不同程度的关注。

面对小敏不断出现的行为问题，如果我们继续用简单的说教和惩罚策略，不但难以取得效果，而且可能耽误孩子一生。而静下心来分析小敏内心状态，了解她渴望被认可、被接纳的心理，就可以采取有针对性的手段帮助她改正错误。

每个孩子都生活在一个多元环境中，多种因素促成其思想与行为，单靠教师一方的力量去引导和教育是远远不够的，家长、教师要积极配合，给予孩子更多的关注和支持，营造安全、友好的成长环境，只有这样才能取得更好的教育效果。

【专家点评】

学生行为往往反映其家庭教育存在的问题，老师应当在了解原因的同时让孩子打开对外倾诉的大门。在这种情况下，教师一定要保护孩子自尊。行为背后深层次的原因能够让我们针对孩子的失范行为对症下药，之后老师再帮助孩子建立所有权的观念，并培养孩子的自制力，慢慢教会孩子换位思考。

了解学生心理活动是解决学生问题的关键。郎老师发现小敏存在的问题之后，不是简单粗暴地指责、批评、惩罚，而是耐心地发现孩子的心理需求。面对家长不当的教育方式，朗老师也能够及时制止，并协同家长一起用正确的教育方式从根源上解决问题。不同成长阶段的学生具有不同的心理特点，如何对学生的行为和心理进行恰当的引导是对每个老师智慧的考验。

别样的抗议

李松瑜　北京市海淀区中关村第一小学

当今孩子接收的信息越来越多元化，他们的认知能力越来越强，主体意识也越来越强，孩子的变化要求学校教育方式也进行相应的变革。这则案例中的主要人物是个五年级男孩，他平时喜欢看书，追求个性与自由。他敢于反抗，性格率真。

明天学校组织春游，今天我没讲新课，而是组织同学们梳理、复习了前面学习的内容，然后准备出几道题，巩固所学知识。我还特意吓唬几个平时不太踏实的孩子："如果卷子当堂做不完，明天就不能去春游。"我边巡视，边欣赏孩子们做题时的有趣表情，享受着短暂的静谧。

正在这时，一个小手伸了出来，回头一看，是经伦。他家长给他起这个名字，大概率是希望他满腹经纶吧。孩子也没有辜负家长的厚望，看书确实很多，很有头脑。就是这样一个孩子，在大家都认真做题的时候，他走到我跟前，不紧不慢、气定神闲地跟我说："老师，跟您请示件事，我不想做题。"说是请示，但从他漫不经心的话语和坚定的眼神中，我看出他已经做出了决定。

此时我想问问他为什么不想做题，又怕影响周围同学做题，于是我忍住了，装作若无其事的样子，心平气和地说："好吧，你先看会儿书吧！"

虽然我表面上同意了他的请求，但心里涌动着压抑不住的怒火，我知道周围有同学在悄悄地关注着事态的发展，一如别的同学在关注我一样，我也一直在悄悄关注着他。他其实并没有专心看书，而是一会儿抬眼瞟瞟我，一会儿扭身看看周围的同学，显得心事重重。看他神思不属的样子我有点于心不忍，在他又一次看我时，我招招手把他叫到了身边，冷静地问他："为什么不想做题？"他漫不经心地说："不为什么，就是不想做。"我看着桌上一堆批改过的作业，突然有了主意，就说："那你能帮老师发作业吗？注意别影响其他同学做题。"

他得令后，马上开始发作业了。就这样，我批改着作业，他发着本子，我们两人都忙得不亦乐乎，刚才的事情就好像没发生一样。很快铃声响了，我俩同时完成了任务，同学们也做完题了。我离开教室前，特意在他耳边说道："你什么时候想做题了，就过来找我。"经伦听后如释重负地点了点头。

回到办公室，我赶紧和经伦家长取得联系，但没有告诉他妈妈课上发生的事，只是询问了经伦最近在家有无异常反应。从孩子妈妈的口中得知，孩子在家没有异常反应，这学期他在语文学习上进步尤其明显，昨天晚上他还在家认真复习呢！放下电话，我陷入了深思，看来原因出在学校，可是学校的确也没发生什么大事呀！我百思不得其解，多么希望这个聪明的孩子能够主动来找我呀！

中午我需要值班，午饭时间到了，我在帮孩子们分饭的过程中一直留心观察着经伦。我发现他精神愉悦，一如既往，还主动帮我给大家盛汤。我不动声色地向他表示了感谢，表面还算冷静的我，内心十分焦虑：下午要讲题，怎么处理这件事？这件事已经成为全班同学关注的焦点，如果不将这件事处理好，其他同学照着学可怎么办？这真是一件棘手的事呀！

正在我心事重重时，突然发现他小跑着来到我身边，主动说："李老师，我现在可以做题吗？"我惊喜不已，连声说："好！好！"

我领他到办公室，他坐在我的办公桌前，没多大一会儿，他就做完了题。我检查后发现题都对了，成绩很好。我奇怪地问他："既然复习了，也会做，又为什么不做呢？"

在他支支吾吾的回答中，我终于弄明白了，原来他不满意我给同学提要求时说的话，他说："春游是大家盼望已久的事，老师不应该给这件事再添加条件。"

我没想到自己无心的一句话竟然在孩子心中有如此大的反响。是呀，参加学校组织的春游活动是孩子们的权利，老师却拿题做完与否作为参加春游的条件，这句话令他很不满意，于是就用这种形式进行无声的抗议。此时，我愧疚到了极点，用手摸着他的头，对他说："真对不起，老师不是故意要这样说的，站在你的角度思考，老师确实不应该这样说，请你原谅老师好吗？"他微笑着点了点头。

经伦是个有个性的率真小伙子，他能将自己的想法通过别样的方式表达出来，使我意识到自己的错误。学习不踏实就没有资格去春游吗？用取消春游资格去惩罚孩子的学习不踏实是否合适呢？我迅速收起了思绪，拉着他的手对他说："孩子，老师今后一定会注意自己的言行。但希望你今后再对老师、同学有意见时，要及时与我们沟通，不要用这种方式表达自己。帮助别人直面问题，实际上是在真诚地爱护和帮助他人。"他点了点头。

看着孩子离去的背影，我陷入了深深的思考中。孩子给我上了一课，给我带来了深深的触动，孩子的想法多么深刻啊，五年级的孩子自我意识开始提升，对公平、权利的理解更加深刻。作为老师，我们更应该透过现象看本质，在理解孩子心理特点的前提下，反思自己的教育方式是否恰当。

后来，经伦在日记中这样写道：学校组织的春游活动，昨天被妈妈拿着做条件，今天又被老师拿着做条件呢！我刚看的书中说了，参加必要的学校活动是我们的权利！我要抗议！我要抗议！对了，不做卷子，看你怎么处理我！看到周围同学对我诧异但佩服的眼神，我得意极了，但我没想到的是，老师很理解地将我桌上的卷子收了回来，还允许我先看会儿书。真让我扫兴！同学们都静悄悄地做着卷子，刚才同学们对我崇拜的眼神此时已经变成了漠视。大家都忙着做手上的卷子，没人有时间来欣赏我这位胜利者，我很失落。李老师让我帮同学发作业，我边发作业边观察着同学，好像大家对我这个仗义执言的"英雄"并不怎么欢迎，这太让我失望了。所幸，李老师临走时趴在我耳边叮嘱我，让我什么时候想做卷子了，就过去找她。我特别感谢老师给我一个台阶，没在同学面前揭穿我。我知道自己错了。

看了孩子的日记，我庆幸自己给了孩子缓解情绪的过程，也给了自己调查事情缘由的时间。孩子的世界是单纯的，孩子的行为率真而坦诚。作为老师，如果当时我把经伦的不想做题看成触犯了金科玉律的大事，就会和他大动干戈，至少激烈的唇枪舌剑是在所难免的。

最主要的是在激烈的"战斗"后，我依然不会了解事情的真相。这非但不能让孩子心服口服，反而会激化矛盾，这个有个性的孩子会更加时时处处戒备老师、挑剔老师的言行，从厌烦老师到厌烦学习，想到这些，我不寒而栗。

老师对孩子以人性的关怀，传递老师的爱意，这样留给孩子的将是永远的甜蜜和无穷的感慨！

于是，我将自己的思考记录了下来。

1. 发现问题

现在的孩子多么有个性啊！他们敢于反抗，他们仗义执言，从积极心理学的角度讲，这是孩子自我成长的表现，是孩子积极建构自我的重要时机，是孩子逐渐构建自我形象、寻找自我认同的过程。班主任作为孩子成长过程中的领路人，应该帮助孩子获得自我成长。

在现实的班级管理中，师生之间的关系是平等的，老师要尊重孩子。这个时期的孩子如果得到班主任的正确引领，将能顺利适应生活。老师这种"蹲下来，用孩子的眼光看问题"，设身处地地去体会孩子的感受，肯于"示弱"的教育方式，变被动为主动，赢得了孩子的信任，收获了孩子的真心。泰戈尔说过："不是锤的打击，而是水的载歌载舞，才使鹅卵石臻于完美。"此时如果老师急于控制场面，很容易造成问题的升级甚至激化矛盾。孩子毕竟是孩子，老师如果站在孩子的角度想问题，静思一会儿，可能会收到意想不到的效果。老师相信这次对经伦言行的宽容所引起的道德濡染，会比"暴风骤雨"似的"惩罚"来得更有效。

2. 明白界限

教育是用爱唤醒爱的过程，如何明白爱的界限却是一门学问。老师不仅需要有爱的善意，而且要有爱的能力、爱的智慧。随着孩子年龄的增长，他们的自我意识越来越强，孩子也不断通过各种方式来建构自我。比如，他们会逐渐重视自己的着装、发式、外貌以及他人对自己的评价，他们也会重视与父母及同伴的交往技巧。这是孩子成长的信号，也是孩子寻找自我认同的过程。正是在与外界不断接触、与自我内心不断对话中，孩子对"我是谁""我应该成为怎样的人"形成了认识。

案例中的经伦是可爱的，他出于对老师的不满，决定采取"不做试卷"的方式来观察老师的反应，这既有对老师的挑战，也有他自己的"小心思"。他希望做其他孩子不敢做的事情来赢得同伴的"佩服"，树立高大的形象，从而提升自己在班里的地位，在班里赢得更多的交往机会。因此，当看到周围同学对他诧异但很"佩服"的眼神时，他得意极了。当看到同学们对他"崇拜"的眼神变成了漠视时，他很失望。当老师没有对他发怒而是同意他的请求时，他很扫兴。所以，很庆幸我没有采取极端的方法来处理这件事，否则正好中了经伦的"圈套"。

当然，孩子也说出了自己的理由，很多时候，我们班主任特别容易犯的错误是拿另外一件事情惩罚这件事情，也就是模糊事情与事情的边界，这对孩子来说是不公平的，也会引起孩子的不满，不仅不利于孩子规则意识、惩戒意识的树立，反而会引起孩子的逆反心理，不利于老师的教育。

在信息时代，学生的知识面、信息面越来越广，他们有很强的边界意识，也懂得维护自己的权利，老师应该与学生耐心沟通，了解其内心想法从而促进学生成长。

3. 理解孩子

缓一缓，给孩子自省的空间。案例中给孩子安排看书的任务既缓解了紧张的氛围，避免出现针尖对麦芒的情况，也为我提供了观察孩子的机会。我观察到孩子并没有专心看书，而是一会儿抬眼瞟瞟老师，一会儿扭身又看周围的同学，这说明孩子是有心事的。在与孩子沟通无效的情况下，我又安排孩子发作业本，这既给孩子思考的时间，让其体会老师对他的尊重，也给孩子提供了观察其他同学行为的机会。"你什么时候想做题了，就过来找我"，老师这样的处理给了孩子一个弥补过失的机会，这为后来孩子主动要求做题奠定了好的基础。这样的处理既尊重孩子，又使孩子不违反规则。

班级管理需要老师的专业态度、精神以及素养。老师站在孩子的角度思考问题，在面对问题时就不会迷失方向，不会对孩子不耐烦。

【专家点评】

青春期的学生非常注重自己在同伴心目中的形象，也在逐步探索自我，渴望塑造一个不同于他人的自我，对于自己的与众不同有着期待。处于青春期的学生可能会向权威发起挑战，从积极的方面看，这种对权威的挑战是学生开始进行独立思考、自我成长的表现。李老师在面对学生突然的挑战时没有囿于教师的面子，没有代入情绪，而是包容和理解学生的行为，让学生的挑战像一拳打在了棉花上。同时，李老师能够细致观察学生情绪的变化，为学生找到台阶，这体现了教师的共情能力和包容心态。当李老师在纠结学生什么时候来做题时，学生也在纠结怎么"下台阶"，这种师生间微妙的博弈也是教育中有趣又生动的部分。

面对学生出现的反常表现，李老师并没有马上向家长告状，而是向家长了解情况。李老师在学生日记中了解到，大人们用"春游"作为督促学生学习的条件，从而引起学生的反感。这时候李老师能够真诚地向学生道歉，最终获得学生的理解和支持。李老师并没有将这件事归结为谁的错误，而是冷静地处理，不抱怨、不指责，以客观环境为前提开展教育工作。这种处理方式给了学生思考时间，使学生逐渐认识到自己的错误，从而完善自我。

以心暖心　静待花开

李亿　北京市第五中学分校附属方家胡同小学

在我任教的班级里有这样一名女生，她叫小文。还没正式和学生见面，同年级的老师就好心提醒我："这个孩子很有存在感，总是不能控制自己，爱说脏话，动作粗鲁，经常扰乱课堂秩序，只要是她不想上的课，她就要求上厕所，然后一去不回。"还有的老师说："她不太愿意学习，几乎天天迟到，五年级以来更是连作业都不写，语数英三科学业表现不佳。"

经过多方面了解后我得知，小文的家长工作较为稳定，父母双方偶尔会发生争执，平日里母亲管她多一些。小文平时和祖父母、父母生活在一起，因为居住地点离学校较远，所以每天到校需要花费近两小时。针对她的问题，原来的班主任老师和学校的心理老师都与她的家长沟通过，但是，不论来的是父母还是祖父母，都表示管不了，家长希望得到学校的帮助，但教育效果不佳。

经过分析我认为，小文存在的问题是由多方面因素导致的。要想解决这些问题，只有先把她出现的问题整理归类，发现其产生这一表象的真正原因，进而有的放矢地逐步解决问题。在帮助小文进步的过程中，我不能心急，要考虑到事情的轻重缓急，逐步推进。只有让她看到自己的转变，她才会有信心去解决问题。经过进一步摸底，我对她的基本情况进行了整理分析，以方便开展进一步的帮扶工作。

现象	问题	资料收集	成因分析
1.小文的座位被安排在最后 2.每天都不交作业	不愿和老师交流	总和老师发生矛盾，对老师的劝告听不进去	1.对老师没有亲近感，不愿与老师进行沟通 2.平日里听到的批评与指责过多，破罐子破摔，无从改起

续表

现象	问题	资料收集	成因分析
不经同学同意，翻看同学的作业	影响同学	**同学反映**：多次被她欺负，低年级时还被小文打过头 **家长反映**：原来班主任会经常与我们进行沟通，学校心理老师也做过访谈，没有效果	1. 不断骚扰周围人，想以这种方式吸引他人注意，说明小文缺少关爱 2. 不知道怎样和同学接触，不会交朋友
与同学交谈时带脏字	说话爱带脏字	**同学反映**：听到她和家长说话也带脏字 **老师反映**：她家离学校远，每天上下学坐车时可能会接触到很多人，也许会有模仿	1. 考虑家庭与朋友对她的影响 2. 可能是语言发育不好，词汇量少，不知道怎样表达自己
1. 每天都要等上课铃响了，她才慢悠悠走进教室 2. 上课时总是没精神，经常爱趴桌子上睡觉	上学迟到	**同学反映**：每天都迟到，小文说自己天不亮就出门上学 **家长反映**：从家到学校路上需要将近两个小时	1. 上学路程遥远，路况不好把握 2. 回家后的时间安排是否合理
语数英三科学习效果不好	学习成绩不佳	**同学反映**：上课不听讲，爱睡觉，不写作业 **家长反映**：平时基本由老人照顾，父母工作忙，没时间辅导小文作业	与家庭环境、学习环境和个人习惯有关系

依据上述分析，我初步拟定了以下帮扶步骤。

第一步：友善沟通，融洽师生关系

从学生心理发展阶段的特点可以知道：六年级正处在青春期的萌芽阶段，他们更在意自己在朋友中的形象，在乎自己在朋友心目中的位置。对于小文来说，她需要的是能像朋友一样相处的老师，正所谓"亲其师，信其道"。结合以上现象，我准备把教育她的第一步，放在建立相互信任的情感上。

我们的首次接触开始于假期中的家访。为了能有一个良好的开端，我在和小文见面之前，先申请加了她的微信。通过微信，针对见面地点的选择我咨询了她的想法，并再次确认见面时间。这一做法，显然让她十分意外。看到短信后，她回复的第一句话竟然是："老师，您怎么会听我的意见？"

后面的交流很顺畅，我们如约来到了见面地点。令我眼前一亮的是出现在我面前的，不是老师口中描述的头发蓬乱、动作夸张、爱捉弄同学的那个小文。她穿着整洁的白裙子，脸上带着羞涩的笑容，手里还拿着一张贺卡，上面用小珠子拼成了我的名字，还把准备和我说的欢迎词写在了小卷轴上，并固定在贺卡中间。一见到我，小文就迫不及待地向我展示给我准备的这份礼物。而我也很正式地和她交换了礼物——一本《查理和巧克力工厂》，并叮嘱她："这是我喜欢的作品之一，这本书的故事有趣，还有一些拟声词汇，读起来生动、形象。我建议小文利用假期时间也读一读，争取每天能把读书的录音分享给我。"谁知，这个建议刚一提出，原本和谐的交流氛围顿时变得有些尴尬。只见小文怯生生地说："老师……老师，我怕我坚持不了，这本书太厚了，我不太想读……"看到她的畏难情绪，我马上调整了方法，和她商量起来："老师很希望和你分享读书感受，你该不会让我失望吧？如果你觉得每天读有些辛苦，那你觉得一周读几次可以接受呢？……"经过商讨，最后她愉快地决定，把交流读书感受的时间定为每周三次，每次阅读的数量也由她决定，可长可短，但需要在固定时间把读书的音频发给我，而我也会在第一时间对她进行反馈。同时我建议家长参与其中，作为后勤保障，随时提醒小文坚持读书。

我送书的做法力求达到以下几个目的：

第一，创设一种朋友间的融洽关系。分享礼物是朋友交往中不可或缺的做法。

第二，利用每周的读书交流让小文熟悉我的存在，并利用交流，帮助她养成坚持读书的习惯。

第三，借助读书帮助她整理语言。

第四，在与小文交流的过程中，通过与家长和小文的配合，培养小文的沟通能力，促进小文成长。

通过一次次的交流，我发现小文表达想法的时候，语言顺畅了，词汇丰富了。每次交流后，她会礼貌地说上一句"谢谢老师、好的老师"。这一看似平常的变化让家长激动不已，他们经常念叨说："我家小文变了，有礼貌了，也会和我们好好说话了……"

第二步：教授方法，引导家长配合

身为家长，喜爱自己的孩子是理所当然的事情，之所以前期教育效果并不理想，多是因为教育方法选择不当。这时就需要教师用心观察，在摸清家庭情况后，适当引导家长调整方法。

渐渐地，小文的点滴进步让她的家长看到了希望。通过假期的多次交流，我也赢得了她们的信任，一有空，小文父母就爱和我聊聊小文的变化和她在家里的表现。在一次闲聊中，小文妈妈无意间说到这样一件事：那天小文和妈妈去买衣服，小文挑了半天也没选上，最后转了好久决定买一件灰蓝色的旗袍。当时孩子妈妈还很不理解，认为小朋友爱跑爱跳，穿旗袍不方便，劝说她选别的。谁知小文居然说："妈妈，你不觉得这件衣服的颜色和样子跟李老师第一次见我时穿的一样吗？就是我们合影时穿的那件，我觉得特好看，所以就要这件……"

听了小文妈妈的讲述，我眼前一亮，这不就是孩子对我的模仿吗？这不就说明我通过一个假期的努力，赢得了小文的信任吗？我一定要好好把握这次机会。于是，我马上跟小文妈妈商量："为了满足孩子的心愿，可以鼓励她把旗袍穿到学校，到时候让小文妈妈提前告诉我，我也穿上那件衣服，给小文来一次不期而遇，让孩子高兴一下。"

商量好后，一天早上，我接到了小文妈妈的电话，她说："李老师，小文今天把旗袍带上了，我们早上出门早，我怕孩子冷就没让她穿，到时候如果她想穿，就让您费心了……"挂上电话，我也马上找出衣服，一如既往地进班，上早自习，准备出操……眼睛却总在不经意间观察着小文的举动。

就在我整队来到操场后，小文也悄悄站到我的身后，但身上的衣服却有了变化。我故作震惊地说："嘿，小文，你这件旗袍怎么和我衣服的颜色这么像，咱们穿了师生装啊……"小文又是羞涩地一笑，我马上拉着她的手，在校园里合影留念。

这看似不经意的偶遇使我们收获了很多惊喜：一下课，我的办公室门口就会多出一个身影。该我上课了，这个小影子必会出现，抢着帮我抱作业、拿教材；该吃中午饭了，小影子在主动帮同学分发完水果后都不忘问一句："老师，您什么时候去吃饭？"这一件件看似平常的小事，渗透着小文对我的关爱。连办公室的老师们也经常会笑着说："李老师，您魅力太大了，小文每节课不见您就不舒服……"

虽然办公室老师在开玩笑，但不难看出，我针对小文设计的暖心行动见效了，她的行为习惯已经随着那颗被温暖的心发生了转变。但仅有态度上的转变是远远不够的，还需要在知识的学习方面投入更多的精力。

第三步：尊重差异，尝试个性辅导

因为长期没有形成良好的学习习惯，小文的学习显得很吃力，虽然她也想表现得好一些，但知识需要厚积才能薄发。同时，我意识到六年级的学生不愿意在人前示弱的心理特点，为了给小文留足面子，我就把帮助她学习的时间化整为零，如在课上写练习题的时候，我会悄悄走到小文身边，对她进行提醒、指正；每次上交作业时，我也会让她单独交给我，给她直接面批，发现问题当时解决。考虑到她基础知识不够扎实，我就特意让她帮助我检查同学背书，借助帮别人检查的机会，促使她达到反复记忆的目的。

就这样，在一系列措施的实施中，小文在各方面都有了变化，第一学期期末考试中，小文语、数、英三科全部优秀，再没有老师向我告她的状了，令人惊喜的是，从来上课不苟言笑的道德与法治老师，还特意过来表扬小文，说她认真完成了作业……

通过小文的显著变化，我反思到：在开展工作过程中，老师思路要清晰，过程是循序渐进的，解决办法的制定要以有效的情感沟通为基础，再结合学生在现有年龄段所体现的心理特点，有针对性地制定个性辅导。像小文这样需要关注，但不善于和老师进行良好沟通的学生，我们都可以从以下三方面进行调整。

第一，关注师生感情的积淀，以心暖心。

在罗杰斯教育理念中，良好的师生关系应具备以下三点：接受与理解、合作与对话、平等与民主。这三点也构成了师生关系确立的不同阶段。

任何人都希望被肯定、被认可，但是作为小学生来说，他们的认知能力还不健全，人格发育还不完整，原生家庭的情况、周围接触的环境都会对他们性格的形成产生影响。而当学生与老师初次接触的时候，为了能够顺利产生互动，教师首先要考虑的就是构建良好的师生关系。这也正符合罗杰斯教育理念中的第一点"接受与理解"。正所谓"亲其师，信其道"。老师能够让学生感受到被尊重、被接纳，那么学生就愿意信任老师，进而听取老师的建议。这样，罗杰斯理论的第二项内容"合作与对话"才会顺利推进。

教育要考虑家庭、学校、社会三个方面，但当一个孩子在其成长历程中，不能完全把控这三个因素时，老师也不能操之过急，可以把关注的重心转移到学校，以自己的耐心和爱心，再加上宽容的态度，去完成良好师生关系的构建。虽然这种做法不能代替家庭关系对学生的影响，但可以弥补学生在家庭生活中缺失的那部分情感。

第二，关注教育开展的层次，提高效率。

在实施教育的过程中，教师要由浅入深，由简入繁，也就是要先关注主要矛盾，稳定学生情绪，再关注其行为的转变；先激发学生提高自身素养的意识，再教会他们如何成长。

在对小文进行前期观察摸底的过程中，我们发现，她的主要问题集中在"不愿和老师交流、影响同学、说话爱带脏字、上学迟到、学习成绩不佳"这些方面。此时，如果眉毛胡子一把抓，效果肯定不会好。所以，我就先把"不愿和老师交流"作为切入点，从建立良好师生关系入手，随后关注"上学迟到"以及个人"学习成绩不佳"这两个方面。

教育方法是多种多样的。就教育方法来说，没有最好，只有最适合，教师一定要针对学生的特点，层层递进制定教育计划，这样才能提高教育转变的效率。

第三，关注家长状态的转变，以校促家。

每个孩子的成长都离不开家庭，而原生家庭对于学生的影响又是十分深远的。所以，教师在完成对学生的行为引导后，还应进一步了解学生家庭成员的观念，帮助他们及时发现自身问题，调整教育方法，创设和谐的家庭氛围。借助和家长的及时沟通，进而辅助性地稳定学校教育带来的效果，促进教师对学生多方面表现的观察。

在和小文进行初步接触后，为了建立持久的良好互动，我鼓励她坚持进行读书活动，这就需要家长的配合。当小文能够坚持自主读书时，家长只要默默关注小文的完成情况，听取我的反馈就行；当小文有些倦怠时，我来提醒家长，家长借助闲聊的时间，从侧面提醒小文。当这些方法没有效果的时候，我们暂停一次交流，给她放松的机会，然后再由家长和老师轮流提醒，陪伴她把读书活动坚持下去。

这样的坚持不但帮助小文兑现了承诺，还帮助其家庭创设了共同的经历，增加了亲子互动的机会。

教师在和家长进行沟通时，要注意交流内容的选择，不能只谈学生的问题，也不能只谈优点。教师要先充分总结学生的变化，肯定家长积极配合的表现，随后适度提出需要改进的方面。这样的交流节奏，既可以让家长看到教师对学生的付出，了解教师对学生进行教育的整体思路，又可以获得家长的信任，调动他们的积极性，使家长也参与到对学生的培养过程中。例如，在转变小文的过程中，我收到小文妈妈的信息，得知小文买了和我款式相近的衣服，从而创设一个惊喜。这次拉近和小文关系的关键性因素，就是家长。教师用学校的教育效果，促进学生家长与学生之间的沟通，使学生的家庭环境更和谐，从而完善学生成长的闭环空间，真正发挥家校共育的作用。

【专家点评】

进入青春期后，随着生理的迅速发育，学生的独立意识迅速发展，他们开始思考并审视自己，希望有自己的思想，开始排斥来自父母和老师的声音，容易产生逆反心理。同时，随着思维水平的提高，学生的抽象思维能力发展较快，思维具有批判性，但是又不够成熟。以往老师和家长对于学生的逆反行为较多采取指责和控制的方式，教育效果不显著。在本案例中，一方面，李亿老师抓住青春期学生发展自我、寻求独立、希望得到尊重、希望被当作大人对待的特点，满足了其情绪自主的需要；另一方面，青春期学生的情感需求从长辈转向同辈，渴望被同学尊重和理解。李亿老师满足学生需求后逐步进行行为塑造，满足学生深层次需求，帮助学生转变行为。

建立联结，满足情感需求。李亿老师具有极强的共情能力，能够运用积极心理学，看到学生每一次微小的进步并进行鼓励。在学生遇到困难时，李亿老师能够给予安慰和鼓励，让学生感受到老师对她的欣赏。

多方合作，家校配合，形成合力。李亿老师通过具体的小事情，帮助家长学会配合学校，如通过一本书的阅读，与学生和学生家长之间建立联系，形成合作基础，为之后穿师生装做好铺垫。

特别的爱给特别的她

刘亚丽　北京市通州区北苑小学

小琳是五年级的学生。她的父亲长期在外工作，由母亲照顾其日常生活。由于家中有三个孩子，她又排行老大，母亲对她疏于管教。她觉得父亲最爱她，所以很听父亲的话，但是父亲又不在身边，她认为没有人喜欢自己了，妈妈也管不了她。在学习上，小琳不用心，作业经常完不成，哪天情绪好就写点儿，不高兴就什么都不做。由于没有良好的学习习惯，她的学习成绩较差。在生活中，她也是我行我素，随心所欲。

一次英语课上，小琳不听讲，作业也没有交，自顾自地画画。英语老师走到她的身边，问她作业的问题，她怒视着老师不说话，当老师拿起她画画的小本子时，她急了，和老师发生了争执，并推开老师，抢走自己的本子，惹得老师很生气，影响了正常的学习秩序。我得知这件事时也很生气，心想：作为一名学生，她怎么上课不听讲，犯了错误不虚心接受老师的批评，还顶撞老师，真是太不像话了！作为新接班的班主任，我严厉地批评了她，并要求她向英语老师道歉。虽然她照我说的向英语老师道歉了，但我觉得这个孩子并没有想改正自己的错误，学习还是不用心，不管上什么课，虽然不捣乱，但是也不听讲，总在画画。

经了解我才知道小琳喜欢画画，对于画画已经有些痴迷，谁也不能动她的画本，否则不管是谁，她都会和你急。作为班主任，我决心转变这个孩子，激发她的潜能，尽自己所能去帮助她。

一、抓住契机，以爱动情

教育转化学生，教师首先要做到认真观察，善于发现，从而抓住契机与学生进行心灵的沟通，体会学生内心的需求，使学生感受师爱与温暖，从而使学生自信起来。

开学不久，学校开展了班级文化评比活动，在这次活动中小琳表现很好，同学们把小琳的多幅绘画剪下来张贴在专栏上，特别美观。不知不觉中，她不仅承担了绘画任务，而且帮助设计专栏，做得很出色。我觉得合适的机会来了，我要与她进行一次交谈。放学后，我以让小琳帮老师送东西为由，把她叫到了我的办公室，我搬来一把椅子，让她坐下。小琳有些不知所措，她依旧站着，我就把她拉到椅子上，笑着对她说："小琳，今天你帮忙设计专栏的表现真棒！谢谢你为班集体做的贡献。"她一愣，接着露出腼腆的神情，但看得出来她很高兴。接着，我和她以绘画为主题谈了谈心，并支持她发展自己的画画特长，鼓励她参加有关活动，她很开心。最后，我想知道这个孩子对她自己的评价，于是，我诚恳地说："之前老师不是很了解你，不该当着全班同学的面批评你，伤了你的自尊心，我有责任，是我处理问题的方式不对，老师向你道歉……"我的话还没说完，小琳就站了起来，激动地对我说："老师，我错了，我不该不完成作业，还在课上画画，其实，我也害怕，怕老师说我，怕爸爸妈妈不喜欢我，老师，我错了，可我就是喜欢画画。我学习差，上课听不懂，忍不住就去画画……"听了小琳的诉说，我心里也很不好受，她对自己的评价是客观的。

想想这些学生，他们犯错后也为自己的错误苦恼，担心别人不理解，怕别人看不起。他们也想改正错误，但不知道该怎么做。为了帮助小琳，我首先要坚定她的信念，给她自信。于是，我深情地拉着她的手，说："好孩子，你认识到了错误，老师接受你的道歉，老师也有不对的地方，以后老师要和你成为好朋友，更多地了解你，这样我们就没有误会了。你说行吗？"小琳动情地说："老师，您向我道歉，还要与我做朋友，您真好！我以后一定会听您的话的。"我也开心地说："作为好朋友，我一定会帮助你改正缺点，帮助你进步。"她深深地点点头。

这是一次成功的谈话，但不是一次谈话就能改变一个学生。后来，我经常和她聊天，谈心成了我们的常态。通过沟通，我真切体会到学生内心的需求，其实每个学生都希望自己是个优秀的学生，渴望被重视、被表扬。作为一名教师，我要宽容学生，尊重学生，相信学生，给学生机会，帮助他们健康成长。

二、君子协议，真心帮助

谁爱孩子，孩子就爱他，只有爱孩子的人才能教育孩子。在生活中，我认真观察并细心地呵护着小琳，和她交朋友，还签订了君子协议：要求她每天按时完成作业，上课要认真听讲，利用空闲时间画一幅画，和老师谈一次心。记得我把协议给小琳看时，她犹豫了一会儿，不点头也不说话。我明白了她是怕自己做不到，我对她说："你想答应老师，但是你又有些担心，怕自己做不到，是不是？你真是一个诚实的孩子！没关系，老师会想办法帮助你的，相信你一定能行。"她最终选择相信我，与我达成了协议。这也坚定了我帮她养成良好习惯的信心。

为了使她能够按时完成作业，在学校，我指导她写作业，并请一名她信服的同学来帮助她。在家里，我联系家长，让家长配合督促孩子。为了使她养成专心听讲的习惯，上课我用眼神提醒她，从她身边走过时，轻轻指点她。我鼓励她每天利用空闲时间画自己喜欢的画，还请同学们一起来欣赏。在每次的谈心过程中，我和她谈自己的收获、谈学习中遇到的问题、谈如何与同学交往……我们成了无话不说的好朋友。

经过一个月的努力，我看到了小琳的进步：她开始努力学习了，作业完成的次数越来越多了，虽然正确率还有待提高，但已经渐渐养成完成作业的习惯了；上课能够听讲了，而且有时还举手回答问题，这是以前没有的现象；平时能主动与同学聊天了，孩子脸上的笑容越来越多了。

君子协议，是有针对性转化的具体体现，能够带给孩子力量，成了师生情感连接的纽带，表达了老师对学生真诚的爱。这种爱的表达，又向学生传递出一个信号：老师没有放弃她，而是更喜欢她了，从而坚定了学生前进的决心。

三、运用赞美卡，推动进步

卡内基沟通学指出："只要对方稍有改进即给予赞赏。加勉要诚恳，赞美要慷慨。"在学习和生活中，我更加细心地守护着这个孩子，发现进步就及时表扬，并且运用赞美卡的方式，给予孩子赞美。

每天我都会发赞美卡给小琳。当她按时完成作业后，我会给出赞美卡："字迹工整，按时完成，真棒，坚持下去，你一定能行的！"当她上课积极回答问题后，我给出赞美卡："今天课上认真听讲，笔记清楚，还举手回答问题，表现真棒，继续加油！"当她画了美丽的画后，我给出赞美卡："你是我们班的小画家，坚持画好，不要放弃，老师支持你！"当她和同学们一起设计、布置文化墙后，我给出赞美卡："你为班集体做的一切，老师和同学都看在眼里，我们都很喜欢你！"……当一张张写有不同鼓励话语的赞美卡，被悄悄地收藏在文具盒、书中的时候，小琳默默地笑了，那笑容是多么甜蜜、多么幸福，那是一种被认可的、被理解的、被信任的，发自内心的笑容。当孩子抬起头看向我的时候，我发现孩子的眼神里充满了喜爱、充满了信任、充满了坚定。此时，我也感受到满满的成就感与幸福感。

小小的赞美卡，真诚的赞美词，它们记录了学生成长的足迹，是学生进步的阶梯，体现了老师对学生的关爱，反映了学生对老师的信任。这无声的力量，有效推动了学生的进步。

四、创造机会，激发潜能

为了更好地转化小琳，使孩子融入这个大集体，发展学生的潜能，我主动为小琳创造各种机会，有意识地激发她的潜能，让她能够锻炼自己。经过一段时间的实践，效果甚至超出了我的预期。

小琳喜欢绘画，我就支持她利用空闲时间画画，鼓励她参加学校的绘画比赛和手抄报比赛。她的作品展示在了专栏里，这使她体会到了成功喜悦，变得更自信了。在开展"汉字真有趣"语文实践活动时，我特意叮嘱策划活动的学生安排小琳的展示活动。她在大家面前动情地讲汉字故事，给大家留下了深刻的印象。不仅如此，以小琳为代表的小组的展示板获得了班级最佳奖，同学们评选小琳为小组最佳贡献学生。在班级管理上，我一贯主张学生自己管理班级，自己搞活动，我们开展了组长轮换制，小琳能够做好吗？之前我还有些担心，该她值岗了，我发现她很早就来到学校，本组的同学来一个她就悄悄地提醒交作业，组员来齐，作业就收齐，而且整理得也很整齐，那认真劲儿真是让人喜欢。我还与班干部商量，让小琳加入板报小组，让她和大家一起出谋划策进行文化墙的布置，一起努力设计板报，最后我们班在学校班级文化建设评比中获得高年级组第一名的好成绩。平时我也经常请她帮我做一些事情，如发本子、拿东西等，现在她对班级的事可上心了……

一次次机会的创设，表达了老师对学生的关注与关怀，激发了学生的潜能，使学生向着更好的方向转变。

一年多来，无论是老师还是同学，大家都非常认可小琳的进步。她有集体荣誉感，能够严格遵守纪律了；她爱学习了，上课有时还主动举手回答问题；她能够坚持每天完成作业了；她热爱劳动了，不但对自己的组长岗位尽心尽责，而且还经常在教室里捡垃圾，主动帮助老师做事情；她变得开朗了，脸上的笑容越来越多……对于小琳来说，她能做到这些真是很不容易，她在不断进步，不断成长。看到小琳的进步，我由衷地感到开心。

转化教育学生，班主任要抓住学生心理，以关爱为基石，有计划、有步骤地进行，将目标分解成一个个容易实现的步骤，让学生逐步树立信心并坚持下去，从而让教育效果达到最大化。

转化教育学生，可以从以下四个方面来进行。

1. 情感沟通，建立信任，树立自信

良好的师生关系有助于教育的实施。学生对自己喜欢、信任的老师会报以积极的反应，使教育走向成功，反之则走向失败。所以，转化学生，首先要建立良好信任的师生关系。教师要抓住契机，与学生进行情感沟通，从学生的角度看问题，给他们机会，使学生感受到老师没有放弃他们，没有排斥他们，并且愿意帮助他们进步，以爱动情，让学生感受到师爱，从而建立信任，同时也

让他们坚定信心，养成良好习惯，为转化工作奠定坚实的思想基础。

2.认真观察，抓闪光点，带动进步

每个孩子都是独一无二的，都有自己的特质，而每个孩子也都希望得到别人的关注与关怀。转化后进生，不能总是训斥、指责，不能一味说教，流于表面。只有长于观察，善于发现，根据学生的个体情况，根据学生的需求，选择适当的教育方法，想方设法地帮助学生，才能促进学生的进步与发展。此外，教师还应让学生感受到教师对他的关注与关怀，使转化工作落到实处。

3.满怀期待，鼓励赞美，强化转变

转化学生，教师要对学生满怀信任与期待，要坚持正面教育，使学生树立正确的世界观、人生观、价值观。教师要不断引导学生，鼓励学生，使其向更好的方向发展。不要吝啬自己的赞美，利用多种形式的赞美，有时无声的文字赞美更有味道，会让孩子回味无穷。

4.发展观点，相信学生，坚持不懈

转化学生不是仅靠一个契机、一次谈话就能立竿见影的，学生的教育转化是一个长期不断引导的过程。教师要相信学生，用发展的眼光看学生，也要相信自己，坚持不懈地做好教育的转化工作。

教师要用真爱去守护每一个学生，走进学生的心灵，以心换心，以情换情，在他们心中播下爱与美的种子，让他们健康成长，描绘属于自己的美好天地！

【专家点评】

每个行为的背后都是需求的渴望。案例中的学生在家中缺少鼓励和引导，父母教育方式的差异让学生认为自己缺乏关爱。母亲难以管束学生，学生缺乏规则意识，习惯较差。面对青春期的学生，刘老师给予学生充分的关爱，以道歉的方式给学生以充分的尊重，体会学生内心需求，从而建立良好互动。

刘老师了解到学生上课画画的原因，通过系统整体观，发动家长、同学的力量配合督促该生，规范该生日常行为规范。教育激励既是为了激发学生努力

学习，积极上进，也是为了纠正学生的不良行为习惯，使其按激励者所期望的轨道和方向前进。刘老师除了使用语言上的激励，还制作赞美卡，将语言的激励转化为具体可见的赞美卡，通过肯定的方式增加目标行为的出现。刘老师并没有一直盯着学生的问题，而是淡化问题，强化优点，为学生创造机会，激发学生潜能，坚持学生主体观，正确引导学生，让学生体验到成就感，认可自我价值。

学生的转变不是一蹴而就的，教育转化是一个长期的过程，也是一个不断改进引导的过程。刘老师用发展的眼光看学生，从积极心理学的角度，关注积极面、关注优势资源，最终引导学生发生变化，促进学生成长。

我"心"换你"心"

刘亚玲　北京教育科学研究院通州区第一实验小学

　　大白，一个高高壮壮的男孩，和我相识于五年级，他来自单亲家庭，平时由姥姥、姥爷带。他们只负责大白的日常衣食出行，不太关注大白的心理和精神世界，和孩子的沟通与交流很少。家庭中大人之间发生了矛盾，激烈的争吵、摔砸东西等也从不回避大白。在和他妈妈的沟通中，我了解到孩子的姥姥和妈妈都是急脾气，有时候会吓唬大白。家庭环境对大白的影响较大，因此大白脾气暴躁、易怒、说话行事随便，没有同学愿意接近他。我曾问大白和家里谁最亲，他说跟机器和钱最亲。

　　这天中午临近放学，大白到讲台前交作业本，他把本子往作业摞上随意一扔，在我提示他把本子放整齐的间隙，他用手随便地推动放在讲台上的电脑，电脑险些掉地上。我严肃地对他说："老师的电脑并没有妨碍放作业本，不能随便动。如果你认为妨碍了，老师就在你旁边，你应和老师说明后由老师把电脑挪开。"听到这些，他居然急了，辩驳道："不就是个破电脑吗，摔坏了我赔。要是搁以前，我早摔了。""那是以前的你，今天的你并没有摔就说明你有一定的控制力啦！"本以为我的肯定能使他消除怒气，没想到他气呼呼地说："我看前面几本作业交得不整齐，我生气！"还未等我再说话，他突然就暴跳如雷，胡乱打翻已经交好的几本作业，一边翻到第一本作业开始撕扯一边怒气冲冲地说："我看看是谁第一个没把作业本放齐，我撕了它。"这样做似乎还不解气，他又走到第一个作业本主人的座位上，打算把人家的书包扔出门外，被我用力拦下了。

　　待大白冷静下来，我让他喝口水，微笑着告诉他："暴怒容易让你心跳加速，不利于身体健康，你说是不是？"大白笑了，我们说好下午再解决刚才的事。

　　大白的性格我是了解的，针对此事肯定不能以硬碰硬。经过全面分析，我决定采取镜子重现的方式帮助学生走出自我中心，改变自己。

一、以"静"制"动"，心理干预

下午上自习课时，我把大白带到一间三面都是玻璃镜的教室，安排他做个心理小游戏。我让他把中午放学前的情景面对镜子表演一遍，之后把看到的镜中的自己用几个词语进行描述，再评价一下看后的感受。

起初，大白并不愿意做，他笑嘻嘻地说自己什么样他清楚。我则给他讲明白："这不是单纯的无意义的情景再现，而是老师要帮助你认识自己存在的问题，老师需要你的配合。"于是，大白郑重其事地做了起来。最终他给自己的评价是丑陋、没事找事、随便。他说道，平时随便乱动别人的物品挺令人反感的，不过也无所谓。

二、尊重学生，倾听心声

游戏结束后，我让大白坐在我旁边，和他一起分析问题。首先，我问他："你喜欢镜子中的自己吗，为什么？"大白笑着摇了摇头表示不喜欢。大白说："镜子中的自己很丑陋、令人讨厌。"看到大白心平气和，我接着说："你现在就非常冷静、平和，刘老师就很喜欢。你想别人也喜欢你吗？"此时，我看到大白又笑了，那是一种开心的笑。大白说："谁不想让人喜欢呀！"我继续问："既然问题已经发生了，那怎么做才能重新得到别人的谅解和喜欢呢？"大白主动提出还给同学一个新本。我给他竖起了大拇指。谈话中，大白的眼睛总是左看看，右望望。我严肃告诉他："别人说话的时候你应该看着对方的眼睛，这是一种礼貌，你看刘老师的眼睛始终在看着你。"他点了点头，我继续说："以后出现任何问题或矛盾，首先要克制自己，这就叫管理自己的情绪，做到这点，你就进步了！其次，只有先尊重别人，别人才会尊重你。你平时如果像镜中的自己那样对待别人，别人当然会远离你。我们可以从不随便拿别人的物品、说话不带脏字做起。怎么样？"大白痛快地说："行！"

我继续帮他深入分析："无缘无故随便摔砸别人的东西，你要对此负责，赔偿他人的损失。"此时,大白表情凝重,一副认真的样子:"嗯,知道了。我妈和我姥姥吵架时连新买的手机都摔,我生气了也摔东西,他们就不争吵了。大不了摔坏了再买新的呗!还有,刘老师,我今天发脾气是因为我和同学上午发生了一点小矛盾,不是冲您的。"我马上回应:"那你和同学的矛盾解决了吗?需要刘老师帮助吗?""已经没事了。"见大白这么说,我放下心来。我暗自思忖:家庭氛围影响孩子太深了。于是便对他说:"放心吧,家长的问题我会找他们。你先约束好自己。同时看看你和家长谁配合老师最给力!"大白仍然很随意地说了一句:"哼,您试试吧。唉,不过刘老师,您今天教育我的方式我觉得挺独特的。我想改变一下自己了!"我拍着大白的肩膀对他说:"想改变自己说明你已经迈出了改正的第一步!你能注意到作业本摆放整齐度的细节,很好!从今天开始,提醒大家将作业放整齐这个工作就交给你了!"大白咧嘴一笑,露出洁白的牙齿说:"这点小事儿,没问题。"在我的循循善诱下,大白终于认识到了自己的言行可能会出现的严重后果,并燃起了改正自己的火焰。于是,我请他在镜子面前再演一演看到同学的本子摆放不整齐后的表现。大白不再推辞,用他的双手把一摞作业本拿起来,上下左右四个方向依次戳齐,笑眯眯地放到讲台一角。

笑意挂在我们的脸上,温暖而幸福……

三、鼓励施策,成就学生

大白虽然脾气急躁、自尊心强,但他办事能力突出,愿意得到师长的认可。根据大白这一心理特点,平时我积极调动其优势因素,当大白愿意展现他的电脑技术时,我便鼓励他负责班级展示活动的课件制作、资料收集,承担其他小组的技术顾问。在全校进行的"科技改变生活"项目展示活动中,大白不仅把自己心爱的旋转电脑搬上讲台,而且精心准备了汇报解说词,他和本组同学的精彩合作,使得我们班获得了全校优胜奖。在活动分享会上,聆听着来自老师和同学的赞美与鼓励,我看到大白露出了自豪的笑容。以后班级甚至校内大小活动，最忙碌的身影便是大白。

是的，每一个人都渴望得到赞美与鼓励，更何况是成长中的小学生！善于用赞赏的态度、发展的眼光对待他们，相信他们，他们回报我们的是展现更精彩的自己。

四、家校合作，扩大外延

教师除了在学校积极履行自己的教育义务外，还要引导家长配合教育学生，实现教育功能的延伸。治病要治根。我已经感受到家庭教育的缺失对大白造成的影响，因此，及时与家长沟通交流是我转化大白的重要方法。

在大白几次出现极端状况时，我都及时与其家长进行沟通，或面谈，或电话交流，每一次我们都坦诚相待，共同出谋划策，避免一味"告状式"交流，最长的一次沟通达两个半小时。每次沟通，我都实事求是地指出他们的教育盲区，让他们感受到我对学生的细致观察。长此以往，家长的心离我越来越近。一次信息技术课上，大白擅自重置教师用机的密码，但并没有告诉信息技术老师，导致下一个班的授课受到了影响。结合大白比较集中的随意性行为，我请他的妈妈来校进行沟通，寻求共同转化大白的举措。简单地寒暄预热后，我打开手机和大白的妈妈一起观看我日常捕捉的大白在课上专心听讲、在实践活动课上讲解 PPT、在主题班会上进行论题分享的精彩瞬间，与此同时讲述着我和大白互动的过往，如叮嘱他不能不吃早饭，不喝或少喝冰冷饮，放学后姥爷接他回家晚了就给他推荐喜欢的读本和我一起阅读，哪怕一个端正的坐姿我都经常在班上表扬他。家长豁然开朗：原来老师如此坚持，大白从不和老师发脾气。看到我的做法，大白妈妈反思了自己，坦诚地承认自己作为家长在教育孩子方面存在欠缺，表示愿意反思改正，积极配合老师的教育引导工作。接下来，我就大白的问题进行指正、剖析，帮助家长梳理需要注意的方面。比如，选择合适的契机（孩子生日、周末时光）陪伴大白，增进亲子关系；变简单粗暴式教育为谈心、商量、选择式；克制急躁情绪，在尊重孩子的前提下开展家庭教育等。我还建议他的妈妈尝试每月末，让大白针对家长和自己的沟通做一次评价，评价方式可以是多元的。

在与大白妈妈进行沟通的过程中，我向她反馈了大白的进步点、不足之处、下一步的努力目标及需要家长配合的方面等。随着与家长沟通的不断深入与细化，我感受到家长教育思想与方式的积极转变。大白的妈妈给我发来微信："刘老师，有您帮我管理教育大白，我真是省了不少心！"

家长之所以这样开诚布公，是因为一条沟通原则的魅力，即我们与家长合作，先处关系后教育。这也为我持续改变大白奠定了坚实的基础。

教师难免要面对存在突出问题的学生，而这样的学生更需要我们的关心与关注。因此，在日常教育教学工作中，我们要不断研读教育心理学书籍，丰富教育智慧，并将好的教育方式应用到实践中，同时注意进行反思、总结，想方设法使学生的"心"与我们的"心"越贴越近。

大白的故事可能只是诸多类似故事的一个缩影，如何拉近这些学生与我们的距离，让我们的心越来越贴近呢？

1. 体察尊重前置，智慧施策

每一个学生在做事之前，必然有其自认为"可以这样做"的初衷。在本案例中，大白因为和同学闹矛盾而心里不痛快，指责别人的作业本交得不整齐只是他发泄的一种方式，这和他平时随意惯了不无关系。在处理这件事上，我清楚常态化的批评与指正式教育对大白没有用，于是采取"声东击西"式策略进行引导。我首先站在学生的立场上关注他的身体状况，从保护学生的自尊心出发，耐心做他的倾听者。其次通过"照镜子"心理小游戏一步一步引导学生发现问题所在，理解老师的关爱。学生行为背后的意图逐渐浮出水面，教师因势利导，步步推进，我们的教育才会显现实效。善于体察、智慧施策是老师教育学生的一大法宝。

2. 聚焦任务特长，正向关注

每一个学生都是独立的个体，每一个学生都渴望被关注，大白也如此。作为班主任，我们要清楚自己的角色之一就是要搭好老师与学生、家长与学生、学生与学生之间的桥梁，而这座桥梁的根基就是要充分了解学生，为其精准把脉。日常，在和大白沟通时，我会耐心地告诉他：任何一位老师的批评都是为了让他认识到自己的不足。为了强化大白在认识到问题后的更正行为，我充分利用并适当放大他的电脑操作特长，积极给他提供展示的舞台，捕捉他平时的小亮点，如书写坐姿端正、周记撰写真实详细、上课不随便接下茬儿等，并及时在班级中表扬、鼓励他。我还给他安排小任务，如督促同学把作业本交整齐。这些任务的完成使他树立了学习的信心，同时建立起他在同学心目中的良好形象，促进班集体形成整体和谐的氛围。

3. 有的放矢沟通，厘清主次

苏霍姆林斯基曾说过：最完美的教育是学校与家庭的结合。教师要正确认识到和家长的合作，不是谁帮谁，我们的目的是统一的，即通过合作解决教育问题。家长会因为各种各样的原因疏于对学生的耐心教育，此种情况下，更需要教师主动了解学生背后成长的家庭环境，做好与家长合作的智慧沟通，积极鼓励家长成为学校教育的密切伙伴。在和家长沟通大白的问题时，我没有向家长说学生出现的种种不妥，而是采取"先温再凉"的策略，厘清事情轻重主次，从帮助家长寻找教育的契机为突破口，引领家长和我们站在同一条战线上。与家长沟通应是一种持续的行为，从而交流学生的进步点，指出学生下一步的努力方向，分析家庭教育可能存在的误区……沟通的深入与细化，能促进家校合作的同频共振。

对教师而言，育人比教书更难。我们要关注学生心理的变化，还要与家长沟通，因为双方的教育归根结底是促进学生的生命发展。问题也是发展的机遇。只要我们用智慧和博爱去直面问题、解决问题，终将会使彼此的心越贴越近！

【专家点评】

青春期是孩子情绪发展的关键过渡期，处于情绪从简单到丰富的发展过渡阶段，此阶段孩子的情绪十分不稳定，反应激烈，表现夸张，学生很难跳出自己的角度看待行为和情绪。刘老师通过镜子重现的方式帮助学生走出自我中心，换个角度看待自己情绪过激的行为，避免了生硬的说教，让学生直观感受到自身行为的不妥，进而能够真正改变自己。在此过程中，刘老师能够做到接纳学生的情绪，询问原因，同时能够控制情绪，不和学生硬碰硬。刘老师关心学生难处，理解学生渴望被集体接纳的需求，通过发现学生特长，为学生提供展示的舞台，鼓励学生利用自己的优势为集体做贡献，通过一桩桩小事树立起大白在同学心目中的良好形象，从而构建集体的良好氛围，促进大白的转变。这一切的开展都基于刘老师坚持积极心理学的教育方式，相信每一个问题都是教育的契机，每一个孩子都有向好的意愿，从而促成学生发生转变。

让阳光照进成长

苏婷　北京市通州区梨园学校

刚刚步入六年级的轩轩是一个非常调皮的孩子，师生们对他的评价都是淘气、自控力差。

每天他早早来到教室，却不开始晨读，而是一直游荡在班级门口，等到老师来了，就大喊一声："老师来了！"然后转身向教室跑去。

这天课堂上，大部分同学都在聚精会神地听老师讲课，在老师的注视下，轩轩将手伸向了同桌的铅笔盒，他拿起一支漂亮的签字笔玩了起来，还朝同桌挑衅地一笑。老师提醒他后，他倒是收敛很多。但是在老师讲课文时，他便嚷嚷道："老师，我来回答！我还知道第一次世界大战的内容！其实还有第三次世界大战！"同学们的注意力又一次被他吸引过去。

下课了，老师想找他谈谈，一转眼的工夫，他已经跑得无影无踪了，听同学说刚刚看到他往楼道外跑去。

我决定先找他聊聊，他以为我要批评他，就赶紧承认错误，说道："老师，是我做错了，我不应该上课说话，下课随意乱跑……"他承认错误倒是快，还保证了以后不再犯，可没坚持多久，又出现了同样的问题。

通过和他原来班主任交流，我了解到他的父母平时工作比较忙，他经常自己上下学，平时的生活孤单且无聊。他擅长体育，喜欢尝试各种新鲜事物，在他感兴趣的地方，他会做得很出色，而他不感兴趣的地方，会有抵触情绪，爱憎分明。

如何转变轩轩，让他改变自己，养成良好习惯是我们以下要探讨的内容。

一、正向评价，换个角度看问题

既然如此，何不换个角度想问题？我打破以往对轩轩的评价，开始重新思考。综合其他任课老师、同学、家长的评价，我发现他平时很活跃，精力充沛，喜欢和别人交往，人缘好。此时，我对他也有了正向期待。

午休后的大课间，我来到教室。"想去操场跑步的同学请举手。"同学们先是一愣，居然大半个班都举起了手，学生上午和中午都在教室，不免心生烦躁，让他们到操场上晒晒太阳、跑跑步，通过这种方式，把他们多余的精力引导到感兴趣的事上，或许他们就不会无事生非了，我决定以此为突破口。

操场上，孩子们比赛跑步。"轩轩，你跑慢点等等我！"其他同学也在后面边跑边喊："真痛快！"孩子们尽情地发泄着心中的情绪，脸上的愁云一扫而空。十分钟休息时间到了，我们之前约好要按时站队，不影响下节课的学习，如果大家都表现得好，这个活动会一直开展下去。轩轩看看手表赶紧号召大家站队，他在班里的影响力可真不小，不用我组织，同学们就自觉站好了。我问他："怎么想到主动帮老师带队呢？"他挠了挠头，不好意思地说："总在教室里待着我觉得喘不过气来，您让我出来跑步，我心里痛快多了！"他开心地说。"好，如果你们以后觉得心里不舒服想跑步，就和我说，我带你们去操场跑，在楼道里咱们就不能横冲直撞了。""好，就这么说定了！"轩轩爽快地答应了。

自此之后，课间的纪律终于好转了，轩轩也不再是一下课就不见踪影，有时还能看到他主动擦黑板，而且明显比之前更信任我了。

六年级的学生越来越成熟了，他们会有自己的想法，不愿意被束缚。伴随着学习知识的深度和广度的增加，学生们的压力越来越大，给他们一个正确的宣泄口，能让他们更加健康快乐地成长。

二、多元评价，创造更多可能

好景不长，一些任课老师向我反映轩轩的学习积极性不高，上课听讲状态不好，和他进行沟通后，效果不佳。

我找到轩轩，并向他了解情况，可是他却说："老师，我就是不会，我什么都做不好。"他低下了头，沉重地叹了口气。看到这样的情景，原本打算教育他的话我说不出口了。

这时，我对他说："你有很多优点，老师都记在心里呢，你很活跃，精力充沛，喜欢和别人交往，人缘好，这些都是你的优点呀！"

"可是这些有什么用呢？我学习又不好。"他的情绪还是不高。

"老师可不是只关注你的学习成绩，你也有别人没有的优势，你擅长体育，老师想让你来当咱们班的体育委员，之前的体育委员玲玲因为自己声音不大，有时候喊话别的同学听不到，所以不愿意当了，老师觉得你能行，你愿意试试吗？""我可以吗？好，我试试！"轩轩兴奋地回答。

我和体育老师商议，请他让轩轩当体育委员，并适时地教给他一些管理方法。过了几天，我在体育课上观察轩轩的表现，结果让我大吃一惊，那个站在绿茵场上的少年，正喊着口号领着大家做准备活动，他脸上流露出从来没有过的认真。那个奔跑在赛道上的身影，也展现出了他应有的自信。那个阳光下的少年，露出了他的真诚笑脸。

"老师就说你一定能行，真棒！"我不由得称赞道。

三、集体力量，华丽转身

学校要评选"飞跃之星"了，消息一传来，同学们都跃跃欲试。班长组织同学自愿报名，教室里安安静静，没有人举手。六年级的孩子们已经长大了，有些同学想要参评却羞于表达。"我们换一种方式，由同学们推荐候选人，并说出推荐理由，我们再投票选出我们班的'飞跃之星'！"话音一落，大家纷纷举起手来。"我推荐轩轩，他这段时间进步最大了，课间不再追跑打闹，上次我有事，他还帮我擦黑板。""我也推荐轩轩，他每节体育课早去晚归，每次都把体育器材整理得井井有条。"

在大家的称赞声中，轩轩意识到原来大家对他的评价这么高，他也是有很多优点的。站在讲台上拿着"飞跃之星"奖状的他，脸上再一次露出了笑容，在同学们的掌声中，他找回了自信。从此之后，轩轩在各个方面都有了明显的进步。

在我的眼里，每个学生都是栋梁之材，每个学生身上都有闪光点，都值得去欣赏。当学生在学习或生活中遇到困难时，我总是愿意伸出援助之手，用真诚打动他们，带领学生走出人生的一片片荒漠，让他们重新得到快乐，在有爱的环境中健康成长。

【专家点评】

苏老师与轩轩原来的班主任进行沟通，了解到学生问题行为背后的原因是家庭关注较少，学生较为孤单，内心对被关注的需求、与人交往的需求较为强烈。这个年龄段的学生又不具备正确获取关注和友谊的方式，才出现一系列违纪行为。于是苏老师引导轩轩通过正确的方式获得同学的关注。苏老师发动体育老师，并建议体育老师适时地教给他一些管理方法，帮助他在自己擅长的领域获得自信，帮助他树立正面的自我形象。学生一旦树立了正面的自我形象就会更加倾向于维护自己已经建立的形象，自觉避免破坏行为的出现，进而从他律转向自律，自觉自愿遵守纪律，转变行为。

青春期同伴关系成为学生重要的人际关系，轩轩更加信服同学的观点。苏老师让轩轩从同学的当众表扬中更加肯定自我，建立正向的自我评价是值得大家共同学习的。

一个随读生的故事

王红　北京市通州区贡院小学

说起和他的相识还真是有一段渊源。那一年，我在学校负责招生工作，一个学生给我留下了深刻的印象，我问他叫什么名字，并让他把自己的名字写下来，他都能做到。但是当我问别的问题，请他坐下回答的时候，他却出人意料地坐在了我的腿上，我所问的问题，他什么都说不清，只会不停重复。我把孩子的情况向领导做了说明，通过与家长了解，知道孩子在智力上存在缺陷。从此，我牢牢地记住了这个学生的名字——小新。新学期开始后，我便负责五年级的教学，其中就有随读生小新。

还没有进班，同事们的"谆谆教导"就来了，大家告诉我小新爱打人，我心想真是这样的吗？谁知，在开学的第一天我就领教到了！中午放学，我送小新回家。我在前边走，一个同学领着他在后面走。在离地面还有二三级台阶的时候，我被推了下来。只感觉脑袋晕晕的，我一下子就蒙了，这是怎么回事？稍微清醒一下，我明白了是小新在后面"袭击"了我，他把我从楼梯上推了下来。我当时心里很是害怕。

面对这样一个孩子怕是没有用的，我相信爱的力量。第二天中午放学，我就主动向小新伸出了自己的手："来，小新，老师领着你走！"小新信任地把手递给了我，从此校园就有了一道亮丽的风景线，一个矮个子老师牵着一个"大"学生，一路上，我教他识花记树，问他在家里会吃什么……我们的关系也越来越亲近了，他再也没有打过我。

事情似乎在朝着好的方向发展，谁知，接下来的一段时间，其他同学向我告状，说小新接连打了小琦、小涵、小林等同学。我跟小新家长说了这件事，家长强调他家孩子只是在与同学玩，并非有意打架。我开始注意小新的打人行为。一天上课，同学们正在就一个问题静静思考，没有任何征兆，小新突然起身，照着他旁边的小兰狠狠打去，"咚"的一声，全班一下子都目瞪口呆，同时我听到小兰"啊！"的一声惊叫，大家都被吓蒙了！我连忙跑过去安慰小兰，小新并没有坐下，而是指着一个地方大声说着什么，我连忙让他坐下，并把小兰搀出了教室，不停安慰她，小兰哭着跟我说："我不上学了，这学没法上了！"我立刻联系了小新的家长，并与小兰家长进行了积极沟通，小兰妈妈很宽容，说没事，她知道小新的情况，我的心这才放了下来。我马上又给小新妈妈打电话，详细叙述了事情的过程，并叮嘱小新妈妈一定要诚恳向小兰妈妈道歉，小新妈妈满口答应着。

但是，到了晚上，小兰妈妈就给我打来电话，说对小新爸爸的道歉很不满意。原来，小新爸爸认为这件事情小新并没有做错什么，他这个态度一下子激怒了小兰妈妈。事情一下子进入了僵局。我又连忙给小新妈妈打电话，让小新妈妈再次给小兰妈妈道歉。我也认为这件事情就过去了，谁知，却迎来了家委会主席。

家委会主席与我交流的一个核心议题是：小新打人事件对其他同学造成了严重影响，家委会主席愿意同我一起想办法解决好这件事。那如何改善小新与其他同学的关系，让全班同学接受他，这个问题一时占据了我的脑海。

下面我将详细阐述处理这件事的方法和思路。

一、虚心求教找方法

李银环老师是有关随读生问题的教育专家，我把小新的情况向李银环老师进行了说明，李老师十分热心，并派来专家团队，同我一起观察小新，为小新开出"药方"。通过专家的讲解我明白了，对于小新这样的孩子一定要善于记录，记录他情绪不良的时间、地点，分析到底是什么刺激了他，然后进行有效干预，而且要让班级同学理解小新，给予小新更多关爱。专家还为我推荐了特教期刊，让我认真学习。专家的帮助让我有了信心，也有了方法。我安排了几个热心的同学照顾小新，并及时帮助他。出操的时候，我总是请副班老师站在他的旁边，以防有一些热烈的场面，小新控制不住自己的情绪，经过以上措施，小新终于"风平浪静"了。

二、家长陪伴明真相

一天，小淇妈妈来校为学生讲食品安全课。小新姥姥陪同小新听课。在听课过程中，小新姥姥为记录同学们的精彩瞬间，拿出手机拍照，小新去抢姥姥的手机，姥姥没有给，结果小新还跟打小兰一样，突然打了姥姥，我连忙把他拉出教室，不停地说："小新，看老师，小新，看老师！"在我的不断呼唤下，他的情绪才平复下来。课下我同小新家长再次进行了沟通，家长愿意带小新去医院进行检查。经过治疗，孩子的情绪平稳多了。

三、家长讲座促共情

小新一天天进步着，但是我心里知道同学们还是不理解他。如何能让全班同学更加理解小新，感受小新的世界？小韩的妈妈在区残联工作，我请小韩妈妈走进课堂，为同学开展讲座活动。小韩妈妈不但讲了关爱残疾人的故事，而且讲了残疾人照样可以通过自己的劳动为大家做出贡献。例如，外卖配送时有的顾客需要一些餐具和餐巾纸，残疾人负责把这些餐具装在一个小的塑料袋里……听了小韩妈妈的讲述，孩子们对残疾人多了一些理解，在课上提问环节，有的同学就向小韩妈妈提出了这样的问题："我们班的小新以后怎么办？能去这样的工厂吗？"深深的关切之情写在每个同学的脸上。

四、主题赞美学关心

为小新营造爱的班级氛围至关重要。我又把求助的目光落在了班本课程上。班级文化的落脚点是班本课程。真诚、具体、适度的赞美犹如照进心田的阳光，使人感到亲切和温暖。根据班级存在的问题，师生共同创建月赞美主题。学生围绕每月赞美主题把发现的同学身上的美书写在精心设计的赞美卡上送给同学。赞美卡成为生—生、生—师、生—家长的互动交往纽带，促进学生关爱、包容、友善、互助、共同发展。鼓励学生学会表达、学会发现、学会交流、学会包容，有效改善生生之间的疏离关系，逐步实现培养学生群体生活与社会交往的能力。引领学生创建充满包容、欣赏、赞美的班级氛围，共同创生爱的班级。对于别人送的赞美卡小新可能不是很理解，但是能在引领同学为小新写赞美卡的过程中让其他学生发现小新的优点。我在班级设计了"有你真幸福"的赞美主题，围绕这个主题设计了如下活动：请同学们自制心形记录单。左心记录小新在校的一天活动，右心记录自己一天的在校活动。大部分的课小新是听不懂的，他就那样在座位上坐着，有时连厕所也不去。这样设计的目的就是让同学换位思考，让其他同学认识到小新在学校的一天是多么不容易；五个一活动：(1)给小新一个微笑。(2)向小新伸出自己的手。(3)为小新做一件小事。(4)为帮助小新的同学送上一张赞美卡。(5)送给小新一张赞美卡。

一张送给小卓的赞美卡这样写道：你是一个助人为乐的好孩子，每天带着小新去操场、去室外上课，并把他带回教室，你真了不起！赞美卡让班里形成爱的磁场，大家都把帮助小新作为一种荣耀。小新有了安全感，能够控制自己了，他再也没有打过任何人。小兰在给小新的赞美卡上这样写道：你真的变了好多，变得和同学们友好相处，同学们都愿意帮助你，加油，你是最棒的！家长再也没有向我反映小新的问题了，曾经的阴霾就这样消散了。7月22日家委会主席再次与我聊天，她对我说："虽然孩子们都毕业了，有了各自的学习生活，但是无论走到哪里大家都是一家人！我觉得这是您的功劳，因为您的无私，您的博爱，让这个家总能够团聚！"

这个案例给了我深刻的启迪。首先，直面问题，才能带来创造性的教育方法。随读生比较特殊，如果我们不能设身处地理解他们的需要，不能理解他们的困境，一味地埋怨，在心里就断了解决问题的念头，不光影响了学生，也阻碍了自己专业的发展。在解决学生的问题时，我们要克服自身的恐惧，做有勇气的教师，这样才能创新教育方法，不断取得专业进步。其次，悦纳每一个有问题学生。回想对小新的帮助过程，我们一定觉得全班为他付出了很多，但是赠人玫瑰，手留余香，在整个过程中我们发现学生学会了关心，学会了爱。学校的一个重要目的在于教育学生学会关心，学会关心自己，关心动植物，关心身边的一切，如果有了这种能力，学生的人生无疑是幸福而温暖的。而小新恰恰为所有学生提供了关心与爱的机会，难道他不是我们班的一个宝贝吗？我们要感谢他才是。什么是幸福？有人说，每天在学习和成长中的感觉就是幸福。小新就给我们带来了这些，看来他是幸福之源啊！

【专家点评】

小新是随读生，他也是班级共同体的一员。在日常的学习和生活中，王老师遇到难题能够耐心分析，平衡个体与集体的关系，促进融合发展。

随班就读学生由于身体及行为的问题，很难被同学接纳，他们或被忽视或被嫌弃。这种人际关系会进一步影响他们的自尊心和自信心，进而使得他们对老师、同伴、集体、规则更为反感和敌对。这时，教师要在建立和谐的关系上下功夫，这样才能让随班就读学生体会到班级的温暖，有愿望、有力量向好发展。在案例中，王老师秉承仁爱尊重、科学育人的教育原则，主动走近小新，用关爱赢得孩子的信任；借助班级活动，营造班级平等、尊重、互助、互爱的氛围，这些方法都是行之有效的。

此外，值得关注的是，对于随读生，班主任老师要格外关注，并与学校及学生家长一起采取必要的措施，预防问题重于解决问题。

以爱之名的一次特别帮扶

王娱　北京市崇文小学

小张是一名小学五年级学生，平时散漫、冲动、好斗，言行极具攻击性，不喜欢上学，成绩门门"红灯高挂"。在老师面前，他从不开口说话。他是家里的独生子，很受家人宠爱，在家里一直都活跃。有时候出于兴趣，经常会搞一些小发明、小创造，但父母总是指责他在破坏东西。如果在学校被批评了或考试不理想了，有时他会撕卷子、扔书，大声抱怨："我不上学了，反正也学不会。"有时则会闷声不响，家人也不敢问他有关学习的情况，害怕他情绪激动，乱扔东西。

为了能够帮助小张，我积极从各方面获取信息。从同学中了解到小张有个外号——纸老虎，这个外号是他以前的同学给他取的。"纸老虎一戳即破"很快在同学中流传开来。原来活泼好动的小张变得有些沉默了，成绩也是一直下降，同学们都不愿意与他玩耍。从以前的任课老师那里了解到，小张在低中年级的时候各方面表现还不错，经常得到老师的表扬，学习积极性也很高，同学关系也很和谐。但是，进入高年级后，他的学习成绩下降很快，上课的时候经常不听讲，渐渐地表现比较木讷。特别是在回答老师问题时，不管简单的还是难一点的，一律一声不吭，一动不动。在办公室里，小张也是低着头，不管老师说什么，都没有反应。

一、以爱之名，有效沟通

经过对小张的分析后，我发现学习方法不当是成绩下降的根本。学习成绩的下降，引发自卑心理的滋长，从而导致人际关系障碍的形成。较弱的环境适应能力使他出现了对学习的惧怕，小张只能沉默以对，这也是他对目前状况做出的应激选择。因此，要帮助小张，就要从态度上完全接纳小张的现状，并让小张认识到这是可以改变的。为此，我召集了一些平时与小张关系不错的同学一起商量如何帮助小张，让同学把最想对他说的话写在一个小册子上，然后我又单独找小张谈话，转达大家对他的期望，并鼓励他，以树立小张改变自我的信心。

二、特别帮扶，有效转变

小张的学习成绩不理想，这是其自卑的主要原因。到了高年级，一次一次的成绩让他产生挫败感，所以只有帮助他在学习上"归队"，才能让他从根本上树立自信心。我曾想过用补习的方法增强他的自信，但这种惯用的补习方法对小张是否有效？我仔细分析了小张各门功课的现状，他对知识的理解不成问题，主要是容易遗忘。只要让小张按要求完成作业，并加深记忆，他的学习成绩应该会提高。针对他的作业有始无终、前好后差的实际情况，我适当减少了他的作业量，降低作业要求，暂时对他采用与其他学生不同的评价标准。评价作业时，只用"对"，不用"错"，错误的留着让他自己去发现，并鼓励他自己解决。作业写得潦草时，不正面批评他，而是指着他写得像样的地方说："老师欣赏这样的作业。"然后引导他写出漂亮的作业。逐渐地，他基本上能按要求完成作业了，测验成绩也有所提高。同时，由于学习方法的改善，他的听课效率大大提高，写作业时间也缩短了。

随着成绩的稳步上升，其人际关系也有所好转。为帮助小张树立自信，更好地适应学校生活，我主要从三个方面着手，以促进其成长，改掉坏习惯，养成良好学习习惯。首先，禁止同学给小张起外号。其次，我也让小张积极参与各种集体活动，如让他们互相交换玩具，体会共同分享的喜悦；让他们互诉对方的优点，欣赏对方。通过活动中同学间的接触，我引导同学们在生活中接纳小张。好环境的另一个缔造者是小张的任课老师。老师的评价在小张的心目中占据极其重要的位置。因此，在教学中，只要看到小张有一点点进步，我都会当着全班同学表扬他。有时候在作业本上我也会留下对话式的评语。虽然事件小，但对他是一种激励。学校里的小张逐渐有了笑脸，面对老师，他似乎也没有先前那么紧张了。对于一些比较简单的问题，小张还会主动举手回答。最后是家长的配合。小张父母存在的问题是：评价小张是否用功、认真的标准已量化为时间的多少、成绩的高低。父母认为做作业的时间越长，就越是认真，他们认为小张成绩不理想是因为他缺少睡眠，缺少睡眠是因为要完成老师留的作业。小张父母会产生这样的认知，学校与家长缺少沟通是主要原因。为改变家长错误的认知，我与家长进行了沟通，并把小张在学习上的进步及时告知家长，为小张学习生活提供和谐的环境。

三、换位思考，有效应对

很多孩子在犯错之后，父母第一反应就是勃然大怒，直接把孩子批评一顿。在与小张父母的沟通中我了解到，小张从小在家就无法管理好自己的情绪，现在的他经常产生内心排斥，更不愿意听父母的话，导致他越来越叛逆，久而久之变得难以管教。我建议他的父母通过说事实、说情绪、说发现来改变小张的现状。首先摆出事实，让小张认识问题的所在。其次要学会和小张共情，当他因为成绩下降而情绪低落时，父母先要让他知道，他的情绪是被理解的，被接纳的，然后再用温柔的方式安抚他。如果父母直接指责他，他很有可能无法意识到自己做错了什么。但是如果父母通过肯定的方式，指出他做得好的地方，自然能够让他加深印象。父母应尽可能地引导他，让他在比较分析中找到正确的行为处世方式，这样他才会收获真正的财富。最后父母要学会帮助他找出犯错的原因，用长远的目光去看他。如果只是用惩罚式的方法，那么小张便会失去解决问题的能力。当父母愿意和他一起寻找犯错的原因时，他便会知道自己为什么犯错，从而积极改正，避免再次出现同样的错误。

在家长、学校老师、同学的帮助下，小张的进步很大。通过这个教育案例，我们可以发现，一个孩子的健康成长，周围的环境至关重要。了解是沟通的基础，态度是沟通的前提，方法是沟通的保障，倾听是沟通的艺术。有效沟通更能解决实际问题，给予学生温暖。只要教师透过现象找到事情发生的源头，只要教师满怀真诚地尊重学生，接纳学生，欣赏学生，通过学校、家庭等多方面来营造一个和谐的环境，再加上学生自身的努力，他们就会逐步提高自信心，从而以更饱满的热情投入学习。所以说，教育事业的发展需要学校、家庭来共同支撑。

【专家点评】

心理学家埃里克森提出，儿童进入小学阶段，开始发展勤奋感，逐步形成一种成功感和对成就的认识。如果儿童面临的任务过于困难，不能完成任务，那么儿童可能产生自卑感。成人的期望与儿童掌控环境动机结合，导致了儿童在小学时期的心理冲突——勤奋对自卑。研究表明，低自尊与焦虑、反社会行为增多有关。自尊的发展是儿童情绪和社会性发展的基础内容，低自尊会引发如学习动机不足、抗挫折能力不足、人际问题和情绪问题等多维度的问题。小学阶段，儿童表现出低自尊，往往与家庭教养方式不当有直接关系。案例中，小张的家长对孩子的问题行为束手无策，也是对这一点的印证。

王老师用无条件的接纳，积极正向的鼓励，帮助小张树立"我能行"的信心；王老师引导同学们看到小张的长处，和他交朋友，让小张感受到自己被重视，进一步提升了他的自信心与自尊心；王老师还通过与家长沟通，引导家长对孩子积极关注，家校协作同向同行促进学生健康成长。

找对打开心门的那把钥匙

王娱　北京市崇文小学

我从五年级才开始接手这个班的班主任工作。开学前我已向原来的班主任了解了哪些学生调皮捣蛋，不守纪律，于是在开学初我就格外关注这些学生。这样做的好处是可以及时观察学生的不良行为，使教育更有针对性。但慢慢地我发现这样做也有弊端，如当班级内出现矛盾时，我总是第一时间认为是这几个学生的错，所以，处理问题时就带有一定的主观性。当知道自己在老师心目中的不良形象时，学生索性就把自己当成一个坏学生，这种想法是非常危险的。所以，我逐渐改变做法，不是一味地找他们的不足，而是更多地关注他们身上的优点，哪怕很小的优点，我都记在心中。当学生违反纪律被叫到办公室时，我不再一味数落他的不是，而是让他自己分析本次行为不对的地方，最后结合学生的优点进行鼓励，让他们明白在老师的心中他们也是好学生，也有自己的闪光点。在平时的班级管理中，我也适当给他们安排一些任务，让他们找到价值感、归属感。慢慢地，这些学生的不良行为越来越少，逐渐变得懂事、守纪律，并且家长反映学生在家的表现也变好了。

小学阶段的学生已经有物品归属意识，但有些学生仍会出现乱拿东西的现象。随便乱拿东西有心理层面的原因。开学一段时间后，我发现班上不时会有一些丢失物品的现象。学生都知道一旦发现东西丢了，要第一时间向老师汇报。

星期五中午吃完饭后，子琦走到我面前说："王老师，我铅笔盒里的签字笔不见了。"我追问道："丢失了几支？是什么样子的？"她说："共有两支，全是新的，妈妈刚给我买的。"

事情还未解决，一周后班里又发生了类似"案件"，我既生气，又担心。我也不是"法官"，可学生们等着我断案呢！我的眼前又是那几个调皮学生的模样，但我不能主观断言。教师更为重要的是如何理解学生的行为，如果不能查出是谁偷拿了别人的东西怎么办，而查出了又该怎么办，如何与家长交流这一点，是不是一定要与家长沟通。

一、全面了解——设身处地

我请子琦回到座位上。那笔不可能自己长着翅膀飞走，肯定是我们班的某个学生在作怪。那笔到底去哪儿了呢？我首先让同学们看看自己的铅笔盒和书包、抽屉，看看有没有拿错、放错的。一阵忙乱后，大家纷纷说没有。直到放学了，还是没有任何线索。我便给子琦的爸爸打电话，告诉他子琦丢失签字笔的事情。他爸爸也是一位老师，很理解学校发生的诸如此类的事情。

二、以情移情——道德考试

第二天，我继续在全班教育，目的是想让那个学生主动承认错误，但依然没有结果。于是，我绞尽脑汁另想办法。下午的班会课，我快速走进教室，以洪亮的声音严肃地说："今天，我们要进行一场道德考试。请就签字笔事件，把你所知道的都写下来。如果是与你有关的，请诚实地写在纸条上。我希望犯错的学生能够顺利地通过这场道德考试，能够经得起考验。当然，我们也会给他们一个知错认错的机会。请放心，纸条只有老师知道，我会一直保密到底的。"说完，我给每个学生发了一张纸。

教室里鸦雀无声，只有写字发出的沙沙声，大家都埋头认真地写着……待全班学生都写好后，我开始仔细阅读。我发现同学们写得很有意思，他们把自己的所见、所闻、所想都写下来了……而当我读到小喆同学的纸条时，心里的石头终于落地了。他在纸上承认了自己的错误：上次，子琦的笔没了，是我拿的，因为我忘带笔，就拿了子琦的。透过这段文字，我知道这个学生其实并不坏。他是因为自己没带笔怕被老师批评，所以才拿了同学的。我在全班同学面前郑重地宣布："现在我宣布一个好消息，今天全班同学的道德考试均为优秀！"顿时，全班沸腾了，他们齐欢呼，都在为真相大白而高兴，他们为自己通过了道德考试而高兴，更为那名同学能勇于主动承认错误而高兴。说完，我也留意了小喆的表情，他向我点了点头，表情也轻松了许多。是啊！保守秘密是让学生勇敢认错的"金钥匙"。事后，我找小喆秘密聊天。首先我肯定了他的勇气，表扬他知错就改。然后告诉他，会替他保守秘密，不让班里同学知道他的行为，但是得让妈妈知道，他点了点头。放学后，我把整件事情的来龙去脉告诉了他的妈妈。电话那头，妈妈向我表达了诚挚的谢意，在不公开此事的基础上，使他明白规范，鼓励他做一些弥补。第二天他悄悄地用袋子装好那两支笔还给了同学。

三、家校沟通——不要轻易给学生贴标签

在学生出现问题时，家长千万不要马上上纲上线到品德问题，我们要帮助学生找到情绪困难，从想法上挖掘原因，这样才能从根本解决问题。打骂、谴责学生一顿很容易，但学生因面对困难而无助时导致的心理阴影，将要用一生去抚平。有的学生早期教育不足，学生的道德发展还停留在最初的阶段，家庭教育过分以学生为中心。学生认为自己喜欢的就可以拿走，即便是教育过，但是因为没有足够重视，所以学生也没放在心上。另外，学生自我控制力发展不足也是出现上述问题的原因之一。小学生的思维发展并不完善，当他们的大脑被一个念头占据的时候，往往很难有其他的想法浮现出来。当然，我们所说的特别喜欢的东西，未必很贵重，可能只对这个学生有特别的意义。

当发生偷窃行为的时候，教师该做些什么呢？我认为首要的是进行两个方面的教育。第一是教育学生偷拿别人的东西是错的，并且告知学生可能引发的后果，这一部分是每个教师都会做的；第二是教育全体学生要管理好自己的物品，对自己的钱物负责，这也是不给别人犯错误的机会，也就是对偷拿别人东西的学生的帮助。当然这一工作难度相当大，我们只能尽可能去做。而且，我觉得作为老师，不必把是否能够查清每一次偷窃事件作为自我评价的标准。

教师需要正确引导学生，千万不要随意给学生贴上"小偷""撒谎"的标签。标签具有定性导向的作用，为学生贴上的标签，无论其好坏，都会影响学生的

个性意识和自我评价，结果往往会使学生向"标签"所示的方向发展。正确引导学生，第一，要倾听学生的心声。当发现学生有错误行为的时候，不要立即去审问学生，而是要和学生进行耐心沟通，鼓励和引导学生说实话，了解学生这么做的原因，这样才可以解决问题。等理解了学生的动机后，就可以把学生的愿望和行为分开处理了。同时，这也给教师时间去整理情绪、组织语言或调整方法，从而避免了第一反应做出的一些过火或草率的行为。第二，明确相关的道德概念、社交规则，抓住时机，提高学生的认知水平。用清晰正面的语言告诉学生规则是什么。下一次面对类似情境时，如果学生试图遵从规则，也许他们表现得还不够好，教师也要予以奖励，从而在不断的引导中让学生做出正确的选择。第三，引导学生换位思考。教师要告诉学生，不经过别人的同意拿走别人的东西是不对的。尽量用学生能懂的话，解释他的行为对别人和对自己的影响。教师在和学生强调不能随意拿走别人东西的同时，也应该给予学生更多的关爱，因为有时候学生可能只是想吸引大人的注意力从而获得关注。第四，教会学生正确做法。教师帮助学生认识错误以后，应该正确指导学生接下来应该怎么做。鼓励学生将东西还回去。如果学生没有勇气，教师可以陪同学生一起将东西还回去，同时可以给学生做一个正确的示范。第五，形成健康的家庭环境。对于学生来说，真正有约束力的规范不在于父母的训导，而在于他们对父母和周围人行为规范的观察和模仿。对于学生的"偷拿"行为，家长可以侧重为学生树立一个有明确界限意识和能够延迟满足的榜样。家长要明白，任何时候学生都有成长的空间和改变的潜力，关键要看家长是否有耐心，进而走进学生的内心。

作为班主任教师，我们应设身处地为学生着想，沉着冷静地处理事情。通过以情移情，既保全了学生和家长的面子，又让学生明白了错误。班主任要利用好"显微镜"，对于学生欠缺的东西要尽量缩小，不要让学生因为缺点感到难为情，伤害学生的自尊心，在共情力下找对那把真正沟通的"钥匙"，让学生养成良好的行为习惯。事情过去有一段时间了，类似这样的行为小喆再也没有发生过。不仅如此，他的学习积极性提高了，写作业速度也加快了，更重要的是他拥有了一个善良、阳光、有爱心的好品德！

【专家点评】

学生拿走别人的东西、撒谎等行为不能不问原因就定性为品德问题，成人更不能给学生贴上"坏学生""不可信的人"等标签。否则，便会产生标签效应，即当一个人被贴上标签时，他就会做出自我印象管理，使自己的行为与所贴的标签内容相一致。如果学生被他心中的"权威"贴上负向的标签，后果是非常严重的。案例中，王老师利用班会时间对全班学生进行教育，承诺为犯错的学生保守秘密，使小喆鼓起勇气承认了错误。

小学阶段的学生，其规则意识与自控能力不强。小喆拿了同学的笔并非道德问题，有可能是规则意识问题，学生并没有完全建立别人的东西不能随便拿的规则意识，这与早期的家庭教育有关；也有可能是心理因素引起的：一种是学生占有欲强，对自己没有的东西既好奇又想获得；另一种是冒险心理，他们认为自己拿了别人的东西，只有自己知道，既刺激又有趣。教师要在充分了解学生拿别人东西的原因后，进行有针对性的教育引导。

教师不要轻易给学生贴标签，尤其是不好的标签，要发现学生的闪光点，相信学生的潜力，并给予适当引导，让他们成长为更好的自己。

通过班级文化浸润　塑造学生优秀品格

闫博　北京市西城区师范学校附属小学

"教育就是一棵树摇动一棵树，一朵云推动一朵云，一个灵魂唤醒另一个灵魂。"我喜欢这句话，因为它教给了我一个朴素的教育方法——浸润影响。

新学期接手的是五年级，接班之初我便感受到这个班自由散漫的特点。学生常因一点小事就不断告状，不知道自己为什么要学习，没有目标，表现出阅读量小、课余生活单调且偏娱乐化问题。

我校的校训是"点滴积累，使每一天都有意义"。纵有仰望星空之志，也必须脚踏实地一步步走，正所谓"合抱之木，生于毫末；九层之台，起于累土。"皮格玛利翁效应指出：人的情感和观念会不同程度地受到别人下意识的影响，人们会不自觉地接受自己喜欢、钦佩、信任和崇拜的人的影响和暗示。

经观察和分析，针对班级情况和学生发展特点，我决定通过经典诗文记诵、名著阅读、榜样示范、职业启蒙等活动浸润他们的心灵，转变他们的思想，并将对学生的培养目标细化成一个个小故事、一段段小文字、一个个小视频，一次次小活动……一点点积累，一日日坚持，通过班级文化浸润，塑造学生优秀品格。

鉴于小学高段（五、六年级）是小初衔接的重要阶段，所以我将班级建设规划分为四个学期，以记诵、阅读、观影、亲子实践等活动开展落实，具体如下表：

年级	记诵浸润	阅读浸润	视野浸润	亲子实践浸润
五年级（上）	以时间长河为主轴的优秀古诗词	以绘本、成长小说的阅读引导成长	观看纪录片《厉害了，我的国》，增加学生的民族自豪感	参观中国国家博物馆

年级	记诵浸润	阅读浸润	视野浸润	亲子实践浸润
五年级（下）	《论语》	以名人传记为题材的阅读活动	观看纪录片《哇，世界好大好美》	有关名人故居的主题实践：树立人生榜样
六年级（上）	《孟子》节选	有关成长主题的阅读活动	观看相关视频：国事家事天下事，事事关心	首都博物馆：走近老北京的前身与今天，做个优秀的小学生
六年级（下）	唐宋代表性作者专题记诵	有关成长主题的阅读活动	收看新闻联播，了解时事，开阔学生视野	魅力北京，寻找北京的文化景观

一、以经典阅读撬动班级建设

"粗缯大布裹生涯，腹有诗书气自华。"阅读是人获取知识、增长智慧的重要方式，是一个集体、一个国家乃至一个民族精神发育、文明传承的重要途径。因此，建班初始，我就选定经典阅读与背诵为撬动班级建设、形成班级正能量的第一把扳手。

1. 诗文寄情初相识

与他们正式见面的前一周，我先送给他们一个特别的礼物，在家长群发了一些诗文：王安石的《赠外孙》、颜真卿的《劝学》、张潮的《幽梦影》选段以及梁启超的《少年中国说》选段，要求学生全体背诵。见面第一天，我并未如以往班主任那样给他们定规矩、说要求，而是给他们上了一节诗歌赏析课，一一讲解这些诗文。我给他们讲《赠外孙》是宰相王安石送给他最喜爱的小外孙的诗，"年小从他爱梨栗，长成须读五车书"凝聚了他对外孙深厚的爱意与殷切的期望。"三更灯火五更鸡，正是男儿读书时"是颜真卿劝勉有志男儿在最好的年华多读书，莫负青春的叮嘱。"红日初升，其道大光；河出伏流，一泻汪洋；鹰隼试翼，风尘翕张"是梁启超在中国最落魄的时代对少年中国的畅想，并发出振聋发聩的"我少年中国，与天不老""我中国少年，与国无疆"

的呐喊。讲完后,我告诉他们之所以布置这些诗文,是因为这些诗文中蕴含着我对他们的希望,同时愿他们有为中华之崛起和振兴而刻苦读书的志向,此后的很长时间,这几首诗都是我们班早读的内容,我希望能通过这样的反复诵读浸润他们内心,唤醒他们的责任感和使命感。

2."狼牙精神"促凝聚

班集体最重要的就是凝聚力,希望我的班级是有使命感、责任感,能配合、敢吃苦的班级,而这一点中国军人堪称翘楚。因此,我选择了《狼牙》作为我们阅读的第一本书,希望以书中"狼牙"特种大队的集体主义精神和敢拼搏的劲头影响学生。读完后,我们在班会上讨论什么是"狼牙精神"。当一个家住部队的学生提出这特别像他爸爸说的"特别能吃苦,特别能战斗,特别能攻关,特别能奉献"时,大家都觉得一语中的。于是,我们就将这四句醒目的话贴在教室后面。

3.班级阅读促成长

为了帮助学生打好精神底色,我们开展了"读遍书柜里的书"活动。为了激发学生的阅读兴趣,除了为每个学生定制一本阅读存折外,还另加一个姓名章,让他们把自己每天读的页数存进存折中,再盖上章。从此,早晨、课间、午休,班里打闹的同学少了,看书的同学多了。此后,阅读就成了我们班不可或缺的活动。不仅如此,只要有机会,我们就会共读系列绘本与美文,在阅读中渗透一个个优秀品质:冬日午后,我们一起读《花婆婆》,体会帮助他人的美好;一起讨论《查理和巧克力工厂》中查理如何凭借强大的自制力战胜对手;一起读《史记·廉颇蔺相如列传》,在蔺相如身上重新解读"勇敢"的含义——争是勇敢,不争更是勇敢;一起读《三国演义》,讨论吕布缘何成为三国第一个衰败的豪杰。

4.经典诗文展胸怀

不仅如此,我还带着学生一起背诵经典古诗文,例如,每天一句《论语》,共读、共议,就君子、朋友、孝道、仁义展开激烈讨论,达成共识,将社会主义核心价值观播种在学生的心里；一起读杜甫、苏轼、岳飞的诗词，背诵"大庇天下寒士俱欢颜"，背诵"一蓑烟雨任平生"，背诵"三千功名尘与土，八千里路云和月"……

在这样日日诵读，日日被经典浸润的过程中，学生的思想悄然发生变化。他们口中无聊消极的话变少了，看问题的视角和想法也渐渐成熟起来，从凡事只想自己到有了大局意识，从一盘散沙到凝聚力越来越强，从互相计较到互相帮助……虽然这只是开始，但是会一直进步下去。

二、以榜样力量引领品格养成

小学高段是学生人生观与价值观形成的初始阶段，这个阶段他们开始有自我意识，开始思考我想成为怎样的人。若是家长和老师对其进行说教，他们又常常表现得不屑一顾，因此我想以名人为榜样潜移默化地影响他们。例如，每天利用午餐时间播放视频：我们一起看史铁生的访谈录，听他讲那悲惨却乐观的人生，理解生命的意义及应对人生的态度；看宋玺的故事，体会报国的梦想，青春的价值。一个多学期以来，学生们观看各种名人访谈、纪录片、励志演讲等，在这些榜样的引领下，不自觉地向榜样靠拢。

但学生的成长不会总按我们规划好的那样走，成长的路上难免会有小插曲。前不久我班发生了一起"卖积分卡"事件，此事缘于一项奖励制度。学生凭自己在学习上的努力可以获得一些积分卡，凭借积分卡可以换取一些权利，如在家看二十分钟电视的权利，一些同学将自己的卡卖给其他同学。我深思后觉得若不制止这样的行为会让学生形成错误的价值观，于是就此事我召开了班会，我没有讲大道理，而是让学生观看名人采访和创业经历，体会他们赚钱之余更难得的那份改变世界和服务社会的梦想。我又给他们讲孔子认为"君子喻于义，小人喻于利""不义而富且贵，于我如浮云"，引导他们在利益面前要先行道义，借助榜样引领，在孩子心中埋下正确价值观的种子，这比训斥批评更有意义。

不仅如此，我们还借助很多时下流行的娱乐节目对孩子进行潜移默化的教育。此外，我还让学生观看《探索发现》《侣行》，在纪录片中"鸟瞰中国"，感叹中国之美，领略世界之美，了解世界历史发展沿革，使学生的视野更宽广，让他们的眼中不仅有眼前的学业，而且有了诗意和远方。

三、以生涯启蒙开启未来视野

五年级正是生涯启蒙阶段，唤醒学生的生涯好奇，帮他们探索喜欢的学科或事情是这个阶段的任务。因此，除了给学生开设一些以合作、价值观为主题的班会，我还请家长到学校给孩子们进行生涯启蒙。我们一起分享空警2000、未来农业、考古、水利等专业讲座。这些讲座极大地开阔了孩子们的视野，让他们的目光从身边转向社会、科技，那一个个遥不可及的国之重器的研发、高精尖技术的应用如今就在学生身边，这引发了学生对一个个陌生职业的兴趣和更明确的奋斗动力，也让他们在不知不觉间开始思考自己需要具备哪些素质。他们开始认真学习语文、数学、科学……开始关注国家大事。学生们讨论的话题从游戏、漫画转向了"一带一路"、网络强国。不仅如此，他们还从家长的言谈、互动中，感受爸爸妈妈对与自己相关领域专业知识的探索、工作的敬业，这也成为他们的榜样。

一个多学期过去了，他们不再出现因为一点小事就斤斤计较的现象，大家彼此彬彬有礼，班级凝聚力更强，学生们更上进。不仅如此，学生们的兴趣爱好更广泛了，更关注生活、时事，家长们常给我发信息说孩子回家查阅了一个新人物、关注了一个新话题。

慢慢地，越来越多的任课教师开始夸我们班学生懂事。在家长开放日，学生在分析《将相和》时道出："相如争是爱国，不争也是爱国，争与不争体现了他'先天下之忧而忧，后天下之乐而乐'的情怀"，并齐声诵读"相如一奋其气，威信敌国，退而让颇，名重太山"，家长听到学生的分析和诵读都忍不住鼓掌。孩子们在班级中表现出互帮互助，在各种大型活动中也精诚合作，屡获佳绩，多次受到学校表扬。

　　每次听到这些表扬，看到学生们自豪的笑脸我都会心一笑。希望通过班级文化浸润活动，塑造学生优秀品格，在学生心中埋下一颗颗满载正能量与未来视野的种子，在他们以后的人生关卡上发芽、开花，让他们的人生绽放得更灿烂。

【专家点评】

　　班集体不是自然形成的，任何一个班集体的形成都会经历组建、形成、发展的过程，这也是教育培养与社会化的过程。组织和培养班集体是班主任工作的重要内容。活动育人、文化育人是班集体建设的重要途径。班主任结合班级特点、学生实际情况与班级培养目标设计适切的班级活动。正确的集体舆论与良好的班风是优秀班集体形成的重要标志。班集体舆论是班集体生活与成员的意愿反映。积极正向的、正确的班级舆论具有强大的教育力量，对班集体每个成员都有约束、激励、同化的作用，是集体教育与个别教育的重要手段。因此，无论是建设一个新的集体，还是新接手一个集体，都需要通过班主任的引领，结合学情班情制定班级发展目标，形成全体成员认同的、有特色的班级文化。在本案例中，闫老师通过开展有意义而且有意思的班级活动，使学生得到价值引领与品格锤炼。

积极关注　挖掘学生的潜能

闫博　北京市西城区师范学校附属小学

每带一个新班总会遇到一些令老师费心的学生：他们或是成绩不理想，或是不能守纪律。这次新带的班级也出现了类似问题。

于是，接班后我决定先对这几个孩子进行一次家访。通过家访，我发现这几个家庭各有特色。小方父母年轻、自身兴趣爱好十分广泛，因此家长也希望孩子能探索自己的兴趣，对成绩并没有要求。小风常年和外公外婆生活在一起。小许的父母工作繁忙，常常顾不上孩子，所以孩子经常独自在家，但由于父母都是科研人员，家里电子设备配置齐全，使用自由，因此孩子时常畅游在网络世界。小朋和小阳两家关系很好，但两对父母在教育孩子时都比较溺爱，时常因心疼孩子而宽容其不写作业、任由其玩游戏等。对这几个孩子，我该怎么办呢？

一、关注优点，挖掘学生潜能

一开始，我按照传统的教育方法，对他们进行批评教育，虽然软硬兼施，但是效果不理想，常常是我苦口婆心地说了半天，他们只是应付了事。有时说重了，他们还会顶撞几句。为此，那段时间我一直很苦恼，一方面是课堂纪律难以维持，总有老师来诉苦；另一方面是班里频频发生的冲突事件，令人头疼。因此我清醒地认识到，如果不能扭转他们，很难在班里服众，更别说班级管理了。随着对教育心理学的深入了解，我认识到，传统的教育方法只有说教，缺少教育智慧，更多的是考虑班级管理需求，而对学生发展需求考虑得较少；更多考虑的是如何纠正学生的问题，而对学生发展的正面指导较少。当时，我正在研读心理学，我想起了自己看过的文献：班级归属感和自我效能感无论是对学生学业成绩还是自身发展都有影响。我似有所悟，过去的我，可能更多关注学生的问题，而这些学生身上的问题是长年累月形成的，改正并非易事。如果转换思路，发现并发扬他们的优点，以优点带动他们的集体归属感，从而提高他们的自我效能感，这样或许更有效果。

因此我转变思路，努力发现他们身上的优点，通过家访、聊天、观察……我慢慢发现了不少线索，如小方兴趣广泛，对急救、海洋保护等各方面的事情都感兴趣，而且愿意花时间去学习；小许对问题有很成熟的见解……慢慢地，在这样不断观察的过程中，我逐渐发现他们每个人身上都有闪光点。心态的转变带动了我态度的变化，我应该为他们每个人创造展示才华的机会。

兴趣广泛的小方同学，我给他搭建的平台是"小视角大社会"活动。我经常和他预约活动，让他有更多的机会展示自己的特长。海洋保护、冲浪、航模……只要他有了新的兴趣点，我就给他机会让他向大家介绍。小方特别愿意参与这些活动，因为这些都是他喜欢的事情，他准备得非常认真。暑假期间，听说他利用假期学习了急救知识，我立即邀请他给大家进行急救知识的科普讲座。他十分爽快地答应了，还特意请家长帮他租了人体模型，购置了很多一次性材料，制作了PPT，设计了学案。整个讲座历时两个半小时，他不仅进行了认真具体的讲解，他还邀请同学们进行体验、完成学案，最后还有课后考试。不仅如此，他还发动他的好朋友给他当助教。看着那几个平时爱打闹的孩子为了完成任务而忙得汗流浃背的身影，我忽然觉得他们都是那样出色。讲座结束后，全班热烈鼓掌。不仅如此，我把当天讲座的照片发到家长群里，家长们也都给予了高度评价。这对他和其他几个同学来说是很大的鼓舞。此外，他篮球打得好，女篮比赛时我就让他当教练，他拉上几个我们班篮球队的男生，认真地带着几个女生研究战术、在操场上练习。

我觉得他在进行另外一种形式的学习，他在研究这些知识时，锻炼了学习能力和思维习惯。在我的支持与鼓励下，他越来越自信，很多同学在他的带动之下，也想给大家讲解知识。不仅如此，他上课听讲也越来越认真，回答问题时表现出严谨的逻辑思维能力。他喜欢推理，在即将毕业时还创作了自己的第一部侦探小说。他将小说交给我看，我坚定地做他的忠实观众，以一个读者的角度和他切磋。他从我每天费心周旋的学生变成了我的智囊团、后勤保障。

那个思想活跃且见解成熟的小许，我发现他特别关注科技前沿的新闻，他会认真地看手机发布会，然后第二天和同学们谈手机发展的前沿动态。他会为了给班会设计一个精致的PPT，苦熬一个星期。于是，我开始创造机会，让他展示自己的思想和才华，如针对巴黎圣母院着火的问题我让全班进行讨论，说说自己的感受和想法。当别的学生都沉浸在对文物损失的可惜，对希望世界各国联手修复文物的期待时，他却写出了一篇"巴黎病了"的文章，指出这次着火事件体现了法国人过于松散的现状，并联系一系列事实进行证实，然后向法国提出建议。文章思想之深刻，论证之缜密，获得了大家的一致认可。班会时，他成了我们班的总导演，帮每个组调试音乐、画面。班会上我隆重表扬了他，这些都让他很自豪。大家对他也越来越信服，时常有同学请教他关于电脑使用的问题。

还有一次，他带着班里几个男同学爬男厕所水管。虽然我心里非常恼火，但是我没有急于批评或惩罚他，我给了他一周时间，让他和那几个学生用科学研究的方法写一个研究报告，题目就叫《论爬男厕所水管的危害》，完成研究报告后给全班同学进行科普宣讲。一周后，他很认真地在全班进行了科普教育，对爬水管的危害一一列举。在他们完成演讲后，我又通过采访其他同学，进一步让大家了解了这个行为产生的不良影响，既教育了他们，也让其他同学知道了这样做的危害。

二、创设优点，让每个孩子熠熠生辉

很多问题学生是通过"差"来找到自己的存在感，如学生小风。他性格敏感，做事散漫。于是我先为他安排了"秘书"的职位，就是帮助班主任处理各种杂事。他觉得这个职位很厉害，因为经常可以帮我传达很多"圣旨"。但这只能稍微约束他，让他不再和我对立，却并不能解决他学习上的问题。

到了五月，合唱比赛在即，全班都在紧张的排练中，但问题来了，据音乐老师说，每年合唱比赛小风都不参加，因为他唱歌跟不上节奏，所以从来不唱。这次我执意要小风上台，但刚练一次就被音乐老师紧急求助，他不仅不唱，反而爱捣乱。该如何让小风参与合唱比赛呢？我冥思苦想好几天，终于决定，为他组建一支鼓乐队！让两名学过小军鼓的同学带他打鼓，小风完成基础鼓点，其他同学定音。刚开始还满脸兴奋的小风却因为没有节奏感练了一次就失去了耐性。于是我拿起鼓槌，陪小风一起敲起了小军鼓。放学之后，我跟小风一起学习八分音符，学着听伴奏中的节奏，学习左右手配合，学习和同伴对击。每次都是我练两次，小风练两次，慢慢地，小风能够跟上节奏了。五年级的他第一次参加了班级的合唱比赛，还是一个醒目且重要的位置。小风很高兴，此后，慢慢地，家长说他可以坚持写完语文作业了，数学、英语课老师的批评他也认真接受了。

在这种氛围的影响下，这些原本常因为各种问题被老师们提及的孩子逐渐在班里自信起来，在老师们口中、心中的印象也变好了。这让我们的班风得到了极大改善，他们的改变使得整个班级开始了一个好的循环。

三、在反思与实践中，让偶然变成必然

这次成功的尝试令我兴奋，也让我第一次感受到了作为一个教育工作者助人的快乐。我希望自己能把这艰难的偶然行为转化为带班常态，从而帮助更多学生。教育学生首先应运用"晕轮效应"，即发现他们的优点，以突出的优点带动其他方面的变化。这个案例对晕轮效应的运用表现在两方面。其一是优点的带动作用，通过学生身上的优点带动学生表现得越来越好。其二是以和谐的师生关系带动师生交往的方方面面。当我的方式转变后，我和学生的关系也变得更亲密，而这样的关系又为我在教育他们时带来了更好的效果，使他们更加信服老师。

其次是发现学生的心理需求。老师应用发展的眼光看学生，积极期待学生的改变。要做到这些我认为先要扭转老师的思维方式，使老师认识到每个学生

都希望成为一个好学生。案例中的学生因为屡屡遭受同样的问题而挫败，所以慢慢放弃了学习。对待这些学生如果我们从一开始就放大他们的优点，缩小他的缺点，让每个学生都觉得自己是个好学生，让每个学生都能找到自己的位置以及为之努力的方向。

【专家点评】

　　积极心理学主张从关注人的不足和问题，转向关注积极的方向。每个学生都有自己的优势，关键在于教师是否善于发现。教师应发现学生那些被忽视的优势，并引导他们发现自己的优势，将其发挥到极致，使学生看到自己的能力、认可自己的价值，进而扭转自己在学习、生活中的困局，从而获得成长和成功的体验。当在教师的帮助下发现自己的优势时，学生们会不自觉地把它扩展到新的领域，让优势在其他方面也慢慢表现得更加突出。这也是积极关注力量的强大之处。一旦学生身上的优势被看到、被放大，他们就会在整体上有让教师欣慰的改变和进步。在以上案例中，闫老师通过关注学生的优点，挖掘学生的潜能，从而促进学生成长，使他们改变自己，不断进步。

多维联动　远离网络诱惑

颜志耘　北京市昌平区回龙观第二小学

居家学习期间，大部分高年级的学生因为家长要上班，都是独自在家上网课。高年级的学生虽然有一定的自控能力和自律性，但并不是很强。没有了家长以及老师及时的督促、提醒，独自居家学习的他们往往难以抵制游戏和网络的诱惑。很多孩子出现作息时间不规律，过度使用电子产品的情况。

小王是一个聪明活泼、调皮可爱，各方面素质都很好的五年级学生。但是，一天其家长向我反馈，班里的一些孩子总约小王一起打游戏、刷短视频，家长多次与他谈心、沟通，但感觉效果不尽如人意，于是，家长向我求助。

小王家长对孩子的教育很关注，平时也很配合老师的各项教育工作，但是居家学习期间，老师布置的作业需上传到指定的平台，由于家长不在家，上传只能由学生独立完成，因此手机控制问题成了家长和老师的一个难题。而对于学生们独自居家学习时，上网做和学习无关的事情，老师和家长都有鞭长莫及的无力感。怎么让居家学习的学生们，能"将"在外，"军"令也有所受呢？

对于班级的这个共性问题，不是简单的一两次沟通、说教就能解决的。于是，我特意留意了班级学生们的各种动态。

一天，已经晚上十点多了，我发现小王还在更新朋友圈，更新的内容不是关于游戏的，就是关于刷短视频的，还晒了一些与之相关的照片和小程序。紧接着，小王同学的"铁粉"们都在下面发表评论。

第二天，线上答疑课时，我在线上发出了指令："孩子们，下面请把视频打开！"

"老师，我的网络不好，没法开视频！"小王马上给我发来了信息。

紧接着其他同学也纷纷给我发来信息："老师，我的手机没电了，我先去充电……老师，我这里的信号不好，也不能开视频……老师，我要上厕所……"

不一会儿，我点名提问："小明，你来说说你对这句话的理解吧……"可是我在线上叫了半天，对方就是没有任何反应，但是头像显示小明是在线的。于是，我试着边讲课，边给他发消息，也没有反应……

到了晚上，各科老师在群里进行日总结时，我看到没完成作业的名单里，那些给我发短信请假，或者线上点名回答问题没有回应的学生个个榜上有名。

于是，我悄悄在班里进行了调查，并跟一部分家长进行了沟通，发现上述现象均是因为在上网课时，孩子们相约一起玩游戏造成的。很多家长虽然知道孩子爱玩游戏，但并不知道自己的孩子在独自居家学习期间，特别是在上网课时的具体表现。

深思熟虑后，我想，要冲破"鞭长莫及"的樊篱，我得利用各种教育资源，适时创设教育环境和教育情境，对症下药，让这群身在外的小将，甘受军令。

一、家班携手，形成合力

首先，逐一对有上述情况的学生以及学生家长进行一对一的沟通、交流。在交换意见后，针对学生的上述情况，我向班里的家长们发出了这样的倡议，大致内容如下：

亲爱的家长们：

居家期间，大家辛苦了！

孩子们独自居家学习，难免会感到孤单、焦虑、无所适从，还因为上网课等原因，他们使用电子产品的时间比较长，为了让孩子们能健康成长，特发出如下倡议。

1.建议大家下班回家后，少看手机，多和孩子们进行沟通，多询问孩子当天的收获和想法。

2.挤出时间、创造条件，带孩子去小区里散步，或者进行室内外体育锻炼，如跳绳、骑自行车、做仰卧起坐等。

3.和孩子一起读一本书，建议能和孩子一起写写或说说自己的阅读感受。

以上活动，请家长们每周发两张照片到班级群里和大家一起分享。

此倡议书给予家长们进行家庭教育的具体建议，让家长们重建有效的家庭沟通模式。倡议书发出后，家长们纷纷行动起来。在家长们积极有效的陪伴下，学生对于网络的依赖减少了，沉迷网络现象、上课不在线现象均有了一定程度的改善。

二、多维联动，攻坚克难

1. 主题班会，深化认识

心病还须心药医，解铃还须系铃人。学生之所以出现上述自控力差、自律性不强的问题，跟他们的心理发展特点是有关系的。于是，我有针对性地开展了关于自律的主题班会，如"健康居家，我能行""保护眼睛"等。

班会课上，我有意问他们："同学们，居家期间是挺无聊的，家里有时候连一个说话的人都没有，那我们该怎么做，才能让居家生活变得有意思而且有意义呢？"

此话题的抛出，如一石激起千层浪。学生们有的说："跳绳、踢毽子。"有的说："看书，做家务。"还有的说："画画、写字、唱歌。"

大家的畅所欲言，让那些本来不知道怎么安排居家生活的学生们有了明确的方向和清晰的计划。

紧接着，我让学生以小组为单位制订居家计划。一段时间后，通过家长的及时关注、认真配合与督促，以及生生间、师生间的提醒和班级丰富多彩活动的开展，学生们在家玩手机、玩游戏的现象大有改观。

2. 多方互动，培养意识

接下来，我决定以多彩活动的方式唤醒学生的自律能力。在逐一和出现问题的孩子进行不定期的电话、微信交流后，我又特意选择了一个周六，把那些居家期间喜欢玩游戏的学生及其家长召集在一起，利用线上会议召开系列亲子教育家长会。

在家长会上，家长们陈述了孩子们居家学习期间的表现，我对居家学习期间自律性好的孩子进行表扬后，问大家："各位家长，各位同学，鉴于居家期间，咱们在活动时间和活动空间上都受到一定的限制，大家觉得我们还可以开展些什么活动，才会让我们的居家生活更有意思而且有意义呢？"

因为有了之前一起商讨计划的经历，所以这次会上的发言比以往更为热烈，大家你一言我一语地说出了自己的想法。

最终经过商讨，师生一道商量出这样的活动方案：会后让学生们按照喜好自由结组，全班分成5个小组，每个小组5~7人，小组内推选出自律性好或组织能力强的同学作为小组长，每一个组委派一个热心参加班级管理的妈妈当小组管理员，老师与家长都要进入相应的组里。

组长要给自己的小组取一个响亮的名字，还要定时像老师一样利用线上视频会议，在固定的时间里组织同学们一起探讨一些有意义的话题，如今天有什么感兴趣的新闻，自己怎么想的，或是看了一本书，有什么收获，或者是自己高兴和不开心的事情等。

这样由学生们亲自参与探讨出来的方案，更容易让他们接受。方案公布后，学生们热情高涨。他们争先恐后给自己的小组取了如"书香四溢组""雏鹰展翅组"等新颖的名字，然后在组长带领下，大家纷纷在群里晒出了自己居家劳动、体育锻炼、才艺比拼的照片和视频，老师和家长们也时常在群里以点赞和点评的形式对学生进行引领和鼓励。

都说兴趣是最好的老师，但是快乐与成就感才是坚持的原动力。在老师和家长的多样引领以及别样陪伴下，孩子们的居家生活和以往相比，多了一份精彩和快乐，他们对网络的依赖日益减少。

3. 学科联手，搭建舞台

怎样才能让学生们自觉抵制网络诱惑呢？一天，我又像往常一样，跟学生们开启了线上"闲聊"，我故意装出一副什么都不懂，还若无其事的样子，很真诚地问："孩子们，我有点弄不懂，这个游戏和短视频的诱惑力，有那么大吗？"

"老师，您不懂，您跟我们有代沟，那游戏可好玩了……"一个学生激动地说。

"老师，您不知道，我爸妈都上班去了，一个人在家真是太无聊了，太烦人了……"另一个学生无奈地说。

学生无拘无束，敞开心扉的一番话，让我再次陷入沉思。由此可见，学生们被网络所诱惑，还是因为缺少了比游戏更有意思的活动的吸引。

在和科任老师以及副班主任进行沟通后，我们准备与网络诱惑展开智斗。作为班主任和语文教师，我先根据自己所教的语文学科的特性设计了"我是小小朗诵家""走进二十四节气的天空"等综合实践活动。紧接着，体育老师组织他们开展"云端趣味运动会"，英语老师组织他们开展"我是小小趣味配音王"活动，科学老师带领孩子们做一些"虹吸效应""绽放的水中花""筷子提米"等有意思而且有意义的科学游戏后，又趁热打铁，指导学生们把实验过程和感受写下来，并发到班级群里进行展示。

紧接着，我还把学生所做的上述实验视频，以及活动的图片、资料都发到班级群里进行展示，在欣赏、评论中，孩子们慢慢形成积极向上的居家学习氛围，原来寂寞、无聊的居家日子，在不知不觉间变得充实有趣了。

三、多元评价，助力成长

与此同时，我带领部分家长和学生成立班级公众号编辑小组，和他们一起，把学生居家劳动、学习、锻炼等图片及视频，制成公众号推文，发布在班级公众号上进行宣传。我还常把一些精彩的推文推荐到学校公众号上进行宣传。

对于那些活动效果显著的小组和个人，我不仅在群里进行表扬，还单独发短信给家长表示祝贺，并在每周的线上班会课上，给他们发电子证书，如"劳动之星""学习之星""锻炼之星""最佳阅读小组""最佳才艺小组"等，同时让这些榜样人物，发挥其榜样效应，通过线上班会时间交流和分享自己的感受。

多元评价无形中给居家学习的学生们营造了积极向上的学习氛围。

只有当学生的努力和奉献得到集体的认可和肯定时，他们才能在享受被需要的过程中，真正爱上这些活动。就在学生们为了这些忙得不亦乐乎时，他们玩游戏的次数逐渐减少。因为能和同学们在网上进行有意思的聊天了，又因为老师会不定时地带着几个得力的班干部与独自居家学习的孩子一起开视频，进行有目的、有意义的聊天，并对他们的居家生活进行指导，孩子情绪得到了很好的疏导。特别是借助公众号等方式记录学生居家学习的成长足迹，展示学生多彩的居家生活，在不觉间，学生们的居家生活变得有意思而且有意义了。

五年级是儿童成长的关键期，此阶段的学生自主意识逐渐增强，学生的行为不当往往受多方面影响。对于学生的问题，老师一定要及时发现，及时教育，把他们的不良习惯消灭于萌芽状态，多维联动，多方协同，耐心教育。

学生为什么喜欢在家玩游戏，很多时候是因为无聊，或是自律性不强造成的。在教育过程中，我们通过家校协同，引导父母在关注学生成长的同时，学会科学陪伴孩子成长；采用多维联动，及时评价，开展让孩子感兴趣而有意义的活动，营造积极向上的氛围，及时、适时地引领学生，慢慢地，我们的教育就能突破樊篱。

教育的目的不是把我们想要达到的目标强势地塞给学生，不是强制性要求他们必须执行，不是贴标签式地告诉家长一些育人的理念。这样的教育会使师生、家校之间产生对立情绪。作为教师，我们应该告诉家长具体可操作的育人方法，并带领家长一起开展育人活动。

在教育过程中，我们发现，跟学生说明白道理很简单，但是要让他们从言行中主动接受，并做出改变，那就是我们在班级管理中的不易课题。在班级管理中，如果我们能通过家校协同、多维联动等有效方式唤醒学生的认知，让他们把"你要做"变成"我想做"，育人效果会更显著。

【专家点评】

居家学习期间，很多孩子出现作息时间不规律、过度使用电子产品的情况。网络为家庭生活带来了便利，但也不可避免地给家庭带来了问题，如孩子出现的网络依赖、沉迷现象和由此引发的家庭矛盾等。学校利用互联网资源组织学生学习，但是一些家庭中，学生在家无成人看管。学生以上网课、网上查阅资料等理由，玩游戏、刷视频……学生沉迷网络一度成为影响居家学习效果的重要原因。孩子沉迷网络有很多原因，如父母没有给予孩子及时有效的陪伴；孩子有社交的需要，愿意通过网上聊天或通过网络游戏建立与他人的社交。有一部分孩子是缺乏兴趣爱好，在玩网络游戏时寻求快乐；还有一些孩子是在现实生活中缺少成就感，他们躲在虚幻的网络世界里寻求价值感、满足感。在本案例中，颜老师向家长发出倡议，建议成人远离电子产品，给予孩子积极有效的陪伴。班级利用互联网，以家校协作的方式开展了丰富多彩的活动，为学生搭建展示自我的舞台，这些都是应对学生沉迷网络的有效策略。

多维联动　远离网络诱惑

接纳与关爱　助力学生成长

颜志耘　北京市昌平区回龙观第二小学

小宇读六年级。自尊心要强的小宇脾气暴躁，常因为控制不好情绪，与同学打闹。这样一个老师见了头疼，家长无可奈何的孩子，还常完不成作业。

一天，校足球教练非常生气地对我说："小宇又打人了，老师一批评他，他还气冲冲地让老师开除他……"

足球老师前脚刚走，英语老师后脚进来了，无奈地说："颜老师，小宇又不写作业了，这可怎么办呀！还说不要老师管……"

一听这些，我感觉有点黔驴技穷了，这样的事情，这两天总在不断发生，我已经用放大镜去找小宇的优点了，看到优点也及时表扬了，为了照顾他的面子，按照我们的约定，我在第一次来接他的奶奶面前，不说他的缺点，只说他的优点；他犯了错误，我不当着全班同学的面批评他，错了让他跟当事人道歉就可以。即使这样，小宇的问题也未得到解决。面对这样的小宇，难道真的没有办法了吗？

生完气后，我开始反思自己。每次小宇出现问题时，我都是气呼呼地跟他讲道理，但是没有细想问题出现背后的原因。小宇在家中，一直处于被忽视的状态，他的情绪失控以及行为习惯出现偏差可能是因为他渴望得到关爱和关注。

一、接纳情绪

要改变学生，就得先改变自己。经过深思熟虑之后，我决定先控制自己的情绪。

课间，我把小宇叫到办公室。看着小宇一脸不屑的样子，我努力克制情绪，轻轻地拉着他的手，让他坐到旁边的空位上，柔声问他打人事件缘由。原来在踢球时，队友把他踩疼了，他看到对方不道歉还若无其事的样子，认为对方是故意的，这就把他惹怒了。

认真倾听完小宇描述的事情经过后，我试着接纳他的情感并发现他的需求。我说道："老师批评你打人，你很生气，是吧，小宇。"小宇点点头，但是没有之前那样脸红脖子粗了。

"在足球训练中，队员之间有肢体碰撞是难免的，而且有时候对方根本就没注意到，是吧？""是。"小宇有点不好意思地低下头。

"那你觉得踩你脚的同学是故意的吗？"我耐心地说。"应该不是故意的吧……"小宇低声说。

在认真倾听小宇叙述事情经过后，我告诉他："同学们都说小宇从不乱欺负人，这次事件应该是事出有因……"

我的一番话让小宇有所触动，他低头小声跟我道歉。

此时，小宇的不良情绪平复下来，他开始理性地思考问题。

二、关爱助力

1. 家人助力

12 岁的学生，容易受到长辈、教师等"权威"人士评价的影响，其习惯、性格也是在反复曲折的过程中逐步形成的。

一天，我特意给小宇妈妈打电话，把小宇的进步一一告诉她。然后问她孩子在家里的表现，因为有了先入为主的表扬，小宇妈妈显得很开心。我趁热打铁，建议小宇妈妈多关注小宇，这样小宇的进步会更大。

在交谈时，我了解到小宇在跟大人一起聚餐的时候，特别懂得照顾人，长辈们常夸小宇体贴、懂事。

2. 教师助力

几天后，年级开展"走近长城"社会大课堂活动，大家一起爬长城。当爬到半山腰时，学生看到我气喘吁吁的样子，都过来扶我，我看着站在旁边的小宇，特意问他是否可以帮助我，他很乐意地答应了。在小宇的搀扶下，我们边爬边聊，在聊天时，我了解到，小宇妈妈有时不在家，小宇管不住自己，就开始玩游戏，不做作业了……看着有点黯然伤神的小宇，我告诉他："妈妈和其他长辈都夸小宇是个懂事孝顺的好孩子，作为一个小男子汉，我们必须对自己的行为负责。虽然我们改变不了他人或者环境，但是我们可以努力改变自己，在现在这个社会，没有文化寸步难行……如果在生活、学习中有任何困难，都可以找老师，老师愿意帮助你。"

爬到峰顶，拍班级集体照时，我特意牵着小宇的手，对他表示感谢。这时，我明显看到小宇脸上的笑意比之前更浓了。

晚上，我把小宇为了搀扶我爬山牺牲自己的玩耍时间的事情，以及心中的那份感动，写成一篇短文，第二天跟全班学生进行了分享，学生们纷纷为小宇鼓起了掌。

通过一次次不同场域的交流评价，我明显感受到小宇对我放下了戒备心，开始信赖我了。

一天，小宇跟我说想去参加足球比赛，家庭作业是否可以第二天再补写，我欣然答应。

3. 同伴助力

关爱的力量让小宇有了直面问题、解决问题的勇气。有一天，我看到小宇竟然主动帮助和自己有矛盾的小秋做值日，后来小秋在小宇的感染下，也开始主动教小宇做题。

慢慢地，同学们对小宇的敌意也减少了，不再因为一点小事，就气呼呼地跟我告状了，他们学会了包容小宇，也会心平气和地跟小宇讲道理了。

为了巩固教育成果，我继续给小宇寻找成长机会。

一次，板报组的学生跟我说，他们想"招收"一个同学帮他们干活。于是，我让他们把小宇招到板报组。板报组组长很犹豫，怕小宇不听他们的。我跟组长说，先让小宇试一次。我叮嘱他们：在工作时，不能因为小宇不会干就埋怨他，要教给他干活的方法，并给予他充分的尊重，他做得好时，一定要在组内当着同学们的面大声夸夸他。

不出我所料，小宇看到有人主动找他，欣然答应了。这时，我故意装作什么也不知道的样子，高兴地夸板报组成员慧眼识英才，同时叮嘱小宇好好配合板报组同学开展工作，小宇笑眯眯地看着我，使劲点点头。

接着，我做了一张"小宇板报组工作评价表"，让小宇每次对自己在板报组的工作情况进行自评，板报组成员也要及时在评价表中对小宇的工作情况进行评价。

后来的日子，小宇和组里的同学相处非常好，小宇勤快的优点也让同学们对小宇有了新的认识。紧接着，我把小宇积极参加活动的身影拍下来，在班级群里进行展示，当我在班会课时间，对小宇的行为进行表扬和肯定时，班级响起了持久而热烈的掌声，掌声中，我看到小宇的表情里有掩藏不住的激动和骄傲。

慢慢地，我们看到了一个不一样的小宇：与同学之间的矛盾渐渐减少，有矛盾也不再大打出手，而是学会了去跟同学解释；动不动就顶撞老师和不完成作业的现象越来越少，并且遇到难解决的问题，他学会了求助。

接纳和关爱是疗愈一切的灵丹妙药。小宇的转变让我们看到，用心的关爱是有用的，如果有时候关爱没起到作用，可能是因为关爱的火候不够，没有触及学生心灵深处最柔软的位置。案例中小宇在充满关爱的集体里成长着，进步着，同学们的鼓励、监督是一种无形的力量，不仅增强了小宇的集体归属感，而且让小宇有了坚持的力量。在活动中，同学们的宽容和尊重，不仅提升了小宇的自尊心，而且让小宇重拾信心，有了转变。

要让学生能听从老师的教诲，心悦诚服地接受并产生改变的动力，就得缔造和谐的师生关系。

首先老师应该在充分了解孩子个性特点的基础上，客观和理性地了解事实真相，然后创设一个情境，让学生真切感受到老师对自己的接纳与关爱，信赖老师。当感受到老师无条件的接纳与爱时，孩子便有了直面错误的勇气，进而做到自我反思。

　　其次在丰富多彩的活动中，促进学生成长。学生在板报组之类的集体活动中，既可以培养健全的人格，又会增强调控情绪、承受挫折、适应环境等能力。

　　最后利用积极评价促进学生进步。在教育教学活动中，教师还应用激励的方式使学生扬长避短，让学生在多维评价中，不断从他人的肯定中得到满足，获得自信，在自我反思中逐步完善自己。

　　在本案例中，为调动小宇的自我教育意识，老师和同学们不定时给予他积极评价，如特意把小宇的突出事迹在班中进行集体表扬。这样及时多角度的积极评价使小宇更加自律和自信。

　　在教育教学中，学生会出现这样或那样的问题，首先，我们应认同学生的感受，接纳他们的情绪，然后创设一定的情境，通过家校间的积极评价不断鼓励学生，不断认可学生，助推学生进步和健康成长。

【专家点评】

　　学生的问题行为无一不反映出家庭教育的问题。在本案例中，小宇长期处于忽视型家庭教养模式之中。孩子在情绪管理、行为习惯等方面都存在问题。而问题行为背后反映出的是孩子对于关爱的渴望。

　　老师友善的邀请、温柔的询问，让小宇感受到老师对自己的接纳与关爱，从而放下戒备心，全心全意地信赖老师。当感受到老师无条件的接纳与爱时，孩子便有了直面错误的勇气，进而做到自我反思。

　　对于小学生而言，他们在规则意识和行为习惯养成方面，常常是三分钟热度，比较难于坚持。颜老师注重发挥集体的力量，让同学们成为小宇的后援团和支持者，接纳小宇参加集体活动，及时鼓励，适时监督。

　　此外，颜老师通过与小宇妈妈沟通，让妈妈看到孩子内心深层次渴望被爱的需求，让小宇妈妈多关注孩子，使孩子体验到家庭、集体的温暖与信任，让小宇可以重拾信心，实现转变。

家校齐合作　青春不迷茫

姚冬　北京市昌平区第五中学

德国儿童心理学家夏洛特·彪勒把青春期称为"消极反抗期"。由于身心的逐渐发展和成熟，青少年在这个时期往往对生活采取消极反抗的态度，否定之前发展起来的一些良好本质。这种反抗倾向，会使他们渐渐地在生活上不愿受父母过多的照顾或干预。

我所带的毕业班孩子的年龄在12岁左右，这个年龄的学生刚刚进入青春期。这些孩子大多有着一些共同特点：容易发脾气、喜怒无常、不愿意接受他人的要求。班级中就有这样一个孩子，他叫小高。小高与同学相处融洽，喜欢打篮球，但是有的同学告诉我放学后小高不愿回家。据了解，小高一家三口和姥姥姥爷生活在一起，父亲工作较忙，陪伴孩子的时间并不多，所以对孩子的生活和学习关注较少。母亲是一名家庭主妇，照顾两位老人之余的时间和精力都放在了小高身上，他的吃穿住行都是母亲安排好的，母亲的过度关心在小高眼中就成了无尽的要求与唠叨。

一天放学后，我在校门口正在和其他家长沟通，听到一阵骚动，扭头一看，原来是小高和他的妈妈被众人拉扯着。我赶紧跑了过去，先拉住较为气愤的小高，小高喘着粗气，攥着拳头，嘴里大声地叫嚷着："你别管我！你烦不烦！"而一旁的小高妈妈则被几位同班的家长劝阻着。此时正值放学，校门口有很多孩子与家长，校领导也在组织放学，很多人都把目光聚集到了这场"战争"中，我觉得这样下去不行，我拉着小高的手，尽量让他放松，他还是在崩溃地叫嚷，我又用语言安抚他，并渐渐把他拉进校门里，示意让小高的妈妈也跟进来。来到教学楼前，小高瘫坐在楼梯口低声啜泣着，母亲则在一旁无奈地叹息。

这场闹剧让我意识到了小高与家长的紧张关系。于是，我与孩子和家长分别进行了交谈，询问吵架缘由。小高口中的妈妈非常唠叨，总是想让小高按照她的要求做事情，比如，吃饭规定吃什么菜，不允许吃辣的，每天不能总抱着手机，要和家长进行户外活动等。小高说："有一次篮球训练结束后，我已经疲惫不堪了，回到家后我本想坐下来先休息一会儿，可是这时候妈妈过来又开始叨唠了。""赶紧洗手吃饭，看你瘦的，让你吃什么都不听，今天必须多吃点蔬菜。"这看似是每一个家长都会要求孩子做的合理事情，但妈妈所说所做的在青春叛逆期的小高眼中就是过分的唠叨，久而久之只要妈妈一说话他就会故意与妈妈对着干，越是这样，妈妈越是不停地唠叨，这样的恶性循环，导致这次小高竟然与妈妈互相推搡起来了。

经过对小高不断的跟踪调查，在了解情况后，我决定从两方面出发帮助解决孩子的叛逆期问题。

一、树立目标，规划时间

小高与母亲的矛盾大多缘于小高不会安排时间，目标意识及规划能力较弱，学少玩多，从而导致母亲不停地批评指正他，所以第一步是让小高提高自控能力，合理安排时间，减少亲子冲突。

首先要让小高确立合理的生活目标。我请小高在纸的左右两栏写下每天放学回家后哪些事是可以做到的，哪些事是不想做的。孩子深思熟虑后写道：可以做到每天完成作业，每天玩手机，每天看漫画。不想做的事情有：不想学英语，不想背句型。看到孩子写的内容我没有立刻否定他的想法，而是以孩子的想法为出发点，和他一起探讨，倾听他的想法。之后，我和孩子一起划分哪些事情是合理的，哪些是不合理的。例如，不学英语，我用大量的事实和数据告诉孩子英语的重要性，于是我们商量每天背五个单词，让小高在母亲的监督下默写下来就算完成英语任务，孩子欣然接受了。

目标确立之后，我就帮助小高进行合理的时间规划。我请小高在这些要做的事情上写出大概所需时间。孩子竟然把学习时间压缩到半小时，而玩手机的时间是一小时，这样不合理的时间分配必将影响孩子的正常学习，同时这一点也是孩子与父母产生矛盾的主要原因。于是我和小高一起商量时间的合理规划与分配，最终我们各退让一步，按照都能接受的方案进行时间规划。并且我告诉孩子这是我们之间的约定，要保密。我坚定地对他说："我们的约定需要靠你的自觉性，老师十分信任你，希望你不要让老师失望。"孩子诚恳地点点头。其实，处于青春期的孩子他们更需要的是理解和尊重。在与小高的交谈中我总是让孩子先说，我做一名忠实的倾听者，他说的不合理的地方我们一起改正，而不是一味地要求或者是否定。在这种平等的关系中，我一步步引导他确立正确的生活学习目标，培养他的时间规划能力。

私下里我和小高妈妈进行了沟通，叙述了我和小高的约定，妈妈非常支持，同时我也给小高妈妈提出了要求，尽量让小高主动完成作业，不要多次提醒他，从而培养他养成良好的学习习惯。

二、家校统一，助力成长

我与小高的父母进行了交流，告诉他们孩子青春期的表现是其大脑发育的必经阶段，是一种生理变化的结果，家长要理性看待，正确对待，给予孩子更多的关心、耐心与爱心。在这个关键时期，和谐的家庭氛围和教育观念是帮助孩子健康成长的基石，所以家长在教育意见不统一的情况下，先无条件地听其中一方的，另一方的意见暂时保留，千万不要当着孩子的面去争个高下。之后，父母双方好好商量得出一个统一的结论。因为孩子接触最多的就是父母，父母是孩子心目中的榜样，在孩子面前争吵，无论哪方赢了，都会降低父母在孩子心目中的分量。

双管齐下，持续几周，小高基本能够按照我们的约定完成每天的家庭任务，同时他也告诉我，他发现妈妈没有那么唠叨了，其实这些都是相互的，当你把自己的事情做得井井有条时，妈妈还有什么理由去唠叨你呢？

随着社会发展和教育改革的不断深入，学生的心理健康问题深受人们的重视。在日常生活、学习中，许多小学生都有潜在的心理问题，但往往容易被大家忽视。如果教师、家长和学生没有充分的思想认识和积极的态度，往往会造成问题堆积，小问题变成大问题，甚至出现不良事件，所以，小学教育必须重视对学生的心理健康教育。

作为教师，我们要了解不同年龄阶段学生的心理特征变化，这样才能有效帮助学生解决问题，帮助他们走出困境。除了学生自身年龄特点而产生的一些问题外，其实许多问题往往来自家庭，来自家长教育方法的缺失，所以我们需要学校、家庭的共同参与和配合。只有和家长建立了关系后，家校合作和沟通才能生效。我们作为专业的教育者，在家校沟通时不是只向家长反馈问题，不是向家长告状，而是要通过专业素养帮助家长解决问题。

最后我想说学生的青春叛逆期是一个自然过程，此时我们需要做的就是尊重与理解，信任学生，多与学生交流感情，了解学生的内心，协助学生把自己的生活安排得充实且有意义。

【专家点评】

学生情绪易波动是青春期心理发展的特点，这是由内在和外在诸多因素导致的。从学生自身内部变化上看，青春期是个体生理发展的第二高峰期，这一时期激素变化剧烈，激素的变化会影响脑部系统负责情绪唤起的部分，让学生对身边的事情变得敏感。这些变化本身就带来青春期学生的混乱、困惑，造成青春期的学生更加情绪化。但学生内部的变化对情绪和行为的影响程度受到环境因素的制约。青春期的孩子更加独立，无论是在家庭还是学校，他们都希望得到更多自主空间。如果学生拥有良好的家庭关系、和谐的同龄人关系，就会减少情绪化的影响。

姚老师通过了解学生的日常表现与家庭教养模式，准确把握了学生出现问题的本质。通过向家长传递学生青春期家庭教育的方法、与学生共同制定学习目标与学习规划等方式，助力学生顺利度过青春期。

扎钉风波

叶建娣　北京市海淀区第三实验小学

这是发生在我校高年级某个班的事情，班主任 Z 是一位新教师，我负责学校教学管理工作。这天清晨，我刚坐在办公室，Z 老师就匆匆朝我走来。

Z 老师：叶老师，请问如果想看学校的监控录像，该走哪些程序？是不是要到总务处报备？

我：您需要调看监控录像吗？怎么了？

Z 老师：昨天晚上，浩浩的妈妈跟我说，她在帮孩子清理水壶的时候，发现孩子的水壶里有个钉子。家长吓坏了，还发了照片给我。我想看看我班教室的监控录像，看看钉子是谁放进去的。

我：您觉得这会是学生的恶作剧吗？会不会是浩浩自己放进去的？

Z 老师：浩浩做事虽然有时不动脑筋，但不会往自己水壶里放钉子的。而且他的水壶盖子拧开后，有一个小的喝水孔，他家长试了试，从这个孔是放不进去钉子的。要想放，一定是拧开最外面的盖子后，又拧开了里面这一层，才放进去的。

我：Z 老师，您先别着急，先回教室看班，等学生来了，想办法先调查一下。

Z 老师急匆匆地往教室走去。

一、处理问题前的思考

我对浩浩有一定的了解，从他以往做事的表现看，他不应该这么费尽周折地往自己水壶放钉子去冤枉别人。而且是他妈妈先发现的钉子，如果他妈妈没发现呢，难道这个孩子会接着用有危险的、脏掉的水壶喝水吗？因此我推断这是一场别人制造的恶作剧。

我校每个班级都装有摄像头，要去调看监控录像吗？如果要看的话，可能至少要看上一整天了。摄像头难免会有小范围死角，而且离摄像头较远的位置，也不能看清细节，因此我认为可先认真调查此事，再决定是否查看监控录像。

家长看到孩子水壶里有钉子，有多紧张可想而知。幸好钉子不能从饮水孔里出来，否则真不敢回想孩子喝水的这个动作了。这件事一定要处理好，这样才能保护好学生，同时给家长一个交代，但教育的同时，也不能伤害制造恐慌的那个学生。

二、处理问题中的措施

1. 纸条开展调查——给学生承认错误的机会

我没有去申请调看监控录像，而是径直去了教室。班里的学生已经到齐了，班主任小声对我说："没有承认的。"

我和学生们说："昨天，有人在浩浩的水壶里放了东西（为避免造成恐慌，我没有说是钉子），学校准备查看监控录像了，一看便知。在查看监控录像之前，我们想给放东西的那个学生一次重要的认错机会……面对错误敢承认，是很了不起的，如果你把握住了这次机会，老师绝对不会让其他同学知道这事是谁做的。已经错了一次，如果再撒谎，可就有了第二次错误……"我尽可能让学生知道，学校一定能查出来，也尽可能地保护学生，鼓励其积极承认错误。

我随即撕出了一沓子小纸条，发给每个学生一张。让学生们先在纸条上写出自己的名字，然后写"是我做的"或者"不是我做的"。

写完之后，把纸扣在桌面上，我亲自收上来带走，班主任继续上课。

2. 纸条说话了——每个孩子都是向好的

回到办公室，我一张一张地检查，终于发现了这张写有"山山，是我做的"的纸条。

课间，我悄悄把结果告诉了班主任老师，嘱咐老师注意处理方法，也先不要将学生名字告诉家长。如果家长实在要找，就让家长找我吧。随后，我也去上课了。

3. 老案生新案

快到中午时，班主任又急匆匆来找我了。班主任对我说："叶老师，山山说他放的是蓝色钉子，而且没放进水里，只放在了饮水孔上面那层，而浩浩水壶里的钉子是红色的，而且在水里……"

本来以为挺巧地破了个案，没想到还没完呢，难道还有第二个人又放了钉子？浩浩的水壶里只有一个红色钉子，那只能是在山山放完蓝色钉子后，又有人把蓝色钉子取走，换上了红色的钉子……

随后，我把山山叫到了办公室。让他把事情的缘由和经过跟我说了一遍，他边说，我边在电脑上做记录。他一再强调，他放的是蓝色钉子，而且没放进水里，只放在了饮水孔上面那层。

4. 求助监控

我向安保处讲述了事件，安保处批准可以查看监控。眼看离放学的时间很近了，查看监控录像的时间只有一个多小时。好在山山说他是在昨天下午第一节课与第二节课的课间放的钉子。于是，我们从下午第一节课与第二节课的课间开始看录像。刚好浩浩的课桌在最后一排，课桌在监控范围。

虽然画面清晰度不高，但也确实看到了山山坐在浩浩桌子上拿了浩浩水壶的动作，具体操作看得不是很清楚，连钉子都看不到，更别提钉子颜色了。

我又想，可以继续把当天的监控录像看完，如果一直到放学都没有其他人拿浩浩的水壶，那就是山山说谎了。

就这样，我们将监控倍速播放到了放学……

果然，没有第二个人动浩浩的水壶。

5. 第二次找来山山

"山山，我看完了昨天的监控，你现在知道我为什么找你了吗？"

听完这话，山山的眼泪一涌而出。这次山山重新陈述时，我不但做了笔录，而且录了音。随后，我和他用心交流，在这个过程中，山山真心认识到了错误。浩浩向他借了14块钱，还了6块钱之后，还有8块钱说是已经还过了，实际并没有还。于是引发了这场恶作剧。

其实山山是比较胆小的男孩子，平时并没有惹过什么事。

谈话中，我们交流了该怎样处理和他人的矛盾，他认识到了这件事情已经发生的危害和可能带来的危险，认识到了不诚实给自己、给他人带来的问题……

放学前，他离开了我的办公室。

6. 面对家长的追问——同理心，与家长共情

放学后，班主任找到了我，说家长在门口等我呢，我见到家长后，首先特别诚恳地向家长表示感谢："感谢您第一时间向学校反映这个情况，其实这是非常理智地在协助学校做教育。学校特别理解您的心情，非常重视这件事，一直在认真地调查，以保证学生的安全。"

这样，我慢慢平复了家长情绪，家长还是很理智的。我表明了学校对这件事的重视和学校要教育且保护学生的立场。一番交流后，家长还是要知道是谁放的，只是想让自己放心孩子的安全。不得已，我给他听了几句录音。"我放的是红钉子，我和老师说放了蓝钉子……"刚听到这一句，家长马上把手机还给我，握着我的手说："好了，叶老师，不用再听了。我知道了，感谢学校，您放心，我也不会和我家孩子再提这件事的，省得别的同学知道，我也是妈妈，我也知道要保护孩子。"

我和家长强调，孩子已经深刻认识到了错误，学校也做了相应的教育，我也感谢家长能配合学校，对这件事情不再追究。

三、处理问题后的思考

在这个案例中，两名学生是因为借钱发生矛盾导致的报复行为，本质是人际沟通技能的缺失，这也是学校教育指导不够的地方，往往在出了问题之后才来解决问题，缺乏面向全体学生的发展性、预防性的指导和教育。因此，后续再进行相关的辅导活动是非常有必要的。

我认为这类特殊事件是教育学生的良好契机，因此一定要重视。此外，在重视的同时，要注意方式方法，尽可能地保护学生，让其在承认错误时有安全感，也要让学校工作得到家长的支持，使家长与学校一道保护学生。

班主任在处理问题时，只有具备以下能力，才能全面解决问题。

1. 在不伤害任何人的前提下尽快弄清事实真相

要避免简单粗暴地给问题定性。有的时候我们看到类似这样的问题会觉得特别严重，但孩子就是孩子，他们出现的问题是发展中的问题，要从教育、发展的角度看待和解决。所以，我采用了写小纸条的方式展开调查，既要让学生知道学校是能查到的，又保护学生，鼓励其积极承认错误。收纸条时也是老师亲自收，最大限度地给学生安全感，让学生在安全感下承认错误。足够的安全感和不再犯下一个错误的想法，是让这个学生承认的重要因素。

2. 与家长进行有效沟通

其实家长的急切心情我们是很容易理解的，这位家长属于比较理智的，相对好沟通，但如果面对不太理智、情绪很冲动的家长，我们也一定要想办法与家长沟通。

先处理情绪再解决问题。如何安抚家长情绪呢？如案例中提到的：理解并接纳家长的情绪感受，给予共情式回应，真诚提出解决问题的方案。在这个案例中，学校的重视和结果的呈现对于家长而言是非常重要的。

3. 问题处理过程中做好记录

在处理这类事情的时候，做记录很重要。上述案例中，家长听到了部分音频内容，这也让家长感受到了学校对事件的重视。

4. 避免后续再出现类似情况

老师既教书又要育人，要特别注意学生的心理健康教育。比如，针对这一案例，老师可以对高年级学生开展系列人际交往主题班会活动或心理团体辅导活动，教会学生如何处理与同伴之间的矛盾和冲突，如何表达需要，如何与同学、老师沟通等。老师应给学生提供发展性的指导，减少类似问题的发生，而不是出现问题之后才提供问题解决式的指导。

【专家点评】

孩子说谎常常是因为无法面对自己的错误和不足，或者害怕错误导致的后果而采取的行为。此时，说谎是让他们调节自身压力、满足内心需要的一种防御方式。作为教师我们既需要引导孩子明白说谎是错误的行为，要予以改正，也要看到孩子说谎背后的原因，用更有效的、有利于学生成长的方式引导其表达自己的需要。

面对孩子说谎，如果成人采用当场拆穿或直接斥责的方式，那么，未来孩子将会不断调整语言，用更隐蔽的谎言去避免惩罚或满足需要。案例中的叶老师没有采取这种方式，而是先面向全体学生，教育大家要做勇于承认错误的孩子。然后采用写小纸条的方式，给学生提供承认错误的机会。在与学生谈话中，教师表达的是理解与鼓励。孩子感受到了老师的信任进而说出事情的始末，并且诚恳地承认错误。

在与家长进行沟通时，教师应采用共情的方式，一方面让家长看到教师对问题的重视，另一方面引导家长换位思考，让家长与教师共同为孩子的错误保守秘密，给孩子提供改正错误的机会。

换位思考　让家校沟通更美好

姜涛　北京市东城区培新小学

2020 年春节后，学生们开启了一种新的学习模式——线上居家学习。由于老师隔屏讲授，部分学生出现了线上课刷手机玩游戏、听课敷衍不参与课堂互动、下课不能按要求提交作业等问题。因此，学生居家学习期间，家长对孩子的督促、指导作用就变得更加重要。但很多家长缺乏方法策略，无法管好孩子。班主任联系家长时，一些家长出现逃避或放弃的想法，甚至破罐子破摔，对老师的关注表现出不耐烦、无所谓的态度，更有甚者还投诉老师。如何有效与家长进行沟通，家校协同做好学生教育工作便成为班主任老师面临的重要问题。

亮亮是一个虎头虎脑的小帅哥，他爱画画、爱劳动、心灵手巧，但由于被隔代抚养，从小娇生惯养，没有养成良好的学习和生活习惯。

居家学习期间，亮亮提交作业的时间越来越晚，我发现他提交的数学作业是直接写出答案，没有写出答题过程。语文阅读作业和老师给出的参考答案一模一样，我怀疑他的作业不是独立完成的，而是查了学习软件。针对孩子的情况，我给孩子妈妈打了电话。妈妈告诉我，这段时间，她和孩子爸爸因为教育孩子的问题经常吵架，比如，她批评孩子，爸爸觉得心烦，护着不让说；爸爸打孩子时，她心疼，大声呵斥爸爸。家里整天鸡飞狗跳，她和孩子爸爸天天冷战，都萌生了离婚的念头。为了家庭和谐，妈妈说现在她和孩子爸爸认为只要孩子完成作业就行，已经没有精力再关心孩子是如何完成的了。

听了亮亮妈妈的话，我劝慰道，长期居家，孩子的问题会暴露得更多，家长千万不要焦虑，这段时间可以先调整自己，缓和家庭矛盾。但绝不能为了家庭和谐而降低对孩子要求，更不能放弃孩子，产生破罐子破摔的想法。听了我的话，亮亮妈妈表示赞同，长长叹了口气挂断了电话。

没过几天，校长就给我打来电话："姜老师，您今天布置了哪些作业？""我布置了朗读课文的作业。"原来，我们班有家长给12345打了电话，觉得作业留得多。听到这个消息，我一下子蒙住了，作为小学高年级学生，只布置了读书作业，还仅仅是一个自然段，家长居然打了投诉电话，我觉得自己为学生付出这么多，没什么不对，居然反被投诉，心中十分气愤。在这种情绪的主导下，我发现老师很容易站到家长的对立面，这不利于问题的解决。怎样才能更好地解决问题呢？

一、调整心态，主动解决

静下心来，我在脑海中回想每一个学生的表现、每一个家长的态度，认真思考家长投诉的原因。观念不同，立场不同，所处的环境不同，看待问题的结果也就不同。因此，我停止了抱怨，及时调整心态。针对学生最近的表现，我猜想可能是亮亮的家长打了投诉电话。于是，我快速调整心态，从解决问题的角度出发，主动找亮亮的家长进行沟通。电话接通后，我温柔地说："亮亮爸爸您好，孩子今天的读书有什么困难吗？""老师，我带孩子在外边烧烤，还没开始读书呢！"一听家长的牢骚我就明白了这是想利用聚餐缓和紧张的亲子关系，读书给快乐的亲子时光增添了负担。于是，我赶紧说："亮亮爸爸，班级读书作业是学生自愿完成的，一个自然段对孩子来说没什么负担，还可以为下周的学习打好基础，您先带孩子玩，读书稍后再说，如果孩子在读书时遇到什么困难，可以随时联系我，祝您周末愉快！"电话里，我只字未提投诉电话的事情。

二、查找根源，深入交流

家长可能感受到我的诚意了，也可能反思了打投诉电话的行为确实不合适，晚上亮亮妈妈给我发来信息："姜老师，长期居家让亮亮更沉迷手机和游戏了，我几乎每天都要从手机依赖方面疏导他的心理。因为手机，他跟我和他爸吵架，气走姥姥和奶奶，有时候他也知道我们都是为了他好，但他一玩起来就像丢了魂似的，根本不听劝。看到孩子的学习状态老人特别着急，今天全家出来烧烤，看到群里您发的读书作业，奶奶有点着急，又怕影响全家的心情，就打了……，给您添麻烦了吧，真是不好意思！"看了家长的信息，我豁然开朗，家家有本难念的经啊！了解了事情的原委，我和亮亮妈妈进行了一次长聊，认真倾听了她和孩子爸爸在教育孩子方面产生分歧的原因，帮他们分析了孩子真实问题所在，并引导他们回忆自身家庭教育存在的问题。心平气和地聊下来，家长意识到父母的矛盾让孩子钻了空子。孩子出现问题后，大家都怕家庭出现矛盾，选择了逃避，并打了投诉电话，这样既放纵了孩子，又把老师推向了对立面，亮亮妈妈表示十分后悔。

一场误会终于解决。可见，只要老师真正地关注学生的成长，用对方法就能解除误会。

三、建立"小群"，避免家庭教育"唱反调"

亮亮妈妈告诉我，她和孩子爸爸的教育方式总是不一致，爸爸脾气急，给孩子讲两遍题孩子如果不会，他就拍桌子瞪眼睛想动手，她觉得孩子大了可以给他一些自主的时间和空间，但是爸爸认为孩子自觉性不够，不能放手。听到亮亮妈妈的话，我建立了"亮亮陪伴群"，群里只有亮亮爸爸、妈妈和我。我每天把作业单独发到这个群里，根据作业的难易程度建议是爸爸陪伴还是妈妈陪伴。爸爸脾气急，让他陪伴亮亮完成一些相对容易、基础的题目。难一点的题目，就让孩子直接询问我，或者等妈妈回来一起讨论。即使一份作业我也会采用不同的符号勾画题目，选择让不同的人陪伴亮亮学习，这样既避免了孩子因为学习与家长产生矛盾，也避免了家长在教育孩子问题上出现分歧，解决了家庭教育面临的最大难题。

随后我又和孩子爸爸进行了沟通，希望他在教育孩子方面能和妈妈先沟通，理解并支持妈妈的教育方式。如果确实觉得有问题，一定在和孩子沟通前，先和妈妈沟通好，父母双方千万不要在孩子面前争执，这样会给孩子留下不好的印象。爸爸表示道理都懂，但脾气一上来就控制不住。我建议爸爸只要觉得控制不住脾气了，就躲开，要有一家之主的"范儿"，孩子爸爸听了我的建议后欣然同意。除了在群里发作业，我还经常发一些有关家庭教育的小文章和自己的感受，让家长切实感受到，要想达到他们心中的期望，实现好的教育，就要让孩子在爱中得到成长。

经过一段时间的尝试，亮亮的问题虽然仍未得到根本性解决，但我争取到了家长的配合，他们经常主动和我视频谈心，交流教育孩子的心得。视频时，我耐心地指导亮亮学习，和亮亮的家长一起鼓励他，希望他能有一个崭新的开始；我和亮亮的家长还经常交流一些教育孩子的小妙招，例如，如何训练孩子的专注力、如何激发孩子的内驱力……通过一次次的长谈，亮亮的情况有了明显改善，期末阶段还受到了我和英语老师的表扬，家长也发来信息对老师们的辛苦付出表示感谢。

其实，家长和老师都有一个共同的目的——给学生提供最好的教育。因缺少沟通反被家长投诉，老师心里难免会有委屈。通过这件事，我认识到在和家长沟通时应注意以下几个方面。

1. 先处理情绪，再解决问题

在接到家长的投诉后，老师首先要处理好自己的情绪，然后再解决和家长沟通的问题。对学生负责反倒被投诉，无论哪位老师遇到这种情况都会感到愤怒和委屈，这些情绪是正常的，但老师不能带着情绪去和家长沟通，所以老师要先处理好自己的情绪再来解决问题。

2. 学会倾听

如何倾听才是有效的倾听呢？老师可以从听感受、听期望、听困难等几个方面来倾听家长，理解他们想管好孩子又无能为力的沮丧和焦虑，明白他们盼着孩子能够好好学习、完成作业的迫切期望，了解他们面临的在教育方法上的困难，这样就能够与家长共情，达成一致目标并给予具体方法进行指导，家长也更容易接受。

3.用同理心和家长交流

与家长交流时，老师应表达对家长焦虑、无奈、沮丧等心情的理解，表达在对待孩子教育问题时老师和家长目标与期望是一致的，表达愿意提供指导孩子成长的具体方法、策略的帮助；理解家长和老师一样都是为了孩子的成长进步而对其进行教育时，这样的沟通一定会受到家长的欢迎。

家长的投诉千奇百怪，投诉的原因也五花八门，小到座位排列，大到学习生活，但细细想来，不论是什么样的投诉，都代表着他们对孩子的关注与无限爱意。而老师处理投诉的过程，也是与家长相互了解，进而相互理解，从而相互谅解的过程。因此，老师只有用智慧处理家长投诉，将心比心，才能实现家校共育双赢的局面。

【专家点评】

在工作过程中，教师遇到各种情况的可能性都是存在的，一定先处理好情绪再冷静分析、解决所面临的问题。教师遇到问题的背后的根源才是我们真正要解决问题的关键。当家长或者学生做出一些教师难以接受或者无法理解的举动时，教师需要找到背后的根源，弄清楚原因之后才能够从根本上解决问题。学校和家长的目标是一致的——希望学生越来越好，但是在实现路径上有时会产生分歧，如何处理这些分歧就需要教师的智慧。

姜老师在面对家长投诉时的做法值得大家借鉴。姜老师通过换位思考没有进一步激化矛盾，同时给自己做好心理建设，从为学生的发展和成长考虑的角度，了解事情的来龙去脉，并积极帮助学生和家长一起解决问题，从而促进学生成长。

找准问题关键点　包容孩子的不足

李亿　北京市第五中学分校附属方家胡同小学

小东身材偏胖，可能因为肚子鼓的原因，他的衣服总是会露出小肚子，又因为他爱出汗，所以身上总会有些汗味儿，衣服上也会有汗渍。他上课听讲状态也很不好，注意力不集中，还总爱搞小动作，经常会影响周围其他同学的学习。有一次上音乐课，趁老师不注意，他居然爬到后排同学座位后面，与两个同学玩起了游戏。在他座位旁边，书、本、废纸屑随处可见，他从来不主动收拾，有时候连眼镜掉地上也不捡。写作业更是他的一大困难，不但速度慢，而且错误多；有时干脆不交作业，即使写了，字迹也比较潦草。老师如果问他不交作业的理由，他总会憨憨地一笑，然后抓抓后脑勺说："老师，我没记住您留的作业，所以没有完成，也就没有交作业。"

就这样，每天小东不是被任课老师批评就是被他周围的同学告状。为了让他有所转变，我对他的日常表现做了一些分析和整理，从家庭背景到成长过程，从自身智力水平到学习习惯。同时，我也找了他的家长进行访谈，听取他们培养教育孩子的基本方法及在教育过程中遇到的困惑等。

经过细致分析，我认为小东之所以出现上述问题，是因为在习惯培养阶段没有对他进行相应的教育。小学是基础教育的起始阶段，这时尤其要关注学生行为习惯的培养。习惯的好坏，不但影响小学生的生活、性格、行为等，而且直接关系学业表现的好坏，可能影响小学生的未来发展。因此，我把教育的重点落实在培养学生良好行为习惯上。

一、找准切入点，拉近距离

教师首先要端正态度，不能讨厌、歧视学生，要多关心，多理解学生，使学生感到温暖而有触动、有悔意，为教育引导打下基础。于是，我主动找小东聊天，了解他的爱好。在得知他特别喜欢看历史书，喜欢读历史故事后，每逢学习古诗或者与历史背景相关的课文时，我都会邀请他给同学们补充当时的时代背景。如果小东说不清楚，我就会帮他补充，然后再让全班的同学为他鼓掌，表示感谢。渐渐地，他上课开始认真听讲了，愿意参与课堂讨论了，同学们也因此愿意走到他的身边，和他讨论感兴趣的问题了。就这样，师生间的关系拉近了。接下来如果遇到问题，我会以好朋友的视角跟他交流，了解他心中的真实想法，而他也愿意倾听我的想法和建议了。

二、关注家庭教育，适度干预

通过调查了解得知，小东形成这种行为的原因之一是家长教育观念不一致。小东小时候由老人带大，上学了才由父母接管，但因为长时间没有和父母生活在一起，这直接影响了父母和孩子的沟通状况。

针对他的情况，我实施了一些干预措施。首先改变其家庭教育环境。我同小东的父母进行了一次诚恳的谈心。在谈话中，我先询问家长对于孩子的在校情况是否清楚，了解了哪些事情，怎么看待孩子身上存在的这些问题，有什么想改变却没有好方法的行为，一直以来采取的教育措施是什么样的。接着我又了解了关于小东家庭的学习环境，以及家长自己的工作情况等。

通过谈话，家长正视了孩子身上存在的问题，明白了孩子的成长离不开同龄伙伴的陪伴，更离不开良好的家庭教育。在思想上达成共识后，我又进一步要求家长多抽时间来关心小东的学习和生活，包括生活中的一些小细节。例如，考虑到孩子身材偏胖，脚上的鞋却不是很合适，建议更换有功能性的运动鞋，帮助孩子减缓运动给脚踝带来的影响；家长可以给孩子买一些长款上衣，或者让孩子穿上贴身的小背心，这样孩子在运动时就不会经常露出肚子；当孩子有错时，家长应耐心开导，不但要让孩子知道为什么错，而且要使其进一步思考，思考以后怎样才能不出现这种问题；家长要帮助孩子改掉坏习惯，养成好习惯，理智地对待孩子存在的问题。

三、细心观察变化，及时给予肯定

在后续的班级活动中，每当发现小东有进步时，我总会及时地表扬和肯定他，帮助他明辨是非。其实，每个学生都能感知老师和周围人的态度，尤其是自身能力或者习惯培养得不是很理想的学生，他们的心理尤为敏感。他们能够通过老师对自己的态度判断老师是否真心爱自己。同时，他们也渴望老师能够时时刻刻关心、爱护自己。

在朋友式的交流中，小东向我保证会遵守纪律、认真听课、按时完成作业。后来，他果然在这些方面有了明显的进步。每当他有进步时，我就及时表扬并激励他："你兑现了自己的诺言，老师很欣赏你，继续加油！"通过对他的表扬和激励让他看到了老师对他进步的肯定，让他感受到做好学生的快乐。每当听到这种鼓励的话语时，小东总会眯起小眼睛，露出憨憨的笑容。我知道，他很享受被认可的感觉。

四、创设包容氛围，鼓励学生积极融入

光有个体交流是不够的，我们还要利用集体的力量去影响小东，使他养成良好的集体意识，学会心中有他人，心中有集体。为了让小东能够融入集体，让同学们能够接受他，在他实现一些转变后，我会经常利用午休时间，和他单独交流，引导他及时反思，进而调整自己的行为。

1. 初期交流，轻松分享乐趣

在交流的初期，我会问他一些轻松的话题，如："你最近又看什么新的历史故事了？""最近有没有高兴的事情要和我分享？"我还会跟他说："妈妈给你买的新鞋真好看。"并问他穿上新鞋的感受怎么样。

询问简单的、他感兴趣的话题使我们之间建立信任关系，让他把和我的聊天看作一次很轻松的互动交流，为后续进一步提出要求做好铺垫。

2. 进步期交流，在肯定中提要求

在经历了几次"闲谈"后，他也喜欢上和我聊天了，总想和我分享他的快

乐。这时，我就开始逐步调整谈话内容，为实现后期教育做铺垫。这一阶段，在与小东闲谈时，我会增加反思环节，在该环节对小东提出新的要求。

我会问他最近和谁交朋友了，被哪个老师表扬了，做了什么事情受到了表扬，同学对你受表扬有什么反应，受到老师的表扬和同学的认可，心里有什么感觉，有没有把这些快乐的经历分享给家里人，他们听了是什么反应。

在引导他发现自己的转变后，我又提出了一些让他改进的要求，也让他明白，跟上大家的脚步，与同学团结友好的重要性。

同时我也让全班同学都关心他，并安排其他学生与他结成学习小组，一有进步就表扬他，使他对自己有信心，更使他在小伙伴的善意帮助下，逐步约束自己，从而做得更好。

3. 巩固期交流，鼓励奉献与回报

经过多次观察，我发现小东很热心，喜欢帮助同学。于是，在他完成作业后，我就鼓励他帮助其他同学完成作业。这样一来，他学习的劲头儿更足了，中午淘气的时间也少了，总是尽早把作业写好、改好，以争取时间给其他同学提供帮助。每当他这样做的时候，我总会及时地送上我的赞美，班中的同学也切身感受到了他的努力，开始愿意和小东交朋友，一起玩耍了。

经过我们大家的共同努力，小东发生了很大的转变：由原来一个拖沓、不讲卫生又调皮的孩子变成了遵守纪律、认真学习、乐于助人的好学生。现在的小东会对老师说："老师，我帮您把作业本送回办公室吧。""老师，我帮您发作业本吧。""老师，我帮您擦黑板吧。""老师，我帮您……"当看到同学有困难的时候，他也会伸出自己的双手，说一句："有什么我可以帮忙的吗？"就这样，他成了同学和老师心目中乐于助人的好学生，成了老师的小助手，同学们心中的活雷锋。

通过小东的案例分析，我们应该认识到：教师应该尊重和爱护每一个学生。教育是心灵的艺术。教育学生的前提是与学生建立一座心灵相通的爱心桥梁，跟他们成为朋友，以朋友的角度去交心、交流。教育的过程不仅仅是技巧

的施展，更是充满了人情味的心灵交融。陶行知先生说过，我们必须变成小孩子，才配做小孩子的先生。对于小东，我敞开心扉，以关爱之心来触动他的心弦。从爱出发，动之以情、晓之以理、导之以行、持之以恒，用教师的爱去温暖他，用情去感化他，用理去说服他，从而促使他认识到自己的不足，改正缺点，不断进步。

我们也要充分利用集体的智慧，集体的帮助对个人的进步来说，是必不可少的。对六年级的学生来说，他们的心理特征正由少年向青年转化，更加看重自己在他人眼中的位置，更加在意朋友对自己的评判。所以，我在帮助小东的过程中，充分利用集体的力量，利用同学的肯定和帮助，让小东感受到同学间的情和爱，同时也感受到，当他为同学服务后那种被认可的快乐。同学间的互动、感染，促进了孩子们的情感交流。

我们接触的每个学生都是独立的个体，老师要关注到学生的个体差异，开展个性化教育，这就要求班主任深入了解每个学生的行为习惯、性格爱好，从而确定行之有效的对策，因材施教。小东就是个成功的例子，我以爱心为媒，搭建师生心灵相通的桥梁。与他谈心，与他交朋友，使其认识错误，树立做个好学生的念头；充分发挥集体的力量，用关爱唤起他的自信心、进取心，使之改正缺点，进而引导他努力学习，互帮互助。

其实在很多时候，学生的转变就在一瞬间，老师只要态度正确、施教得当，把握好教育、转变的节奏，再加上足够的爱心和耐心，就是再厚再坚硬的冰也能被融化，从而让班上的每个学生都成为遵守纪律、积极进步、德智体美劳全面发展的好学生。

【专家点评】

培养学生的良好习惯是一个长期过程，不是一蹴而就的。李亿老师通过个别辅导和集体教育的方式系统性地解决学生存在的问题，以极大的耐心和包容心帮助学生培养良好习惯。

习惯是一种稳定的、自动化的行为，具有一定的生理和心理基础，倘若学生养成坏习惯后，老师再去纠正会引起学生的不愉快，这也是纠正坏习惯的困难之处。李亿老师找到学生问题的根本原因，以建立师生情感为基础，关注学生的改变，发动班级和家庭的力量，形成积极正向的支持系统，让学生在温暖和包容的氛围中逐步养成良好习惯。师生情感的建立是支持学生做出改变的心理基础，从而满足学生被关注被期待的需求。

李亿老师采取积极鼓励的方式及时给予学生正反馈，利用行为主义心理学塑造行为的方法，帮助学生在听讲、作业等方面做出改变，逐步使学生养成良好习惯。同时，李亿老师利用系统理论，将整个班级和家庭打造成利于学生改变的场域，促进学生发生转变，从而改掉坏习惯，养成好习惯。

活动切入　凝心聚力

刘亚丽　北京市通州区北苑小学

新学年，我接手了一个新班，当时的情景依然清晰：还没进班，我就已听见了大呼小叫的声音。走进教室，屋内凌乱不堪，扫帚东倒西歪地"躺"在讲台上，学生的课桌也是歪七扭八的。孩子们在室内你追我赶，玩得不亦乐乎，丝毫没有停下来的意向。上课了，学生的表现更让我吃惊，大家的听讲姿势万千：有的跷着二郎腿，有的还在玩闹，有的小声说笑……回答问题时，不举手就直接说，不但如此，而且有起哄的……我让学生打开书，他们居然没有带书，有的学生的书页数不全，只能用辅导材料；写作业时，我发现有的学生没有本，借张纸就写……学生们无规无矩，老师们都不愿意在这个班上课，家长还总是找学校，要求换老师。

作为班主任，我知道发愁没有用，抱怨更没有用，只有认真解决问题，才能体现自己作为教师的价值。于是我走进班级，深入观察学生的表现，积极与所有的任课教师交流，了解班级存在的问题；热情地和家长沟通，听取家长意见。通过以上行动，整体、客观地对本班现状进行总结。首先，频繁更换班主任导致班级学风不浓，学生没有形成集体意识。我们都知道班主任是班级的主要领导者、教育者与管理者，负有对学生进行教育和生活指导的直接责任，是学生成长的引路人。小学生具有向师性，频繁更换班主任，使学生还得重新适应老师的讲课方式，不利于学生的学习。久而久之，学生就像一盘散沙，没有奋斗目标，没有班级凝聚力。其次，如果学校没有严格的固定管理者，班集体在各项活动中就处于无组织的散漫状态，那么学生参与的积极性就不高，这不利于学生的成长。

面对这样一个班集体，如何进行有效管理，让学生得到更好的成长，从而建设班风正、学风浓的良好班集体是我要研究的内容。

一、签字表决心活动，与生共情

态度决定一切。有什么样的态度，就有什么样的未来。做好班主任工作，先要做好学生的思想工作，统一思想态度，统一行动目标，让学生以端正的态度，充满信心地向着学习目标前进。

开学第一天，典礼后，我就借此机会对学生进行了开学第一课"一起努力向未来"的教育活动。首先让学生明确：在新的学期，我们已经是高年级的学生，高年级的学生更要严格要求自己，为低年级的学弟学妹们做榜样，要充分利用时间学习，做优秀的学生，让我们的班集体成为优秀的班集体。同学们听了后没有什么反应。其次我让学生们去发现自己班的优点，同学们愣住了，你看看我，我看看你，不知道怎么回答老师。在我的追问下，班长站了起来，对我说："刘老师，我们班没有优点，在评比中我们班排名总在后面，课间还有同学打架，我们不知道有什么优点，老师们都不喜欢我们，都说我们班挺乱的，您让我们说什么呀？"听了班长的话，我的心里不好受，学生们的自暴自弃，学生们对自己班级的态度让我震惊，但同时也坚定了我要建设良好班集体的决心。所以，我语重心长地对同学们说："谁说你们没有优点，看，咱们班的乐乐参加运动会获得区第二名，为学校争光；小冉的征文获得北京市一等奖，小然成为学校国旗班的成员，小阳和小容参加合唱队演唱的歌曲是那么动听……"我把每个学生都表扬了一番，学生们听得入神，眼睛里充满了惊喜，充满了对我这个新班主任的信任。我接着说："同学们，从班长的话里，刘老师也看出了你们对集体的热爱，你们也希望我们的集体很优秀，否则，你们就不会那么关注评比结果，也不会在意其他老师对咱们班的集体评价了，你们说对不对？"同学们纷纷点头，我继续说道："其实，只要我们心往一处想，劲往一处使，大家一起努力，我们一定会越来越出色的，我们的班集体也会更优秀的，刘老师会和大家一起努力，大家有决心吗？"大家都表示要团结一心，共同努力，打造良好的班集体。最后我们一起表决心，在"新学期，一起努力向未来"的板报上签字，学生们很认真，信心满满。当然，作为班主任的我也签上了自己的名字，我将与学生们一起努力，走向未来。

这小小的签字，代表了老师和学生们心连心，代表了老师和学生们在一条战线上。对于班级管理，老师要抓住契机，做好孩子们的心理工作，端正态度，明确方向。

二、共同制定奋斗目标，完善班级管理

目标是集体发展的方向和动力。只有具有共同的目标，才能使班级成员在认识和行动上保持统一，推动班集体的发展。为此，班主任要组织学生一起设计班级发展目标。

良好的开始是成功的一半。为了更好地进行班级管理，使学生明确行动方向，在开学之际，我组织学生开展班级第一次活动课，和学生们共同制定班级奋斗目标、班规，凝聚集体的智慧和力量。

首先，我让学生们畅所欲言，描绘各自心中美好的班级。其次，我把学生的发言进行综合、归纳，构建清晰的蓝图。从学生的发言来看，每个学生都渴望有一个温暖和谐、团结互助、奋发向上并且富有创意的班集体，这是我们班级建设的共同目标。没有规矩，不成方圆。为了营造良好的班集体，同学们该怎样做呢？再次，我让学生围绕这个大问题展开讨论，引导学生制定班规，明确班级行动准则。最后，针对"我能为班级做什么？"，我让学生再次进行讨论。有的学生说："我要努力学习，取得好成绩。"有的学生说："我学业表现不好，但体育好，我要在体育方面起表率作用。"这样的做法使学生懂得了个人的荣辱直接影响集体，同时也让学生客观地认识自我，发现自己的优缺点，从而提高自己。

班级建设的目标已定，同学们又一起制定了行之有效的班规，明确了行动方向。接下来，结合学校的"行思星级少年"评价标准进行评比，每月评出"美德之星""智慧之星""体育之星""艺术之星""劳动之星"各一名，使他们成

为同学们的榜样。我倡导学生向榜样学习，促使学生形成良好的习惯。

学生的发展是班级管理的核心。班级管理的实质是让学生的潜能得到尽可能的开发。在现代学校教育中，班级活动是培养人的实践活动。满足学生发展的需要，既是班级活动的出发点，又是归宿。如何做好班级管理，下面有几条建议供大家参考。

态度决定一切，做好班级管理工作，要端正学生态度，激发学生的学习热情，帮助学生树立自信并坚定信心，为打造良好的班集体奠定思想基础。

充分利用开学初班级活动第一课，让学生共同参与构建蓝图，制定奋斗目标及班规，有效地激发学生的管理班级积极性，明确学生的权利和义务。

班级特色活动的设计与开展，使学生有事干、知道怎样干，从而丰富学生生活，美化班级环境，发展班级文化，使学生在活动中养成良好习惯。

通过辩论活动的开展，让学生针对本班问题进行讨论，懂得考虑问题要全面，学会自我约束，自我管理，树立正确的人生观、价值观。

借助学校开展的活动，激励学生积极参与，让学生在活动中建立自信，体会成功，激发学生积极探索的热情。

做好班级管理工作，以活动为切入点，以学生为主体开展活动，进行班级管理，让学生明确在班级中的权利和义务，培养学生的良好习惯；让学生主动参与班级活动，在活动中体验；让学生学会自我管理，树立正确的价值观，达到教育效果的最大化，促进学生发展。

三、精心策划班级特色活动，培养良好习惯

班主任在着手创建班集体时，首先应该成为班级活动的设计者。根据班级的实际情况，遵循教育规律，精心策划、组织、开展班级的特色活动。班级特色活动不是学校指派的活动，而是教师根据自身特点，根据本班学生特点设计的活动，此活动能推动良好班集体建设、培养学生良好习惯。

根据我们班的现状，我设计了两个班级特色活动。一是诵读书写古诗词，

感悟国学精华。学生可以利用在学校的闲暇时间诵读一首古诗词，并请身边的同学检查背诵，然后记录在评价表上；书写自己喜爱的一首古诗词，并把自己的最佳作品上交班级进行展示。教师利用课前三分钟，请学生讲一讲自己喜欢的古诗词。二是结合学校"沐浴书香，润泽心灵"的读书活动和语文学习目标的要求，我组织了"师生共读书，坚持阅读我能行"的读书活动。阅读书目以语文读书吧要求的书目为主。根据书目特点、学生的阅读情况，我们共同确定阅读时间。

特色活动的开展不仅激发了学生的学习热情，而且培养了学生良好的读书习惯，丰富了学生生活，推动了良好的班风建设。

四、开展辩论活动，指明方向

成功的教育，应该是使学生受到自我教育，学会自我约束，学会自我管理。在生活中，学生一定会遇到许多问题，老师要善于发现问题，并组织学生开展辩论活动，让学生在讨论和实践中明白事理，从而为良好班风的形成指明方向。例如，同学们通过辩论"眼睛看到的不一定是真的"，知道了换位思考的重要性，能以更客观的态度去解决问题；通过辩论"参与就是成功"，懂得过程的重要、参与的意义、自信的价值；通过辩论"实践活动过程中，我该怎样做"，明白了纪律的重要性、合作的意义；通过辩论"榜样的作用"，明确从小事做起，从现在开始，做好自己很重要。

教师通过开展辩论活动，使学生认识到问题所在，懂得其中的道理，从而引导学生不断提高自我，为良好班风的形成指明方向。

五、借助实践活动，发展潜力

教育家第斯多惠说过，教育的本质在于激励，在于唤醒。每学期，学校都会开展丰富多彩的综合实践活动。作为班主任，我会抓住每一次契机，激励学生，相信学生，让学生积极参与，树立自信，从而促进学生个性发展，培养学生的自我管理能力，推进良好班风的形成。

1. 借助学校活动，促进学生个性发展，培养学生的自信心

教师应激励学生积极参与学校活动，使学生在活动中树立自信，体会成功。例如，鼓励学生积极参加学校的"明星大舞台活动"，展现自我；帮助学生参与学校的"三个一小时社团活动"，根据学生的特点提出建议，使学生在活动中提高实践能力和语言表达能力；组织学生参加"诗词大赛"，使每个学生都有所进步；鼓励学生参与学校组织的春季运动会，不为成绩，只为运动……我告诉学生们，不放弃每一次机会，只要参与就是成功。

2. 借助综合实践活动，培养学生自主管理能力

学校不仅为学生们搭建了自我展示的舞台，还开展了许多集体性的活动，如主题班会、走出校园的综合实践活动。我总是精心准备主题班会，通过活动展现学生，在活动中培养学生的集体意识；有计划地组织综合实践活动，培养学生的自主管理能力。

一项项活动，展现了学生们浓浓的热情，无限的自信；一次次的练习记录着学生们的付出，印证了成长的足迹；一张张奖状体现了班级的凝聚力。为此，我感到无比欣慰。

两年后，这个班级发生了可喜的变化，此时的班级已经是个温暖和谐、团结进取的优秀集体。这个集体班风正、学风浓、教室环境优美、国学特色浓厚。同学们勤奋努力，乐观积极，文明守纪，团结友爱，勇于创新，还被评为"北京市先进班集体"。

【专家点评】

刘老师接手了一个大家眼里的"差班"，但刘老师并没有放弃班级的每个学生，而是在学生和其他老师的普遍否定中发现学生们的闪光点，在学生自暴自弃的语言中发现学生其实是期待肯定和改变的。刘老师坚持积极心理学的观点，相信学生都是向好向善的。在这种信念的指导下，刘老师以活动为切入点，与学生一同签字表决心，让学生建立起自信心，通过当面指出学生的闪光点帮助学生关注自身的优点，放大积极面。之后，刘老师通过制定目标完成班级特色活动，从而培养学生的习惯。再通过实践活动激发学生的潜力，培养学生的能力，让学生在活动中锻炼自我。

　　班级管理的实质是让学生的潜能得到尽可能的开发。刘老师在带领班级的过程中坚持以学生的发展为班级管理的核心，关注每个孩子的成长。

中学篇

"又"玩扑克了

陈欣　北京市第十五中学

班级日常规范管理工作，是班主任工作中极其重要的部分，也是班级发展的重要基石，对于新组建的班级来说更是首要处理的问题。组建新班级，并根据学生的情况建立相关的班级制度，不同的班主任有不同的办法。

如果在班级常规管理中出现了意料之外的问题，班主任应该怎么办，怎么思考问题，怎样采取措施让这些意外问题少出现甚至不出现也是一项重要的考验。

新接手的高一班级学生在第一学期表现过于活跃，早自习、午休等时间，往往需要班主任在场进行监督。尽管班级学生由于初中基础较好使得现在班级成绩也相对优异，但班级学生的日常生活习惯以及对细节的要求均须进一步提高。高一上学期，我尝试通过常规的集体引导教育、个体谈话督促等管理班级，但收效甚微。高一下学期，通过学校组织的一些活动，如合唱比赛、京外社会实践等，班级凝聚力、同学们的责任心明显提升，需要学生自主管理的场合，班主任也不需要时刻在场。

一天中午，我在外校刚完成高一学年合格性考试的监考工作，打开手机，主管学校德育工作的主任发来微信，一条让我瞬间震惊、傻眼的信息：班里六名同学在合格性考试的课间在校园玩扑克，有图有真相！扑克牌出现在了错误的时间和错误的场所，更何况还是在国家级考试的空隙时间，性质"极其恶劣"。

参与玩扑克的六名同学中，Y同学、S同学在此前京外社会实践中带领班级同学开展活动，表现非常好，并且我刚在总结班会上特意表扬过，物理老师还多次表扬S同学；另外两名W同学和两名Z同学还是数学竞赛有力的竞争者。一个月前他们中两名同学也在学校玩过扑克，之前的批评教育没有任何效果，更是还有其他同学加入！

"失望""严惩""反思""调整"，这些词第一时间在我头脑中闪现。我内心极度失望！从高一接手新班时，班级存在一些问题，但通过一年的工作，班级很多方面在往积极的方向发展，在这样一种趋势下，居然出现了这么严重的事件，我真的始料未及。这次一定要"严惩"！

其实"严惩"是自己作为班主任，在没有办法的时候才会进行的选择，这次事件的性质恶劣，必须追究。但是内心稍微平静后，仔细想想，"罪加一等"的何止是这六名同学，班里出现了这么严重的事件，班主任一定难辞其咎。看似偶然、意料之外的事情，背后一定有必然的原因，也许是自己的日常管理有问题、有需要调整的地方。

一、事件当即处理

合格性考试结束当晚，我第一时间联系了六名同学及其家长。同学知道"犯了事"，认错态度非常端正，和家长的沟通也非常顺利，家长们除了意外、生气外，均表示很愿意配合班主任做好后续的处理工作。

第二天我在全班对此事件进行了严厉的通报批评，给予六名同学正式违纪通知单，取消高一学年所有评优评先资格，取消本班优秀班集体评选资格。这是自己从事班主任工作多年以来，给予班里同学的最严厉处理结果了。放学后，我再次与六名同学进行沟通，并向家长通报处理结果。同学们知道"错了"，家长均表示支持处理结果。

临近暑假，看似常规、顺利的处理流程，自己心里非常不踏实。六名同学真的认识到错误了吗？为什么玩扑克现象会出现第二次，还会有第三次吗？是什么工作我没有真正做到位，还需要做哪些事情？

二、深入反思工作

事件的表面是六名同学犯了错误，六名同学也受到了相应的惩罚。这六名同学私下关系都很好，性格热情、开朗，学习成绩在班里也优秀。要是没有这次的处罚，六名同学中，像 S 同学、Y 同学，到高三是具备市级三好学生的评选资格的。所以事件的背后，该"反思"和"惩罚"的不只是学生，也有班主任。

1. 为什么会出现第二次？

当第一次得知班里有同学在校园玩扑克时，我并没有引起足够的重视。其一，班里孩子比较调皮，有时候爱钻小空子，但整体上做事认真，知错就改。其二，事情发生第二天因为需要布置高考考场，只有半天上课时间，班级整体相对浮躁，琐碎事情比较多，因此我放弃了严肃处理的契机。回想如果第一次发现此问题立刻严肃处理，可能就没有第二次了。

2. 为什么从钻"小空子"过渡到捅"大娄子"？

班里孩子调皮，钻小空子很正常，但是钻到不顾做事情的场合、时间，开始挑战底线的时候就不是"小空子"了。

为什么班里部分同学爱钻空子，这和自己的班级日常管理是有关系的。回顾班级一年的变化，接班伊始班级凝聚力欠佳，班级学生活跃、上进、和睦，同时伴随做事随意、缺乏深入思考、以自我为中心现象。我将工作重点放到如何调整这样的一个矛盾体上，把更多精力放在关注改善的大方向上，忽略了细节问题。

忽略了细节以及一些原则性问题就像足球比赛时，裁判员为了比赛的流畅与观赏性，允许运动员出现一些激烈的身体接触，但是遗忘了对于比赛的合理控制。严格遵守规则，杜绝挑战底线事件的发生，仍然是班级管理过程中重中之重的工作，是保证班级在正确方向行驶的前提。总是钻"小空子"，积少成多，早晚捅"大娄子"。

三、思考标本兼治

上述常规处理的流程不是终点，对于六名同学和其他同学的警示在新学年还需要继续强化。新高二伊始，对于"6选3"科目，学生开始走班上课，流动性增强，我明显加强了对学生日常的管理、检查，和班里同学一起制定合理的细则，从制度上规范细节、约束行为，并且坚定执行。随着班主任坚持、督促的"收紧"，短期就收到了不错的效果，"治标"很迅速、很有效，但如何"治本"呢？

类似玩扑克的事情可以杜绝。但是在校园外，在学校监控不到的时间、地点，会不会又出现玩扑克现象呢，班里的同学为什么会玩扑克？

制度约束、批评教育是一种有效手段，但不是最终目的。如何以制度为保障，让同学们将更多精力投入学习和高品质的校园生活中，是对老师的挑战，也是一项长期的工作，虽然暂时没有答案，但是方向明确。

所以玩扑克事件是警示、是契机、是起点。目前事件的处理仅仅是逗号，我还有很多重要的工作没有完成，还需砥砺前行！

挖掘更加深层次的原因是整个案例后续处理的难点，对于高中学生，如何有效地让学生表达自己的真实感受仍是班主任工作需要重点关注的。

【专家点评】

没有规矩，不成方圆。面对学生对规则的漠视，教师应当思考背后的深层次原因。在规则制定的过程中，学生深度参与；在规则的执行过程中，教师做到违者必究。只有做到上述两点才能让学生从内心去遵守规则，规则才能发挥作用去保护学生，进而为班级和学校营造良好的环境。

陈老师善于以小见大，从事情中发现问题背后的本质，致力于达到标本兼治的德育工作效果。除了制度约束和批评教育之外，陈老师更加关注学生行为失范背后的深层原因，并就深层原因对学生进行针对性教育，这样才能从根本上解决问题。同时，陈老师善于进行自我反思，通过学生反复玩扑克牌的事情，发现班主任应当更加注重规则的落实与执行，进一步强化学生的规则意识，提高班级管理的规范程度。

究其本末　对症下药

李敏　北京市第八中学

《大学》记载："物有本末，事有终始。知所先后，则近道矣。"即每样东西都有根本有始末，每件事情都有开始有终结。明白了这本末始终的道理，就掌握事物发展的规律了。因此，班主任对学生进行德育教育时不能只看其表不究其里，只有明其根，方能治其本，从而引导学生健康成长。

一、基本情况

新学期开学一周，我们班来了一名新同学，名字叫小西，经与家长沟通得知，小西因为焦虑和抑郁情绪两年前休学，中途曾返回学校，但依旧无法正常上学。2020 年 8 月，小西在医院做了检查，还有轻度抑郁情绪，但医生认为她的状态可以适应学校生活，而且相比成绩，社会功能的恢复更为重要。于是，再次选择回校复课，加入高一新班级。

二、日常表现

为了让小西尽快适应新的班集体，我会多给孩子一些时间调整适应。由于刚复学，我与家长沟通暂时不对小西做成绩方面的要求，让她多和同龄人在一起，以尽快恢复社交功能。为此，小西进班的第一天，我召开了一次班干部会议，针对小西的到来重新调整了座位，把几名班干部安排在小西的周围，叮嘱身边的同学多关心小西，发现异常及时与老师沟通，大家决定一同帮助小西尽快适应新班集体的生活。但似乎最初的想法与现实面临的问题有很大的差距。

小西最初的日常表现是：性格孤僻，不合群。据周边同学反馈，小西喜欢独来独往。课间和中午，当同学主动与小西沟通，并约她一起吃饭时，小西似乎不想和她们一起吃饭和讨论问题。进校困难，基本上每天迟到，甚至有时上午或一天不来。据家长反馈，有时他们 7 点前就到校门口，但小西就是迟迟不肯进校，有时家长陪着她在校园外墙走十几圈也不肯进来。学习敷衍，不认真。据任课老师反馈，小西每天在教室基本是趴着或半趴着的状态，且不时伴有犯困的情况。同桌提醒她时，她还会很不高兴，觉得同桌多管闲事。作业基本不交。

三、究本分析

1. 严母慈父教育模式

经过我与小西父母的沟通，了解到小西是家中的独生女，她的家庭教育方式为母亲严厉，父亲慈爱，且双方在教育孩子的问题上没有达成共识。比如，母亲针对孩子沉迷手机的处理方式是直接剪断耳机线、当场摔碎手机，可谓简单粗暴；父亲针对孩子沉迷手机的做法是，没有和爱人沟通就直接给女儿又买了一部新手机。这样的处理方式导致原本想让女儿放下手机珍惜学习机会的愿望直接化为泡影。由于孩子没有真正认识到学习的重要性、沉迷手机对自己的危害及如何正确处理学习和手机的关系，因此返校后沉迷手机的现象更为严重。

2. 亲戚负面评价

在与小西多次沟通后，我了解到，她的亲戚知道她休学后，一致认为休学就等于高中不能毕业，将来会找不到好工作，因而小西认为自己真的没有了理想和希望。

3. 学习压力过大

在母亲的关注和陪伴下，女儿终于如愿考上重点高中。但重点高中的学习环境使小西感到巨大的学习压力，导致小西刚读高中就对学习丧失自信，从此不认真读书，沉迷手机，学习成绩直线下滑。

四、转化措施

刚开始我对小西的耐心指导与沟通并未见成效，我感到失落、无助，不知如何才能让小西融入集体生活。有一次在交流中，德育校长看出了我的失落，开导我慢慢来，建议我可以把小西当作我们的研究对象，遇到问题我们可以一起来想办法……这次交流点醒了我，我太急于求成了，有时更多的期待被敏感的小西感受到了，不但未见成效，反而起了反作用。于是我调整心态，对小西认真分析后，我决定借助更多的力量形成合力，从而改变小西。

1.家庭教育，达成共识

苏霍姆林斯基说过："如果没有整个社会首先是家庭的高度教育素养，那么教师不管付出多大的努力，都得不到完美的效果。学校里的一切问题都会在家庭里反映出来，而学校复杂的教学过程中产生的一切困难的根源都可以追溯到家庭。"我多次约小西父母一起沟通交流，根据小西的在校情况提出很多建议，如小西的父母要达成一致的教育理念，父母要以身示范，周末多陪孩子一起读书、完成作业、运动、做家务，做一些有意义的事，让孩子可以感受周末的充实、生活的意义以及和谐温馨的家庭氛围。小西的父母很认同我的建议，并积极调整与孩子的关系。例如，根据制定的时间安排表周末陪孩子一起读书、运动等；对于每次的考试成绩，家长主动与孩子一起分析优势和不足，找出问题，并和我及时沟通，一起制定弥补弱势科目的具体办法；在日常生活中督导孩子按计划执行任务……就这样，我们达成共识，一起陪伴孩子成长。

2.不断关怀，给予力量

小西因为生病，思维和记忆力不如从前，上课有时会听不懂，加之她休学两年，每天9节课的节奏对她来说有些困难，因此又出现了焦虑和畏难情绪。她多次在上学路上犹豫不决，有时走到校门口却不敢迈进校门。针对此情况，我配合家长，只要没有课，我就一定去校门口接孩子进校。记得有一次孩子在校门口徘徊很久还是不进去，家长给我打电话请假。在得知孩子在校门口徘徊时，我立即说下楼去接孩子。我看到孩子后一搂孩子肩膀，说："哎，咱俩水瓶是同款"，孩子一乐，恐惧情绪莫名消失，顺利走进校门。就这样，我一次次用行动感化小西，一起与家长解决小西进校门难的问题。

3.捕捉时机，激励参与

我认为小西是因为学习力不从心，又不愿接受成绩落后的现状才抗拒上学的。我对小西家长说:"学习放一边,先从其他方面帮孩子树立自信。"我们学校以校园活动丰富而闻名,每次学校举办活动,我都动员小西积极参与,有时还会给小西"指派"一些任务,同时给予她指导和建议,帮助她一起完成。比如,在学校建党 100 周年活动中,有一项学生记者采访党员老师的活动,我把采访任务交给了小西。起初她很惶恐,觉得自己表达能力弱,又有些社交恐惧,怕在镜头前搞砸采访。我帮她一起找资料,设计问题,最终顺利完成采访录像。采访回来后她在公众号里写道:"我很高兴能够作为班里的小记者对优秀共产党员——班主任李老师进行采访。通过访谈,我知道了李老师兢兢业业、爱生如子的奉献精神源自党员对自己的高标准严要求。了解到李老师入党后,思想行动上更加自律,时刻以一名共产党员的标准严格要求自己,不断提升自己的政治素质和道德修养,才成为今天这样深受学生爱戴的老师。有感于李老师的发言,我也暗下决心,不辜负李老师对我们的期望,脚踏实地,好好学习,思想上积极要求进步,做一名德智体美劳全面发展的好学生。"

就这样,我不断地捕捉时机,激励小西积极参与学校活动,使小西有了一定的生活掌控感,觉得自己要想干好一件事也没有那么难,从而渐渐增强了小西的自信心。

4. 发动同学,关心关爱

为了避免生硬的说教,我从政治学科角度带动学生进行思考:一个优秀的集体是怎样的?是由优秀的个人组成的吗?那么不优秀的人可以在这个集体吗?我们每个人在每个方面都表现优秀?我们该怎么看待自己和他人暂时的落后呢?经过一系列的讨论,孩子们发现,优秀的集体并不是简单的优秀个体的相加,而是通过集体让大家一起变优秀,面对自己和他人的不足,我们要做的是给予他们更多的包容和帮助。我们的班长说:"我们以小组为单位,每天轮流主动跟小西一起吃午饭、一起问问题……大家同意吗?"全班同学表示赞同。就这样,渐渐地,当小西请假时,放学后会有同学给小西发微信询问:"你怎么了?""明天会来吧?""快来吧,明天有活动。"学校举行运动会,小西本来没有参加任何项目,但当知道有同学受伤不能参赛时,在同学的鼓励下,她克服心理障碍，毅然决定报名参赛。对于别的孩子来说，这可能是一件微不足道的小事，而对小西来讲，能在众目睽睽之下参加比赛已经是一个很大的心理突破了。

5. 联合学校，共促成长

由于小西有轻度抑郁情绪，因此我经常向学校的心理老师请教该如何帮助小西摆脱抑郁情绪。我们以让小西帮助心理老师整理教室为由，让小西与心理老师认识。心理老师通过与小西一起制作沙盘来了解她的内心。这样既照顾了小西敏感的内心，又创造了小西与心理老师沟通的机会，从此小西和心理老师成了无话不谈的好朋友。之后，心理老师经常向我和小西的父母转达小西内心的渴求。经过一年的沟通交流，小西在班里有几个聊得来的朋友，她选择了自己喜欢的学科，能跟随走班去和其他班的学生正常交流了，这些都是她入学之初我很难设想的改变。

小西的转变让我懂得教师在积极作为的同时，更需要顺势而为。2021年11月她满18周岁，正好有机会参加学校的区人大代表选举（其他同学年龄不够18周岁）。为此，我提前联系了团委的负责老师进行沟通。在团委老师的精心安排下，小西作为学生代表得到校长的献花和祝福，她回到教室就记录了自己激动的心情。我借此机会，让小西负责这次活动在公众号的宣传，她在公众号中写道："今天是意义重大的一天。我能参加选举已经足够惊喜，又因我是学生组的第一位选民，还意外得到校长亲手送的一束饱含光荣意义的鲜花。待我投完选票，王校长与我握手，祝贺我年满十八岁，并成为一名拥有选举权的公民，王校长递给我的花鲜艳红嫩，映着我无比灿烂的脸庞……瞅着选民证上的18岁，不禁发现我竟然对八中有了这么强的归属感。"看着她写的感言，我顺势而为，与小西一起规划了未来两年的高中生活，在学业上我们一起根据现实状况制定了近期、中期的学习目标……

五、辅导成果

通过两年的磨合和适应，家校携手以多种方式帮助小西，慢慢地，孩子状态越来越好，现在请假越来越少，性格也开朗了许多，和同学相处融洽，还在班里交到了好朋友，也能积极参加学校和班里的各项活动了。

从最初的一次次无法沟通到如今小西的巨大转变，反思整个教育过程，虽然也有波折，但当我从繁杂的事务中抽身出来，耐心聆听小西、小西的父母和同学的心声时，我越发感觉到，师者的仁爱之心是平等与共情，教师只有具备仁爱之心才能让每颗心灵都得到滋养。

小西的转变过程，让我懂得教师之爱如父母般饱满浓烈，我们在积极作为的同时，更需要顺势而为。教育从来都不能只靠一个人的力量，班主任不仅要冲锋陷阵，而且要协调各方。

对于一个休学两年的孩子而言，她的点滴进步，有她自己的努力和坚持，一定也离不开家校携手共助：究其本末，知其终始，对症下药，方能让孩子健康成长。

【专家点评】

萨提亚在很多心理治疗过程中认为出现问题的孩子并不是问题，教师应该用系统的视角来分析孩子的问题，帮助孩子发生改变。家庭是一个系统，班级是一个系统，学校更是一个系统，要让学生在系统中得到力量，实现正向发展。

李老师从家庭系统关系入手，以系统的角度分析问题，塑造好的家庭氛围，鼓励开展多样的家庭亲子活动，让爱在家庭中流动起来，让学生感受无条件的爱，而不是将家庭问题简单划分给谁。李老师用系统优化的思维方式，将班级同学和心理教师的力量纳入德育力量中，给予学生充足的心理支持，在同学、班主任、心理老师和家长多方的支持和陪伴下，学生的自我逐步完善，自信逐步建立，迸发出对抗疾病的力量。李老师秉持积极心理学的理念，关注学生点滴进步，尊重客观规律和学生身体情况，制定适切的目标，同时对学生予以肯定和支持，帮助学生逐渐扩大积极面，是一位有智慧的班主任。

度尽劫波同窗谊　相逢一笑真性情

——同学之间纠纷处理的策略与技巧

李守才　北京市第十九中学

世界上没有两片完全相同的树叶。青春期学生思维具有一定的独立性、批判性，有强烈的好奇心，喜欢接受新思想、新事物，对网络比较痴迷，还处于从经验型向理论型转变的过渡时期，不墨守成规，但由于缺乏社会经验，看问题存在片面、主观的特点，缺乏集体观念。

化解班级同学的矛盾和冲突，培养和谐的班级文化，形成家校一体的学习成长共同体，是每个班主任都要面对的难题。

在我的班中，邓同学在社会交往中表现得有些自卑、敏感、情绪化，在人群中缺乏安全感；王同学性格比较独立，自信中带有一份孤傲，任何事爱出风头，同学相处中往往以自我为中心，不能换位思考。

这天，班内几个同学一起踢足球，在罚球的时候邓同学踢到王同学的脸上，因为没有预期防护，再加上足球的力量比较大，王同学感到非常疼痛。在邓同学过去道歉的时候，王同学并没有接受道歉而是给了邓同学一拳，邓同学急了，一拳打向王同学的左眼。

由于矛盾发生的知情人仅限于中午踢球的几个同学，放学时王同学碍于"高中生发生矛盾还找老师解决就丢人"的狭隘观念，仅仅告诉班主任"球踢脸上了，没事"。作为班主任，我把这一意外情况告诉了家长，并立刻带王同学到医院就诊检查。由于两个同学积怨在前，缺乏有效沟通，如果处理不好，引起的不仅仅是两个同学的矛盾，甚至引起两个家庭的矛盾，尤其是对整个班级的后继管理和班级文化建设带来巨大的挑战。

了解清楚情况之后，如果按照通常学校处理问题的基本流程，需要把双方的家长请来进行协商，这也是解决学生纠纷的常用办法。实际上这样处理的结果往往没有真正化解矛盾，反而是双方为了避免法律责任而在心理上彼此"忍着"，效果往往不好，不能根除矛盾也达不到育人的目的。为了化解矛盾纠纷，教师必须主动出击，不逃避责任，寓教于矛盾的化解过程中，真正帮助他们树立规则意识，有序地参与学校和社会生活。

一、以"情"动人，把握特点有效沟通

首先，师生互信是化解矛盾的前提。实际上邓同学和王同学心里都还有情绪。解铃还须系铃人，做好邓同学的思想工作是解决这个问题的关键。作为班主任，第一步，我开始并没有站在师生角度谈这个问题，而是换位思考，基于长期师生相处建立的信任，根据他在班级的社会交往情况，问他从这件事中有没有体会到和同学们相处的更好的方式。有时候学生不怕老师的责备，反而更在乎同学们的认可，这恰恰也是邓同学的特点。王同学在家休养时，邓同学主动提出想去看看王同学，这是良好沟通的开端。第二步是与王同学的有效沟通，王同学动手还击邓同学是出于"面子"，不告诉老师和家长也是出于"面子"。这可能是中学生这个阶段所理解的尊严的表达方式，所以要了解学生行为背后的需求和该阶段学生心理发展特点，师生有效沟通是关键。

二、以"理"服人，赢得彼此家长尊重

邓同学家长是处理问题的主动方，王同学左眼眶受伤，作为矛盾双方中未受伤的一方理应去探望。刚开始，邓同学家长并不接受，觉得自己孩子也有委屈没有得到妥善处理。我把事情经过及两名同学以往相处的过程都与家长进行了沟通，让家长了解事情的前因后果，并向家长解释该年龄阶段学生特点和人际交往方式，希望能通过家长和老师的共同努力，化解两名同学之间的误会，这取得了她的理解和支持。家长在设身处地为孩子着想的时候，可能会因冲动而缺乏理智思考。作为班主任，我主动约邓同学家长一同去探望王同学。

到医院前，我先和王同学家长取得沟通，为双方同学见面和家长见面进行了有效的铺垫。邓同学家长和邓同学见到受伤的王同学后，主动道歉，俩同学

见面后很不好意思，彼此哥们似的拥抱在一起。王同学的眼睛充血需要静养。当邓同学家长把医药费和礼物拿给王同学家长时，他们坚决拒绝了，说要是拿了以后"哥俩"如何相处。就这样两名同学真正化解了误会，成了朋友。

三、以"法"为度，明确利害得失

在处理矛盾的过程中，邓、王两名同学反思了冲动后带来的法律后果以及对以后成长的影响，权衡利弊得失，知道自己所犯的错误，真诚实意地携手走上讲台，向全班同学分析了彼此的错误并检讨，同学们给予他俩热烈的掌声。这也是这个年龄阶段孩子的特点，只有真正地认同才能真正地改变，这也是寓法于教的智慧和价值所在。

依法治国需要从教育的点滴做起，尽管矛盾已经化解，但该承担的责任还是要承担，让他们学法懂法守法用法，懂得社会中的权责是统一的，社会需要"法"这个公平的尺度。当然教育除了尺度之外，还得多出教育和道德的温情滋养。

见微知著，学生矛盾纠纷背后涉及了家校共同体的利益。近年来，随着互联网的普及，教师、家长以及学生的思维方式、生活方式和学习方式等都发生了很大的变化。新的时代背景带来了教育理念的变革，对家校沟通的各个方面都产生了影响。教师对当前信息化、网络化背景下的家校沟通应该有符合时代特点的认知。教师在家校沟通途径的选择、技巧的运用上要充分考虑家长的特点和需求。有效的家校沟通，是班主任必须具备的素养之一。

以下是班主任进行有效家校沟通的几种途径。

1. 建立家委会，发挥家长的舆论引导作用

随着现代通信技术的发展，人们沟通越来越方便，家长们也建立交流群，从生疏到熟悉，为学生化解矛盾创造了良好的舆论环境。同时班主任要和家委会成员进行有效沟通，把学校的教学理念、班级管理中的优点和面对的困难跟他们主动交流。坦诚相待，没有处理不好的家校关系。

2. 制定规则，师生共同遵守

班级管理要有规章制度，学生和教师都应遵守规则。一把尺子量到底，班级座位排序要前后左右定期轮换；制定赏罚分明的值日制度；保持师生交流中的绝对民主；班干部在班级各项活动中的公平参与等，都要做到依规依据，公平公正。通过师生的有效沟通，同学们会在规矩中像找自己的座位一样找到适合自己的处理方式。如果有同学质疑规则，班主任可以召开班会专门讨论修正。总之，规则制订—执行—监督都是由同学自己唱主角，班主任通过班干部队伍建设，正确引导，顺势而为，融"法"于班级管理中的。

3. 多种方式沟通，实现家校有效沟通

不同年龄、背景和地域的班主任教师采取的沟通方式存在差别。在上述案例处理中，微信交流、电话交流、在校内进行的家校沟通，以及与双方家庭进行的三方交流，缺少了其中的任何一个沟通环节，这起由学生冲突引起的矛盾都不会如此顺利地化解，因此教师要根据具体情况采取合理的沟通方式，从而尽快化解矛盾。

4. 以活动为载体，打造家校成长共同体

以活动为载体，在不增加家长负担的同时，使其参与到教育过程。比如，开学时的理想教育，我安排家长负责指导学生的职业规划，并让学生在班级中一一展示。另外，诸如研学等各项活动，教师都可以借此机会，促进家校沟通，形成家校协同发展的愿景。

教育无小事，如果处理好每一个环节，建设班级凝聚力和班级文化，学生将受益终身。教育也无大事，师生点滴相处的细节组成了整个教育过程。

【专家点评】

孩子进入青春期后内心变得敏感，特别是在人际交往方面，他们会更加看重自己在别人眼中的形象，关注别人对自己的评价。孩子进入中学后，由于自我意识的发展，他们交往对象的重点开始向同龄伙伴转移。与同龄伙伴交往的

平等关系可以提供父母所不能提供的心理稳定感、认同感。通过与朋友分享共同的情感、忧虑、困难，可以在相互尊重、帮助中满足青春期学生自我发展的需要。因此，良好的人际关系，特别是伙伴、朋友关系，对于青春期学生的发展有着重要的意义。

案例中，李老师高度重视青春期孩子的人际交往问题，准确把握青春期孩子的心理特点，通过与学生共情、与家长共情，与学生、家长进行了有效沟通，解决了学生交往中出现的问题，化解了学生矛盾进一步升级到家庭矛盾的危机。李老师在解决学生纠纷中，融入法治教育，通过处理班级学生纠纷，培养学生树立遵纪守法的观念和意识。

"理解"与"冲突"的较量

李玉萍　北京市通州区潞河中学

一、写在"较量"之前

1. 对"冲突"的认知

教育中的冲突通常指教师与学生、家长与学生、教师与家长之间公开与直接的恶性互动，冲突的任意一方的行动都是力图阻止对方达到目标。冲突随着学生年龄和认知的增长以及自我意识的增强而不断升级。当前，冲突在教育中是一种常态的客观存在，具体是对学生的约束引领与学生的自由成长的辩证结合体。除了学生和老师的认知差异、成人的管理过度或方法不当等原因以外，家庭教育缺位、青少年人格缺陷也成为冲突产生的原因。

冲突不激烈的表现是学生不听教导，进行无声的抵触。冲突激烈的表现则是学生顶撞师长，师生对立，甚至对老师大打出手。发生冲突后，教师、家长、学生都感到愤怒、委屈、寒心。

2. 案例背景

小 F 平时不善言辞，理科学习成绩一般，但是酷爱地理学科。他不善于和同学交往，出现问题总认为自己是对的。

小 F 在小学时成绩特别优秀。不料升入中学，他的成绩不理想，学习习惯不好，甚至不能按时完成作业，亲子关系也很紧张。他爱钻牛角尖，经常跟同学发生矛盾，老师的教导他能认可却不能照做，还经常抗拒家长的教育。

入学前的网上家访中，透过屏幕我看到一个略显不安的憨厚男生的面孔——小 F，他生涩地向我问好。妈妈介绍小 F 酷爱地理，看过许多地理方面的书籍，立志要做个地理学家。我理解一个孩子的梦想有多可贵，并答应妈妈考虑让小 F 做地理课代表，鼓励他向着梦想前进。

二、“冲突”的缘起与激化

1. 问题渐显

开学后小 F 不太适应初中生活，和同学相处不融洽。有时他被同学桌子挤到了，有时课上发言被同学笑……每每这时，他总找别人错误，对自己的不当之处草草略过。在他的心里自己总是对的，自己犯错也是别人惹的。他经常放学后玩游戏、看视频，耽误写作业，成绩持续下降，甚至连自己喜欢的地理学科的成绩也总是处于班级中游。课代表工作也总是手忙脚乱，不是忘了收作业就是忘记发作业，他很痛苦，却又一意孤行，不听老师的建议。

小 F 认为学习委员不称职，只顾自己学习，对同学不闻不问，也不主动给同学讲题、维持课堂纪律。他找学习委员谈话无果后，在微信朋友圈公开批评，因此引发了“战争”。

这次学生之间的冲突，我主动出击，小 F 依旧少言。但是，一番苦口婆心之后，他承认自己处理不当，当众道歉，学习委员也为自己的失职认了错，然而从小 F 的眼神中，我总感到一丝不认同。我给予他更多的关注，希望他能更好地融入班集体。

2. 冲突升级

一天晚上，我接到小 F 妈妈的电话，她说孩子不写作业，还跟她对抗，不听管教（已经不是第一次跟妈妈反抗了）。小 F 妈妈希望我能在电话里引导小 F。没想到，我还没有张口，小 F 就挂断了电话。

几分钟后，小 F 妈妈又打来电话，难过地道歉并且述说，小 F 挂断电话后依旧咆哮，哭闹不止，并且把自己反锁在房间。我迅速调整情绪，询问得知：窗子有护栏，屋内没有危险品，小 F 父亲在家，必要时可破门而入。于是，我对她说：“您别担心，我这里没事，让孩子安静一会，他需要冷静。咱们随时联系。”

第二天孩子拒绝上学。

三、"理解"与"冲突"的较量过程

于是，我做了一次特殊的家访。

小F并不知道我要家访，见我进门，先是一脸的惊愕，然后低头不语，气氛沉闷。"小F在家干吗呢？不上学，不想当地理学家了？"我的开场白无疑触动了他。他哭了，仍不说话。"你不上学，是因为昨天挂我电话不好意思面对我吧？"我的第二句话截中了要害。他点点头，头埋得更低了。"我理解你，谁还没有生气的时候！不过，你这确实有点吓人，我多担心你啊……"我看他情绪缓和不少，就继续问道："孩子，能跟老师说说吗，你为什么这么生气？这么激动？要真是有苦衷，老师给你做主！"我很真诚，启发他道出心声。原来，小F认为爸爸妈妈不理解他，每天就是催作业，很少陪着自己想办法，还经常把他和班级优秀的同学对比，小F从父母嘴里听到的永远是自己不如别人，昨天又是。一旁的父母听了先是惊愕，后来渐渐地沉默，妈妈也泪流满面，她说："儿子，我们最爱的就是你啊，我们夸别人只是想点醒你，让你更优秀，没想到却伤害了你！"言语中我听出父母深深的悔意。就这样，在逐渐和谐的交流中，小F也主动认错："爸爸妈妈我知道努力，我会进步的。"他和父母相互理解，封在各自心里的"冰"融化了。

接下来，我和他谈了很多。从学习成绩谈到学习方法、时间安排，从个人谈到集体。他说："我就是不明白，学习委员明明不称职，您为什么不换掉他？"我笑着说："你特别希望咱们班成为一个优秀的班集体，是不是？你为咱们班着想，这一点老师特别欣赏！但是我们不能一发现同学的问题就指责对方，而应该想办法帮助同学进步，你说呢？你能想到什么办法来帮助学习委员意识到自己的错误呢？"

接着，我耐心地向小F分析没有换学习委员的原因。第一，培养能力的必要，不是每个学生都是完美的，正因为有不足的地方，才要培养。第二，列举学习委员不断进步的诸多事实。第三，尊重。我说："孩子，你的地理课代表开始也做得一塌糊涂，老师和同学们是怎么对待你的？学习就是要经历不会到

会的过程，谁能天生全能呢？只有给你时间，给你机会，你才能做得出色。""那老师，您怎么不早跟我说啊？"他不好意思地问。"孩子，我要是把所有的工作都跟你汇报一遍，你就更没有时间写作业啦！"

我尊重小F，耐心回答他的疑问，同时指出他的错误，亮明观点——理解但不纵容。在融洽的交谈中，小F的眼神变了，态度端正了。他认识到自己的荒唐，表示要严于律己，改正冲动的毛病。我们还商讨了改正冲动的具体办法，谈论了与同学友好交往的前提。小F妈妈也深刻反思自己，表示要尊重孩子，多陪伴孩子，这意外冲突在理解中烟消云散了。

四、我的思考

德国教育学家第斯多惠说："教育的艺术不在于传授知识，而在于激励、唤醒和鼓舞。"遇到问题时，班主任对学生既要有和风细雨的引领，又能有理有据地指正。用适当的方式唤醒学生内在能量，使他们主动认识和改变自己，在潜移默化中培养健全人格，这样的教育更有力量。通过以上案例，我有以下几点反思。

首先，批评的前提是不伤害学生自尊。用行动化解冲突，在化解中引领学生遇事冷静，多为他人思考。案例中我理解小F的行为，在尊重的前提下，引导他说出自己的疑惑，得到父母的理解与尊重。我耐心回答他的疑问，同时指出他的错误，亮明观点——理解但不纵容。在以尊重为前提的交谈中，小F接受批评，主动向妈妈真诚道歉，还坚决表示，一定改正冲动的毛病，认真写作业，学好地理，并让我监督他的行为。

成长中的学生难免出现自我控制能力差、道德瞬时失范行为。教师切忌因为学生的一时不礼貌就上升到对个人品德的否定，以至于把学生的错误与人品混为一谈，给学生下结论、贴标签。

其次，遇到冲突时，遵循先处理情绪，再解决问题的原则。情绪对人的认知和行为有很大影响，研究发现，负面情绪会影响大脑活动和想法，减弱人们的同理心。在处理问题前，班主任要充分了解、精准研判，准确理解学生的行为、情绪感受和内心需要，再做教育决定。我初见小F时推测他会对我不好意思，因此先用他的梦想"做地理学家"帮他定神，再表达自己的感受"我理解你，谁还没有生气的时候"，从而稳定他的情绪，接着询问并表示"要真是有苦衷，老师给你做主"，真诚让他道出心声，梳理好情绪后再解决问题。

在家访的过程中，教师应先回应学生的情绪感受和内心需要，这样的沟通才能使学生感受到老师和家长理解自己的情绪感受，理解自己的内心需要，他才愿意听老师和家长的指导，沟通才能顺畅。

再次，用爱来温暖学生。"良言一句三冬暖，恶语伤人六月寒。"教育是有温度的艺术。案例中我先冷静分析，再指出小F的问题，用温暖的责备代替指责，使学生更易于接受。在小F因为个人认知所限提出过分要求时，我用"我要是把所有的工作都跟你汇报一遍，你就更没有时间写作业啦"这种幽默的语言点醒他，这样做比直接批评的效果更好。

最后，先耐心分析，再解决问题。在教学过程中，教师应做好引导工作，减少冲突发生的可能性。遇到冲突先耐心分析，再寻找解决问题的方法。

总之，每一次冲突都可能是一个教育契机，班主任需要用心应对每一场"暴风骤雨"，同时要在工作中关注更多细节，避免发生冲突，这样的教育会更和谐。

【专家点评】

人本主义心理学家罗杰斯提出共情理论，共情理论指的是深入对方内心去体验对方的情感和思维，拥有同理心；借助知识和经验把握对方的经历和人格之间的联系，更好地理解问题的本质；把自己的共情传达给对方，以影响对方并取得反馈。李老师在面对学生的冲突事件时，能够先处理情绪，再解决问题。在面对学生能力不足时，李老师不急躁，而是以培训的方式，帮助学生提升能力；同学之间发生冲突时能够主动站在学生立场，发现学生积极的出发点，肯定学生的出发点，引导学生转换视角看待同学的不足，这一切也源于李老师真正走进学生的情绪，理解学生的情绪语言，了解学生的诉求到底是什么，并在该生遇到困难时给予理解和帮助。

萨提亚说爱需要表达，只有表达出来的爱才能在家庭中流动，才能给予家庭成员支持。在学生与父母发生冲突后，教师没有直接进行干预，而是站在学生立场上化解冲突，帮助学生度过困难期，帮助学生实现学习适应、行为适应、情绪适应和人际适应。

转换角色　促进学生自我发展

刘娟　北京市第十五中学

八年级正处于学生心理发展的重要阶段，这个阶段的学生特别关注外界对自己的评价。学生内心的自我认知和外界评价达到一致可以很好地促进心理健康发展。外界评价受到家庭环境、学校环境和社会环境的影响。其中家庭与学校对学生的影响较为重要。在社会竞争激烈的大背景下，有些家长对学生的要求过高，过于重视结果，对孩子的教育以"严格"为核心尺度，往往忽略了学生的努力和成长，难以用欣赏的眼光来鼓励学生，造成学生内心自卑，不敢表达，做事缺乏自信心。

萱萱在我们班里从不捣乱，她不爱说话，认真听讲，作业也完成得很好。可是，她真的是过于文静了。刚开始和她见面，她低着头从我身边走过。当我叫住她时，她就像一只受到惊吓的小猫一样。站在我的面前，萱萱深深地低下了头，不敢看我的眼睛。"你叫萱萱吧，昨天的作业写得真好。"我以为听到表扬后她会露出欣喜的表情，但是等来的是一阵沉默。她轻轻地摇了摇头，并没有说什么。我又小心地询问："怎么啦？是身体不舒服吗？"她用极微小的声音回答说："没，没有。"然后就静静地走开了。后来，通过上课、平时的观察，我发现她总是这样的状态。面对同学和老师时，她显得非常紧张、局促不安。在课上我总是尽力表扬她，但是我发现这些表扬似乎都显得苍白无力，因为她并没有因此而喜悦或者感到有自信。

我们班有个老师和学生沟通的本子，我把它称为"脚印"本，每天每个孩子都在本上写几句，或是写学习中的感慨，或是写同学间的情谊，或是写班级中的趣事，我会给每个人都回复一下。我发现萱萱在"脚印"本上总是用一些负面的词汇，如她写着"今天的测验真丢人，人生如此悲哀""太差啦，太差啦，我是一个大学渣，怎么办啊"。后来，我发现她喜欢在"脚印"本上画一些表情或者小漫画，我就有意鼓励她："你画得真好！"没想到她的回复是："画得很难看，水平太低了。"我突然意识到，她对自己十分不自信，当别人给予她肯定或鼓励的时候，她往往会自己先"加工"一下，从而又得到了消极判断和情绪。

翻阅着"脚印"本，我有些毫无头绪，除了不断地鼓励和正向引导，我还能为她做点什么呢？我应该让她明白自己的优势，树立自信，体验自己的价值。这天，我又看见了她在"脚印"本上的涂鸦，我写道："你的画真的挺好的，至少比我强多了，你能教教我吗？你前两天画的那个表情，我觉得特别有意思，教我一下可以吗？"第二天我惊喜地发现，"脚印"本上写道："可以啊！教老师画画任务开启！"旁边还附上了她教我画的表情图。她的短短一句话就如一扇窗，打开了我多日凝重的心扉。因为我从中读出了她的喜悦和自信，找到了帮她成长的突破点。从这天起，她就成了我的美术老师。我在认真学习画画的同时，也向她表达了自己的"苦恼"，写道："作为一个毫无美术基础的人来说，画画对我来说太难了，我怎么画得那么难看呢！"而她给我的回复却是："画得挺好的，只是有的线条再流畅些就好了，请看修改。"她还在我的图上帮我修改了原画。当我不断向她学习画画，不断质疑自己画画水平的时候，她就不断鼓励我。"比昨天有进步！""坚持就是胜利，今天这个挺难的，再练习一下吧。""太棒了，我觉得进步特别大，继续加油哦！"这些都是她在"脚印"本上留给我的话语。渐渐地，我发现她的文字中多了一些"阳光"，让我们看到了积极向上的一面。期末的时候，她还给我出了一张小试卷，当我"忐忑"地答完试卷后，她给我的评语是："75 分，非常棒，可以出书啦"。我看到这句话的时候，差点笑出了声音，因为我知道她在悄然地发生变化。

课堂上，她依然用很小的声音回答问题，但是这次她主动举起了手；课间依然看见她静静地走在楼道中，当表扬她时，老师能看到她微微扬起的嘴角；当同学夸她的优点时，大家能看到她目光中的喜悦。一天，她在"脚印"本上写道:"今天,我去找音乐老师,跟她说我想参加合唱队,音乐老师同意了,真是完成了一件不可思议的事情。"我反复地读着这句话,是啊,对她来说,这是多么不可思议的事情啊,合上"脚印"本,我发现这个原本简单的本子封面上不但有了图,还有了名字,她将这个本子命名为"脚印·花样年华"。久久凝望着这六个字,我知道,我曾经无数次想告诉她的话语,现在她自己书写了下来。

埃里克森在人生发展八阶段理论中指出,第四阶段(6~12岁)的儿童开始接受教育,家长和老师必须以充满爱的关注,鼓励儿童顺利完成课程,同时儿童要知道工作不是生活的全部。如果顺利完成学习课程,儿童就会获得勤奋感,对未来工作和生活充满动力和信心,反之就会形成自卑感。显然,萱萱在这个阶段没有得到很好的心理发展,以致形成自卑的心理状态。第五阶段(12~18岁)是人格发展关键时期,这个时期的青少年对周围世界有了新的观察与新的思考方法,他们经常考虑自己到底是怎样一个人,他们从别人对他的态度中,从自己扮演的各种社会角色中,逐渐认清自己。教师要在这个阶段帮助萱萱重塑心理认知,对自己有健康、正确的认知,同时与外界评价达成一致。

回顾向她学画的这一年,回望我们一起走过的花样年华,我感触颇深。作为班主任,我们其实是在陪伴孩子成长。有的时候,我们惯于将自己的想法、观点直接告诉孩子。但即便观点是对的,孩子也未必能真正懂得,因为那不是他的成长,而是老师的经验。所有的阳光、雨露都需要花朵自己吸收,然后用力生长。所有的成长都需要孩子自己体验、自己感悟,而班主任能够在旁陪伴,根据每个孩子不同的情况,真正地给予他一个发现自己的机会那便是最好的教育。在这个过程中最重要的是班主任要具备正确的学生观,真正做到以生为本,真正从学生角度来思考问题,助力成长。除此之外,在教学中,班主任还需要具备敏锐的观察力、同理心和一些专业的心理学知识。从青春期学生心理发展的角度来看,班主任要能够尊重学生的客观现状,为学生搭建成长的空间,让学生自己去体验、去经历、去感受、去成长。

【专家点评】

建立自我同一性是青少年阶段最重要的任务。建立自我同一性是指个体尝试把与自己有关的各方面综合起来，形成一个自己决定的、协调一致的、不同于他人的自我，是对"我是谁""我将来的发展"等问题的主观感受和意识。心理学家玛西亚根据同一性形成过程中个体对自我的探索和探索结果，将同一性分成四种状态：同一性早闭、同一性弥散、同一性延缓和同一性达成。案例中的父母对孩子控制过多，孩子被剥夺了探索自我的机会和勇气，容易形成同一性早闭。父母对孩子的期望很大程度上影响了孩子同一性的发展，如果父母期望过高，孩子会感觉"无论如何，我也无法达到他们的期望"。

刘老师在日常教学中注重对学生的观察和了解，通过对学生日常走路、打招呼和面对表扬时的怯懦，发现学生自信心不足、自我同一性发展不够的情况。刘老师也了解到这种情况和家庭一直以来的教育密切相关，刘老师没有贸然寻求家庭的支持，而是在与学生的日常沟通中发现学生真正喜欢和擅长的部分，用转换角色的方式帮助学生找到自信，将外界鼓励的语言转换为学生靠自己的努力获得的成就感，帮助学生提高自我效能感，她是一位细心且有智慧的老师。

在尊重和保护中引导学生正常交往

任国清　北京市海淀区教师进修学校附属实验学校

异性交往问题几乎是每个班主任都要面临的问题。异性交往问题涉及学生的情感，因而敏感、微妙，难以处理。去年九月，我接手八年级三班。完成新老班主任交接工作后，摆在我面前亟须解决的便是异性交往问题。

接班第二天，我得知班上小韩与其他班学生小刘交往过密。小韩是班里的文娱委员，她性格活泼开朗，学习成绩不错。通过了解我得知，小韩与小刘通过学校乐团认识，他们一起训练，相处时间较长，关系越来越近。

一天，小刘的老师向我展示小刘微信的一张截图，大意是小刘与另外一名女生组成搭档进行训练，小韩因此而"吃醋"，给小刘发了一条略带恐吓性质的信息。这条动态马上引起老师及家长的注意：小刘的老师找到小刘了解情况，将事件通知当事学生家长，并第一时间通报给我，小韩家长听到消息很震惊，明确要求她与小刘断绝来往，不能继续发展。但新的一周刚刚开始，学校楼道监控视频拍到小韩去找小刘，二人动作明显过于亲密。

作为新班主任，我要如何取得小韩的信任？如何与她沟通？突遇棘手问题，我一直在思考、观察、寻找时机。

教育心理学认为，教育者的个人威信与教育效果呈现出较为明显的一致性。因此，对于我这个半途接班的班主任来说，在学生中树立个人威信，赢得学生尊重是至关重要的。首先我与年级主任进行沟通，她很明确地告诉我："不能因此给孩子处分，如果给了处分，就把这个孩子毁了，我们要在保护孩子的前提下，对他们展开教育！"年级主任的想法与我不谋而合，沉下心来思考许久，我决定先从与小韩建立信任开始。

第一次建立信任。我们班实行值日班长制度，值日班长需要全方位管理班级，写班级日志，并在班级晚点评时间进行值日班长点评。周二小韩担当值日班长。我仔细观察了她一天的表现，小韩认真负责，勤勤恳恳。晚上，小韩全面细致地总结了她一天的工作，并客观评价了同学们的表现，还表扬了很多优秀同学。作为班主任，我需要对值日班长工作进行评价。与小韩建立信任的机会来了，我肯定了小韩的态度和责任心，大力表扬了她。我没有夸大她的表现，但我强调她的优点，让她感受到我能够客观评价她、表扬她，是值得信任的老师。

第二次建立信任。第二天，年级组长要求各班制作暑假学生亲子活动演示文稿。我想，机会又来了！我马上找到小韩，将这件事布置给她，并告诉她："你是班里的文娱委员，老师将这项任务交给你，相信你能做好！"小韩信心满满地接受了这个任务。我借机跟小韩互加微信，成为好友。我知道，小韩已经开始接受我、信任我了。没有几天，小韩成功做出了班级演示文稿，并得到了同学们的一致好评。班级点评时我又一次表扬了她，号召全班同学为她鼓掌。我相信，全班同学对小韩的肯定和支持能够让小韩获得更多的成就感、存在感和安全感，小韩对我的认可度和信任度因此提升。

第三次建立信任。组织班级活动显然是赢得学生信任的好方式。九月底运动会，班级展示的任务我便交给了小韩。有了之前的工作经验，小韩很快进入了状态。通过微信交流，我能明显感受到小韩变得更积极更自信了。班级的道具制作团队连续一周加班加点，三次调整队形，三次彩排，最终我们班在比赛中获得了全校第一名的好成绩。班级越发团结进取，小韩又一次感受到了自己在班级中的价值感和成就感。

我想，与她沟通的时机也许成熟了！我希望与小韩就异性交往问题促膝长谈一次。谈什么，谈话的目的是什么，想要得到怎样的效果，如何推动事情向积极方面发展？带着这些问题，我寻求年级主任的帮助。年级主任再次明确建议："我们要保护孩子！从保护孩子的角度出发，感化孩子，让孩子自己认识到目前一些行为的危害！"经过深思熟虑，一天放学后，我将小韩叫到办公室，我神态轻松但开门见山地说："别紧张，我就是找你聊会天。总跟你在一起的那个男同学是谁呢？你们关系很近？""老师，您想多啦！"明显对我起了防备。"哈哈，我很聪明的，应该不会看走眼！当然，我可没有批评你的意思，否则我不会跟你这样聊天的！""老师，我们不是您想象的那样！"小韩心软了，防备心也放下了，默许了我的判断。

我知道，因为秘密被老师戳穿，小韩现在很尴尬，孩子的内心是需要保护的。接下来，我向她表达自己的想法："孩子，我今天跟你这样交流，是因为你是我很欣赏的学生，我不希望你受到伤害！我要保护好你！你没有犯错，青春期出现这样的情况，不是错误，我没有批评你的意思！"小韩听到这里，眼泪一下子涌了出来，她开始敞开心扉："老师，谢谢您！……确实如您所说，我受到很多的伤害！他把我跟他开玩笑的聊天内容截屏发到朋友圈，我爸爸知道了这件事，非常愤怒……"我继续语重心长地向她强调："老师知道你说的都是真实的想法，我与你是站在一起的！我希望能保护你，但是，保护你的前提是你要学会保护自己！""老师，谢谢您，我其实也压抑很久了！我知道应该怎样做才能保护自己！我已经在努力调整自己了！"小韩掉着眼泪，给了我肯定的回应。我们约定，这次谈话是我们的秘密。

那次谈话过后，我没有再向小韩提及异性交往的事情，而是通过每周一篇的周记、策划组织活动等方式有针对性地指导小韩的学习和生活，转移和分散她的注意力，希望她将更多精力与生活重点转移到学习和校园生活中。于是，我用周记架起了与小韩之间持久沟通的桥梁。

十月中旬，小韩在周记中写下《我不是一个人在奋斗》。周记总结了她组织策划运动会的过程，写出了她与同伴共同合作成功完成任务的喜悦。我给她留言："你的责任心和执行力是我非常欣赏的，班级中有你一直努力奋斗的身影，我很欣慰！"期中测试的成绩出来后，我发现小韩的成绩出现了下滑，她写了一篇很长的周记："老师，对不起，我没有考好。这次考试对我影响很大，我每天都很晚睡觉，每天都很累，可是我的成绩却这么糟糕，我感觉自己没了动力……老师，有些话，我只能写下来倾诉给您，不想告诉父母，怕他们担心……"小韩的周记令我久久不能平静。我给她留言，留言里我写了很长一段话，每一句都经过深思熟虑，有对她的安慰，有对她的期待，也有对她的暗示和引导。小韩看到我的留言后，主动找到我，问我如何才能调整学习方法。我看到她产生了积极的变化。

期中考试结束后，我邀请小韩的父母来到学校，与他们进行了一次深入的交流。通过与她父母的交流，我对小韩出现异性交往问题的原因有了更进一步的了解。从保护和尊重孩子的角度出发，我有选择性地将一些信息与其父母做了沟通，并建议家长："父母对孩子的关爱要适度，要纯粹，不能带有目的性，要考虑孩子的感受，保护孩子的自尊。"与小韩父母的交流很顺利，家校沟通取得了预期效果。小韩父母也很赞成我的观点。此后，小韩父母多次陪小韩去听音乐会，参加科学实践活动，也没有再将恋爱问题挂在嘴边，而是关注小韩的学习、生活。

在处理中学生青春期问题上，父母的积极调整对孩子的影响是极大的，教师要通过家校沟通，让父母认识到自身的教育误区，父母要为孩子的成长和发展做积极调整和改变，这样才能形成教育合力，实现家校教育的一致性——在尊重和保护的前提下教育、引导孩子！

青春期，两个孩子之间产生好感，甚至有亲密的动作行为是符合青少年身心发展规律的，在解决异性交往问题中，我们的目的不能放在如何将他们分开上，而是应该正确疏导青春期的情感萌动，促成学生积极健康地成长。

任何事情都具有两面性，若能以此为教育契机，引导学生正确认识自己的情感变化，进而学会保护自己的情感，为他们的成长创造宽容与和谐的氛围，给他们的学习、生活进行指导和帮助，相信他们对自己是负责的，这或许比简单的批评、指责更具教育意义。

在教育引导过程中，教师要始终尊重学生的人格，促进学生心理成熟。将青春期异性交往问题转化为促进学生健康发展的问题，在尊重和保护中积极引导中学生与异性的交往，使每个学生都能遇到更优秀的自己，这也许就是这则案例给我的最大启迪！

【专家点评】

人本主义心理学家罗杰斯用无条件积极关注来解释自我发展的机制。无条件积极关注是一种没有价值条件的积极关注体验，即使自我行为不够理想时，仍然可以感受来自他人的尊重、理解和关怀。如果人们总能够感受自己的价值，就会卸下心理防御。例如，任老师在接班后，特别是在学生遇到困境时，给予学生无条件的积极关注，利用肯定成绩、创造机会、共情谈话等方式与学生建立良好的关系，学生感受到老师的善意后，愿意放下防御，与老师同向同行，为后期老师引导学生奠定了坚实的基础。

任老师利用组织活动、周记交流等方式，积极创设温暖、有爱的氛围，使学生产生被认可、被尊重、被信任的体验。罗杰斯的观点是治疗的关键不是技术，而是建立良好的关系。而其"以人为中心"的治疗理论与"以学生为中心"的教育观不谋而合。任老师以学生的想法为生长点，通过周记对话的形式，对其进行引导，使学生不断澄清问题，明确方向，进而得到成长。教育是一个系统，老师与家长的沟通应建立在一致的、正向的教育观上，通过家校协同，使教育效果更快显现。

中学生不良情绪的成因分析与疏导对策

任国清　北京市海淀区教师进修学校附属实验学校

中学生的不良情绪主要有焦虑、抑郁、敌对、恐惧、厌学等。不良情绪的产生原因主要是学习压力、人际关系、性格类型、青春期生理变化等问题。了解学生产生不良情绪的原因，正确引导学生调节不良情绪是班主任工作的重点。

亮亮是一名14岁的学生。在同学们眼里，他总是忧心忡忡，喜欢胡思乱想。大家感兴趣的事情，亮亮表现得很平静，即使身处热闹的环境之中，他也感到寂寞、不开心。在老师眼里，亮亮是一个喜独处、爱读书、肯钻研的男孩。老师们能感受到他一直在思考着自己感兴趣的话题，但他总会流露出自己各方面不如别人的失落感，经常表现出不安、内疚、对自己失望的情绪特征。例如，亮亮会因为写不完作业而感到内疚自责，父母想帮他，他又不让。升入九年级后，亮亮更加独来独往，周末一直在家写作业，效率很低，同时还拒绝家长帮忙。父母在他的日记本中更是发现"内疚自卑、自责、没朋友、另类"等词语。

通过与亮亮、亮亮父母、任课老师、同学等交流，我对亮亮产生不良情绪和异常行为的原因进行了以下分析。

亮亮父母经常向孩子表达不满，通过说教方式千方百计地让亮亮听从父母的建议和安排，导致其内心压抑，得不到支持和肯定，甚至自尊被伤害。在亮亮出现不良情绪后，父亲的严苛冷漠，母亲的忧愁失望，使得亮亮的不良情绪积蓄膨胀，情况越来越糟，以至于孩子绝望到放弃任何求助，挣扎着想去摆脱各种烦恼。

此外，亮亮自身的性格特质也影响着其认知风格。亮亮做事深思熟虑，力求完美，当没做好一件事时，他经常会自责，情绪抑郁、失落，变得自卑、孤僻，对身边事物敏感，这样的性格特征很容易产生不良情绪。

亮亮从小读书很多，乐于钻研数学、逻辑学、历史哲学，知识面广。在学校，因为亮亮的特立独行和超前思想，同伴与他交流甚少，班级环境无形中对他产生的是排斥和不接纳。没有朋友导致亮亮在班级中也没有归属感，长久下去，孩子所处的境地是无助和孤独的，因此出现了焦虑、自责、自卑甚至绝望和逃避，这也是产生不良情绪的重要因素。

当从多角度了解了一个学生，我们的内心才会对学生有更多的理解和尊重，也更希望自己可以通过智慧教育，正确引导学生调整情绪和行为，助力其健康成长。亮亮的不良情绪影响着他的行为，我尝试通过以下几个方面进行有效引导教育。

共情交流，舒缓不良情绪。学生做出某一行为的背后是有原因的，我们应该多听一听学生的真实想法，给学生一个能够表达自我的空间和舞台，与学生真诚交流，这样才能更客观地了解他，帮助他。我要求亮亮写周记，希望能引导他说出心里话。在他倾诉的过程中，我不急于做任何评价，而是做一名忠实的听众，在倾听中了解他的心理需求。亮亮的每一篇周记我都会认认真真看完，并会留下与他交流的话，我对他的留言时而幽默风趣、时而温馨提示，希望能让他充满信心，恢复自信。除了通过周记的方式与亮亮进行沟通，促膝面谈、微信交流、电话沟通也是我与亮亮交流的方式。平等真诚地对待他，与他共情交流，能够帮助他摆脱不良情绪的困扰。此外，作为学科教师，我也经常与亮亮就学业问题展开讨论，与他探讨学习过程中的问题，例如，对"火不是固态、液态、气态，那是什么形态？""如何理解质量的概念？"等物理问题，亮亮有其独到的见解，我们经常一起查阅书籍和网络，共同解决疑问。作为班主任，无论孩子出现什么样的言行举止，提出怎样的疑问，我们都应该接纳他，以便调整自己的情绪，疏解孩子的情绪，不要再次给孩子以强烈的负强化。

引导发展，建立支持系统。对于有不良情绪的学生，我们要增强其自信心，为其建立精神支持，引导其发展。我积极为亮亮建立发展自我的平台，如让亮亮负责班级刊物撰写的总编工作，鼓励他组织班级的读书会，让他从中感受自信，增加学习动力。亮亮担任主编后，将刊物命名为《原野》，自己撰写了一篇文言文《班刊传略》作为创刊词。第一期班级刊物的出版赢得了全体同学和家长的高度赞扬，他开心地笑了，把参与办刊的全体成员聚到一起要求我为他们合影拍照，纪念首刊成功。在出版的过程中，由于亮亮过于追求完美，经常因为办刊的事情影响学习和睡眠，甚至上课一直走神想着此事，因此又产生了很大的压力，课间时他跑到我的办公室大喊不干了，见此情形，我很平静地让亮亮先继续上课。下午，我找时间与他交流，并对他的工作进行了细致指导，从工作分工，到时间管理，再到质量把控，我给了他很多建议与支持，他的心理压力顿时小多了。我没有同意他的辞职，因为如果我真的换其他的学生，亮亮表面上的压力是减轻了，而实际上会打击他的自信心，挫败感会更加强烈。在亮亮成长发展中，有效的关怀和指导是至关重要的，为他建立支持系统，对于调节不良情绪具有重要作用。因为亮亮的特立独行和超前思想，同伴与他交流少，班级环境无形中对他产生的是排斥和不接纳，孩子在班级中也没有归属感。于是，我将班里几个活泼的男生叫到一起，给亮亮建立支持系统，让这几个男生在平时的生活和学习中多关照亮亮，随时与亮亮交谈，帮助他解决疑问，让亮亮感受班级同学们带给他的温暖。同时我与每个任课教师沟通好，建议老师们加强对亮亮的关注和指导，让亮亮获得更多帮助。我还找到了大学里的一些专家学者与亮亮交流，专家也许会给亮亮带来全新的认知，让孩子豁然开朗。

家校协作，协调各种关系。学生不良情绪产生的背后原因大多是关系问题。家庭中的亲子关系、学校中的同伴关系和师生关系都是重要的影响因素。我多次邀请亮亮的父母来到学校进行交流，指出家庭教育中需要改进的地方，引导家长做出积极调整和改变。一次，亮亮在周记中写道："我的行为引发了全家的战争，导致父母又焦虑，唉，现在家里好像一群人围着一块执迷不悟的大石头……"看到孩子的周记，我很心疼亮亮的处境，这更让我断定，亮亮的家庭教育环境是有问题。于是，我又一次邀请其父母到学校来，与家长沟通如何进行有效的教育。亮亮父母也发现了亮亮的异常情绪和行为，也想进行积极调整，但不知道如何是好，于是我向他们提出了几点建议。第一，深入了解孩子的学习状态和情绪状态。第二，保持稳定的家庭氛围，增进亲子关系，抽时间和孩子聊天、打球、娱乐等。第三，给孩子一定的空间，减少命令和指挥，尤其是孩子情绪不好的时候。第四，关注孩子的专注力、完成作业情况、时间管理等，努力做到情绪不稳定时不与孩子沟通。亮亮父母欣然接受我的建议，并表示努力调整自己。接下来的一段时间，孩子有了明显的变化，表情和情绪都不那么紧张了，虽然还是有拖延和固执的表现，但是父母的状态及沟通方式的调整确实引起了亮亮情绪的积极变化。此外，我还经常向各科教师介绍亮亮的情况，使任课教师的工作有的放矢，尽量避免与亮亮发生矛盾，融洽师生关系。任课教师也要协同努力做到关怀亮亮。这里所说的对他的关怀不是简单的关心和帮助，而是一种成长上的指导。规则意识、时间规划意识得到强化可以通过理性的关怀去实现。调整好这些关系，有助于减轻亮亮的压力，为他创造轻松愉快的生活和学习环境。

咨询专家，共议教育策略。咨询教育专家、心理专家对不良情绪的调控发挥着至关重要的作用。在对亮亮的教育引导过程中，我一直在思考怎样才能读懂他的世界，体会他的感受。我也能够意识到亮亮父母的教育方式对亮亮的成长和发展非常不利，我会建议家长调整教育方式。在读懂学生、指导家长两件事情上，我先后找到了学校心理教师、班主任工作方面的专家教授、心理咨询师以及大学教授等进行咨询，共议教育策略。亮亮在周记中感叹："我已经习惯了同学们对我的嘲笑，他们不理解我在想什么！"亮亮在自己的每一篇周记中都洋洋洒洒地写满了心里话，是真情流露亦是发泄，亦是把我当作了朋友。于是我咨询了心理学专家，专家说："他一直在迷茫、纠结和逃避中努力寻求一个能给他带来安全感，能够理解、明白他的人和地方。"专家的一席话似乎点醒了我，我意识到亮亮在各种不安全的环境中努力寻找着希望和突破，他也希望自己能够始终保持所谓"正常"状态，希望自己越来越优秀。我们需要做的就是给他创造平台，让他展示自己，从中找到自己的价值，获得安全、自我实现的需要。于是，我给他创造了更多班级工作平台，在指导中他成功出版了班级刊物并赢得全体师生和家长的赞赏。得知亮亮妈妈发现亮亮在纸条上写有"另类、没有朋友、焦虑"等字样时，我将此情况与心理咨询师描述，希望得到指导并共议教育策略。"孩子情绪不稳时，家长的不理解会促进孩子不良情绪的膨胀。孩子得不到情绪缓解，也得不到更多的理解会使问题进一步恶化，最后孩子可能会绝望到放弃任何救助，最终伤害自己！最好的解决方法是及时发现问题，这些也是学校老师可以做的最好的事情，确定心理问题的程度和状态后，找专业的心理咨询师为孩子做专业服务指导也是必要的！"心理咨询师的一席话启发了我。在咨询的过程中，对亮亮情绪问题的原因分析、调控方法以及家校协同教育引导一直开展着，亮亮的情绪长时间以来也保持稳定的状态。

目前，亮亮在老师、同学与父母的积极陪伴下，情绪较之前有了很大的转变，他与同学们的交流变多了，每天都可以看到他与老师们进行交流，探讨问题。亮亮父母也时刻调整着自己的教育方式，鼓励亮亮积极参加学校组织的各项实践活动，为亮亮创造展示自我的机会，他们没有了责备，更加注重对孩子的陪伴和支持。亮亮在担任《原野》的主编期间，已经组织编辑组成员先后出版了 4 期刊物，得到了家长和师生的好评，亮亮的学习成绩也稳中提升。

曾经，亮亮身上被贴上了自命不凡、挑战权威、特立独行、异类表现、强迫拖延、焦虑无助等标签。我之前以为只要他的行为不影响班级的发展和大氛围，只要不影响其他人的成长和发展，即使挑战课堂、挑战教师，甚至挑战制度，我们也不需要跟他真较劲！然而，我这样做是在真正帮助孩子吗？我真的走进孩子的世界了吗？我需要读懂孩子，读懂孩子为什么是这样的表现特征，感受他的世界，真正明白我所看到的各种异常表现和不良情绪才是解决和教育孩子的关键。

当深度剖析孩子的内心世界，进行全方位的思考后，我觉得在学校教育范畴内，我可以努力为孩子搭建平台，扭转孩子在成长过程中出现的危机，我也相信，学校的教育影响是可以发挥积极作用的。

教师对学生不良情绪的分析与疏导体现着专业智慧和教育情怀，这是一份理性而专业的爱，爱中蕴含着专业的智慧、无私的奉献，虽然学生的问题反复出现，但教师不抛弃不放弃的坚持，可以助力学生的健康成长。

【专家点评】

学生在青春期会探索并尝试建立自我同一性。自我同一性，也是同一性危机，是个体"客观我"与"主观我"的整合，也是"现实我"与"理想我"的统一，更是生理我、心理我、现实我、理想我与道德我的整合和统一。埃里克森认为，自我同一性是关于个体是谁、个体的价值和个体的理想是什么的一种稳定意识。青春期的孩子非常在意别人对自己的看法，这与孩子自我同一性的发展有关。在青春期自我接纳与排斥的过程中，有些学生会出现焦虑、抑郁、痛苦等不良情绪，亮亮的表现正是体现了青春期学生的这一典型问题。

自我认同是青春期学生发展的重要议题。案例中，任老师敏锐觉察到了亮亮内心的痛苦与成长的需要，通过共情交流、积极关注、发掘优势、建立支持系统、指导家庭教育、寻求心理辅导等方式，对亮亮进行引导与帮助，促进亮亮健康成长。

家校协同育人　引领孩子成长

宋丽荣　北京外国语大学附属中学

家庭教育对一个人的启蒙、成长有着不可估量的作用。家校协同的目的是让孩子能健康成长，充分享受来自老师和家长的关怀，以及教育带来的欢乐。由于家庭教育千差万别，家长对教育子女的目标、成才的观念、教育理念也不相同，所以家庭教育需要在学校教育的配合下，根据每个孩子的实际情况，正确引导孩子，从而让孩子健康成长，成为有用之才。

从我的教学生涯来看，班里总有这样一些学生：他们各方面表现都不太好，有时说话不够文明，跟同学经常发生口角冲突，有时对老师不尊重，经常上课睡觉，不服从老师管理，作业情况也很糟糕。他们学习缺乏动力，老师不管是找学生还是家长进行沟通，该生始终无动于衷。

小 A 就是这样的一个学生，高一入学以来让老师们都很头疼，但我们发现小 A 也有很多优点，他性格开朗大方，乐于结交新朋友，比较重感情，英语科目较好，有较强的语言学习天赋，平时喜欢看书，喜欢画画。

经过家访我了解到，小 A 父母在他小时候离异，他跟爸爸一起生活长大。随后爸爸又认识了后妈，与后妈生了一个男孩，新家庭的建立让成员关系有点复杂。后妈也因为自己的身份，对小 A 的管理不够"强势"。爸爸性情豪爽，文化水平不高，在小 A 上小学前因为忙于生意，把照顾孩子的责任更多留给了奶奶，自己对孩子的学习成长关注不够。小学时，爸爸把他送到了寄宿制学校。到了初中小 A 沉迷于电子游戏，不喜欢学习，没有吃苦精神，成绩非常不理想，因此父母对孩子也没了信心。该生属于家校协作中家长表面管理配合，实际没有效果的典型案例。对于班主任来说，我不仅要想办法管理学生，而且要用智慧指导家长。

刚入学时，小 A 多次上学迟到，上课睡觉，不写作业，课间喜欢跟同学打闹。有一天课间，小 A 和一名同学闹着玩，他趁同学不注意，突然把椅子拿开，导致这名同学摔倒在地上。之前还有一次，他拿着浇花的喷壶和一名同学打闹，弄得这名同学满身是水。考虑到安全问题，我约了小 A 的家长到学校进行交流。没想到家长一见面就先给了孩子一脚，愤愤地说："这孩子真是没救了，又惹出事端，宋老师，我们听您的，您想怎么处理就怎么处理！"紧接着又说了很多对孩子在家表现的不满，如做事磨磨蹭蹭，懒懒散散，对学习没有上进心，熬夜打游戏等。孩子的问题没有得到真正解决，家校合作也是停留在表面。

那么分析一下，孩子为什么会出现这种情况？很多孩子表现不好的背后都有其形成的原因，老师除了要善于观察，还要善于剖析，只有抓住问题关键，才能选择有效的解决策略。经过分析，我总结了以下两点。

一、渴望关注

该生缺乏家庭关爱和陪伴。孩子内心没有安全感，特别是从小学开始，孩子就在寄宿学校，生活起居和心理成长都缺少亲情的陪伴，孩子内心也会自卑。在学校该生调皮捣蛋也许就是为了刷存在感，希望引起老师同学的关注。

二、缺乏自信

该生显然在学习上缺乏自信心和学习动力。课间有的同学在找老师答疑，有的同学在写作业，还有的同学会沟通一些班级或学校工作，而该生经常无所事事，有时还跟个别同学玩笑打闹。一方面该生不喜欢学习，没有学习的动力，所以不会主动完成学习任务。另一方面是他学习基础比较薄弱，从不敢主动找老师答疑。家长为什么对小 A 无能为力？

第一，环境影响。在这个经济高速发展的时代，很多父母忙于自己的工作，没有充足的时间真正关心孩子的心理成长，缺乏亲子沟通和陪伴时间。特别是很多离异家庭、重组家庭，家庭成员之间的关系会变得复杂，很多问题的解决也变得复杂。

第二，缺乏方法。小 A 爸爸面对孩子的问题，只会打骂说教，不考虑教育孩子的方式方法，不会正面引导，长此以往，导致孩子更加逆反，平时生活、学习更加散漫。小 A 爸爸的口头禅是这孩子没救了，这也充分说明家长对孩子的教育管理失去信心，虽然每次都配合老师进行沟通，但这样的家校沟通没有任何实际作用。

综合以上分析，我实施了以下解决策略，也取得了良好的效果。

鼓励小 A 主动承担错误后果。对于小 A 在学校的打闹问题，首先因为涉及安全问题，我请家长到校进行交流，希望引起家长的注意，后续邀请家长对全班同学做了一次说明。其次利用班会课让小 A 同学在全班做了一次关于秩序的微班会交流，并且请小 A 为全班同学检查椅子的螺丝钉是否齐全，是否有安全隐患问题。最后我借机在全班宣布了小 A 同学的新职务——纪律委员，主要监管大家的课间纪律情况。我希望通过新职务，让他进行换位思考，加强自律性和主人翁意识，以积极的心态承担本次事件的"后果"。

正面引导。针对孩子缺少爱和低存在感，我意识到应给予他更多关心和关注。比如，在早上迟到的问题上，我和他约定了"挑战 21 天不迟到"的任务。任务内容为：我每天早上 6：00（也是我早上准备洗漱上班的时间）准时给他打微信电话，提醒他起床，如果当天没有迟到，即为挑战成功。如果连续 21 天挑战成功，他将获得我的神秘盲盒，如果中途迟到，视为连续挑战失败，还要重新开始挑战。每次挑战失败的惩罚是为班里的同学提供一次打水服务。显然盲盒的诱惑让孩子接受了挑战。然而，记得刚开始实施的一周，5 天他就志愿服务了 3 次，虽然也通过这种方式让他和更多同学交流互动，但是还没有帮他养成不迟到的习惯。第二周我就决定还是要家校合作，于是私信小 A 爸爸，关于迟到问题希望家长能对孩子有更多主动的提醒，然而爸爸却一直说："都这么大了，起床不应该是自己的事情吗？这孩子一点都不像我，我干事就干脆利落，他就是懒懒散散，磨磨蹭蹭……"然而我说起跟孩子的约定，谈到已经连续一周每天提醒孩子起床时，爸爸终于开口："老师，就起床这件事还让您操心我都脸红。"我继续跟爸爸讲起上学迟到不是小事，希望孩子和家长先从根本上认识问题。第一，这是时间规划的问题；第二，这是无组织无纪律的表现。此外，孩子目前没有养成良好的自律习惯，需要我们帮他培养起来。于是我跟小 A 爸爸说我会坚持 21 天准点提醒他，也希望爸爸加入这个合作中，最后爸爸同意辅助提醒。果然第二周、第三周孩子真的没有迟到，直到有一次早上 6：03 我先接收到小 A 同学的微信："宋老师，已起床！"我才发现那天自己起来先备课看错了时间，幸亏这条微信，还提醒我抓紧洗漱呢。虽然"挑战 21 天不迟到"是个小事，但通过孩子自己的坚持，他得到了专属奖励盲盒，这给了他很多自信和鼓励，同时也让孩子感受到了爸爸的关心。

及时认可和肯定。针对孩子学习基础薄弱，缺乏学习动力，我决定帮他重建自信心。

心理学研究表明，人都具有不可估量的潜力，但只有在潜意识中肯定了自己的力量之后，才有可能充分发挥潜力。记得有一次我留的周末数学作业是画出本章节知识的思维导图，小 A 同学就充分发挥了自己的绘画特长，从开始的点线面，到版面布局设计都非常好，我特意在全班同学面前表扬了他，并用他的作业给大家示范讲解了如何绘制思维导图，我能感觉到那天他非常高兴。下课后，我又单独从学科知识内容上给他做了一些指导，希望他再进行修改，然后将思维导图贴在墙报的"优秀作业展"中。我记得特别清楚，那天午休，他没有跑出去玩，更没有跟其他同学打闹，而是立刻开始修改，并重新绘制……再后来，他开始认真听课、记笔记，也敢问我数学问题了。在一次次的表扬、主动问问题中，我慢慢帮他建立起能够学好的自信心。直到有一天奇迹真的发生了，在一次全区统考中他的数学及格了，我的努力没有白费。

搭建家校平台。针对父母缺乏正确的教育方法和策略，对孩子关注不到位的情况，我意识到不仅小 A，整个集体建设都要多搭建家校活动的桥梁，让更多家长看到孩子的闪光点，让孩子们在赏识中更加自信。后续我组织策划了很多有意义的亲子活动，其中比较大型的有：亲子马拉松、亲子拍卖会、亲子读书会。

亲子马拉松活动虽然只有短短五千米，但在这场亲子跑中，我看到了小 A 对父母尽力的钦佩，也看到了小 A 父母对孩子榜样的激励。同时在市民环保宣传中，小 A 爸爸也主动给没有社会经验的小 A 支招和提建议，整个活动为他们搭建了亲子沟通的桥梁。

在亲子拍卖会中，小 A 精心创作了自己的特色"拍品"，小 A 家长热情地给孩子点评点赞，整个活动为小 A 搭建了展示才华的平台，也让小 A 家长看到了孩子的闪光点，给他鼓励。

亲子读书会上小 A 用戏剧表演的方式展现对作品的深入理解，家长与孩子的互动发言也促进了问题的解决……

小 A 同学在每一个亲子活动中都有出色表现，这些表现重新让家长对他建立起信心。经过三年的努力，小 A 逐渐改掉了很多坏毛病，和老师同学相处融洽。在班级里，小 A 除了担任宣传委员，还是学校学生会宣传部干事，在学习上，小 A 有自己的奋斗目标和方向，更加自律和努力，成绩稳步提升，最后考入北京第二外国语学院。至于小 A 爸爸，也在不断参加亲子活动中、与我的沟通中表达了对孩子变化的认可和感谢。

孩子的进步，家长的转变，让我觉得在家校沟通上的付出和尝试都是有意义的，使我也相信家校协同共育的合力一定会让每个孩子都朝着更好的方向发展。

最后通过本案例的阐述梳理，我有以下一些心得反思。

家校沟通要明确。学生的成长是一个复杂的过程，教育的过程同样是丰富多元、充满曲折的。班主任和家长一方面是直接教育者，另一方面又是学生成长系统的领导者。因此，二者的沟通应该聚焦核心问题，关注紧要问题，为学生留出发展空间，梳理改进思路，以领导者而非操作工的方式来开展沟通。

家校协同要彰显智慧。家长首先是"社会人"，不同家长有不同的家庭成长背景、性格特征、文化与道德修养等，因此班主任不能采用"以不变应万变"的姿态来与家长沟通、交流，而应该针对不同的家长采用不同的沟通方法。家校协同要彰显教育智慧。

用专业精神实现家校共育。和家长相比，班主任作为专业的教育者，在教育理念和方式上都应该具有专业素养，更懂得学生心理特征和生理发展阶段的不同表现，因为只有看到学生问题背后的根源，才能透过现象看本质，这样才能赢得家长的信任。因此，班主任应科学指导家长该做什么，怎么做，让家校共育更有价值和意义。

教育问题即教育机会。教育者要善于将教育问题转化为教育机会，将情境矛盾转化为教育资源，将学生视为可发展的人，将问题的处理作为学生健康成长的利好过程，同时做这样的转化，也可以使教师更为客观、公正、智慧地处理问题。

总之，家校共育非常重要，是一门大学问，班主任需要不断去实践和总结。

【专家点评】

案例中，小 A 同学学习动力不足、自控能力较差、学习习惯不良，这些问题都与他早期的家庭教育密切相关。如果没有一个稳定而规律、既有支持又有约束的生活环境，孩子很难形成规则意识、养成良好的行为习惯。因此孩子的家庭环境与家庭教育对其成长起着至关重要的作用。小 A 幼年父母离异，父亲文化水平不高，教育方法简单粗暴；小 A 在学龄前跟随奶奶生活，上学后又在寄宿学校学习，隔代养育者以及长期寄宿的生活，导致孩子在生活中缺乏高质量的陪伴。久而久之，其性格、人格发展受阻，不擅人际交往，日常中只能通过扰乱秩序等不当方式博得他人关注。

宋老师准确把握了小 A 行为问题的根源，利用单独谈话、班级亲子活动等方式与小 A 的父亲积极沟通，从而达成共识，实现协同育人，教育成效显著。高质量的家校合作体现在家校双方向学生提出一致的要求上，双方要在教育目的、教育过程、教育手段上均保持方向一致。

奏响晨光序曲

王红宇　北京市第八中学

六班的学生在即将升入八年级的时候，校领导一脸愁容地找到我，希望我能接手。领导表示整个楼道每天早上都能听到他们吵闹声，前几任老师拿他们一点办法都没有。和相关老师交流时，我差不多也得到相似的信息：孩子们虽然阳光友善、活泼开朗，但活泼得有点过头，给人感觉这个班有些散漫。

中途接班的现实困境就摆在眼前，此时再谈给学生树立规则恐怕为时已晚。那么，老师应该如何去做，才能既让孩子们保持良好的性格，又能培养他们的规则意识，让班级氛围活泼而有序呢？作为班主任，我决定一边精心观察，一边开始想办法。

于是我决定从早到校抓起。

我在班里设置干部责任制，干部们轮流负责监督；观察到班里自律的孩子，把他们树立为榜样，让大家去学习；对到校后缺乏纪律意识的学生严格管理……可是我渐渐发现，这些办法的效果都微乎其微，工作难度越来越大。

怎么办呢？

每当遇到棘手的问题时，我都提醒自己，不要着急，凡事都有解决的办法。果然，机会来了。

平日，我都是进校后直接走进班里，这一天，因为有事，我要穿过三楼、四楼两层楼道，也就是这不同往常的路线，让我找到了解决问题的办法！

走进班里，我找来三个学生做观察员，发给他们每人一张表格，上面写着三个地点——三层、四层、我们班，写着四个时间点——7：20、7：30、7：40、7：50，我让他们把所看到的情况详细地记录下来。

就这样记录了三天，我把三天的情况进行了汇总，选择一个早读时间，展示给全班看。

早到校状态对比

时间	三层情况	四层情况	我们班的情况
7：20	陆续进班	陆续进班	陆续进班
7：30	收作业	收作业	吵闹
7：40	自习	自习	收作业、吵闹
7：50	自习	自习	收作业、吵闹

看到这个清晰的表格，学生们很惊诧，他们问记录的同学："咱们班真的是这么乱吗？"三个同学同时点头，这时同学们有些无地自容，他们没有想到自己很不以为意的行为，竟然在学校大局之中这样不和谐，就在他们深感愧疚之时，我抓住机会问道："我们怎么改变这个现状呢？"接着我提示大家："要想解决问题，就要先思一下出现问题的原因是什么。"于是，同学们说出了早晨班中一片混乱的原因。

有的说："我们组同学来的时间不一样，来一个，我就要过去收一次作业。"

有的说："我也觉得咱们班说话声音挺大的，所以我在和别人说话时就要再提高嗓门，怕他听不见。"

……

听着同学们说的原因，我和大家商量解决这些问题的办法。《六班晨光序曲》也就因此而诞生了。这是由我们班同学朗诵并录制的几段话。我们在不同的时间配合着音乐播出来。

七点三十：同学们，大家早上好！现在时间是七点三十分，让我们在美好的清晨开始早读时光吧，请同学们回到自己的座位上，把要交的作业摆在桌子上。如果你有事和同学商量，请降低音量，或走出教室。如果你还有一些事情没有准备好，请抓紧时间，不知你是否在补今天的作业，那就请快停笔吧。

七点四十：现在时间是七点四十分，各位组长，请你们收上本组作业，交至科代表处，别忘记附上详细记录，各位辛苦了！

七点五十：悦耳的铃声提醒我们进入紧张的学习状态，请大家准备好第一节课的用具，做做题，复习复习，安静和谐的氛围就在我们的集体中。

随着晨曲音乐的播放，孩子们的自主学习情况确实有了很大改善，但他们长期的随意习惯，绝非一首音乐就能彻底改变的。就在晨曲让班级状况初见成效后，我又在思考，怎样才能把这样的状态保持下去？于是，我分析了之前所采取的措施的弊端：干部负责监督，虽然有工作热情，但他们都是同龄人，缺乏管理力度；虽然树立学生榜样可以起到一定的作用，但有的学生自律性不强，并不能坚持效仿榜样；对早读时间大声吵闹的学生进行批评，虽然能够有所改善，但是不能坚持，因为他们缺乏纪律意识。

是晨光序曲让孩子们有了改变，那么在已有变化的基础上，我把之前的措施进一步细化。我和班干部们一起磋商，进一步明确管理要求，让他们以每一个时间点为节点，根据不同时间点班级同学的完成情况，做详细管理记录，在班内及时总结，每周班干部会还要互相介绍经验。我请自觉性强的孩子，记录每天早上的收获，并在全班展示，让大家从旁人的收获中看到自己的差距。对于平时纪律意识欠缺的孩子，我把他们在奏响《六班晨光序曲》后专心学习的样子拍下来，并在全班进行表扬，让他们看到自己学习时最美的样子，鼓励他们努力学习。我请任课教师配合，对孩子们的改变给予充分肯定，从而形成教育合力……

有了晨曲，孩子们开始改变自己，不断进步，老师们也不断激励孩子们，使他们有了坚持下去的决心。渐渐地，他们有了收获，尝到了静心学习的甜头。学生们还从晨读的安排中掌握了制订计划的方法，并且把方法用于中午和晚上的自主学习中，从而提高学习效率。

《六班晨光序曲》的奏响，改变了班级散漫、嘈杂的状态，培养了学生做事有序的习惯，使学生学会管理自己的时间，并收到意想不到的效果。这个措施从制定到实施，给我留下不少思考。

首先，实施措施以尊重学生为前提，不是规则性的强制，而是发扬学生性格优势，使学生在教师的引领下养成良好习惯。

其次，根据学生的不同情况制定具体措施，然后指导学生认真执行。

最后，在晨曲取得成效后，教师没有止步不前，而是以晨曲为引子，进一步完善措施，并不断规范学生行为，使班级管理更加有序。

虽然制定措施是为了改善班级秩序，但是采取的措施不应仅仅停留在改善纪律情况上，而是应该用发展的眼光，以培养学生为目的。

《六班晨光序曲》的奏响，让六班的早晨变得安静有序。

【专家点评】

教师新接班级，师生之间往往存在彼此陌生、沟通困难的问题，从而影响和制约班级管理。对于七年级来讲，在七年级没有做好顺畅的小初衔接工作，班级内没有形成核心的班级文化、没有树立明确的班级规定，学生就容易形成散漫、无序的状态。本案例中，首先，教师通过与班级原班主任交接、向本班任课教师询问、对班级日常进行观察等途径，充分了解学情班情。其次，班主任基于学生及班级的实际，设计活动。王老师抓住本班大部分学生友善、真诚的特点，利用班会激发学生向好的愿望；设立观察员，在全面反馈班级的实际情况后，教师引导学生充分讨论、反思，分析班级混乱的原因，进而制定应对策略。

教育家苏霍姆林斯基说过：真正的教育在于让学生实行自我教育。班主任不是通过对学生进行说教来管理学生，而是创设机会让学生自己观察、对比、判断、调整自己的行为表现，使学生进行自我管理。

主题班会架起亲子沟通的桥梁

张成勇　北京市第三十五中学

立德树人离不开家庭和学校的有效配合。在实际教学中，部分家长没有与学校形成合力。家长群体对孩子的成长期待和发展愿景普遍比较高，有时会出现家长因自身言行严重影响孩子身心健康的情况。在实际班级管理中，我发现许多家长的主体责任意识比较模糊，缺乏边界意识和责任意识，容易出现亲子矛盾、沟通障碍，从而导致学生成绩下滑，情绪低沉。

我校学生的现实情况是高一高二参加大量实践活动，素质教育落到实处，视野开阔，但由于精力有限及其他客观条件影响，部分学生学业基础明显薄弱。

在高三这个特殊时期，同学们经过八到十个月的努力，精力与体力已经到了临界点，有些同学努力过还没有达到预期效果，难免有些泄气，家长看在眼里急在心里，言语行动中会流露出焦虑与急躁，家长与孩子间龃龉不断，严重影响学生备考心态，部分同学已经出现较严重的心理问题。

起初，我专门召开家长会，但家长参加家长会只是想单方面了解孩子的在校表现，家长会沦为家长的"诉苦会"，学生觉得老师开的是学优生的"表扬会"，学困生的"审判会"。结果，家长并没能全方位了解学生的在校表现，导致学生对家长会失去信任，家长认为家长会没能实现他的诉求，没起到凝聚力量、加深沟通的作用。家长会后，我对学生进行问卷调查，调查反映出学生与家长矛盾依然激烈。我的调查问卷设计了如下问题：

1. 你觉得哪里最有安全感？（给以下四个选项排序：家里、学校、户外、没人的地方）

2. 如果在学校发生不愉快或者郁闷的事，你回家会主动与父母进行沟通吗？

3. 父母对你的期待和你对自己的期待相差大吗？

从学生反馈的问卷来看，学生对家庭已出现较强的排斥心理，认为父母不理解自己，因此不愿与父母沟通。为了进一步找寻原因，我又设计了如下两个问题：

1. 你觉得父母做的哪些事情对你的学习不但没有益处反而有害处？

2. 目前，你最需要父母做的事情是什么？

从学生反馈的问卷结果中我看到了父母在家中不当的"苦口婆心"已经伤害了同学们。例如，在餐桌上天天说为学生做了什么，使学生有一种不好好学习就罪无可赦的感觉；一直在催学生学习；没事就跟学生谈人生聊理想；责备学生。同学们希望父母不要过多地关注自己，要多相信自己和学校。

看到这个问卷结果，我意识到班级同学与家长的沟通矛盾重重。解铃还须系铃人，学校和家庭需要共同承担责任，这样才能对学生的成长和进步起到促进作用，达到"双管齐下"的效果。班级可以架起家长和学生之间的桥梁。我们设定一个情境，让家长和学生开诚布公地说出彼此心里话，让家长体会到学生的成长，让学生懂得家长的爱。

经过思考，我决定借助"班会＋家长会"形式，邀请家长参加"行以致远"主题班会，实现家长与学生的面对面沟通。

前期准备：

1. 每位家长上交一张孩子最喜欢的照片，并在班会上准备一分钟的发言稿，说说为什么最喜欢这张照片。

2. 每位家长给孩子写一封简短的信，在家长会上由老师交给孩子，内容以激励孩子为主。

3. 派一位家长代表发言，发言的家长需要做一个小视频或者课件，把孩子从小到大的照片（有十张左右即可）在家长会上进行分享，照片要包括孩子出生、幼儿园、小学、初中、高中不同时期的。

4. 每名同学完成一篇作文《行以致远》。

《荀子》载："道虽迩，不行不至。"是的，如果不迈开双腿向前走，即使是很近的路，也永远到达不了目的地。何况，个人成长、事业进步、国家发展、文明延续，都有一条漫长的路要走。"行"是到达远方所必需的。请以"行以致远"为题，写一篇议论文。要求：观点明确，论据充实，论证合理。

5.同学们用照片、视频等方式，全方位记录自己的校园学习生活。

"行以致远"主题班会包括以下六个环节。

第一环节：以学生们创作的校园生活视频导入。在这一环节中，我在视频结尾部分附上了对班级同学的寄语。设计第一环节的目的是情境引入，让家长初步感知孩子每天的生活，并通过我的寄语明确高三生活的主旋律。

第二环节：两名主持人向大家介绍同学们丰富多彩的学习生活。第二环节的目的是让家长全方位了解孩子在学校的学习生活，使他们感同身受，理解高三学生的种种不易。

第三环节：家长向大家介绍孩子成长中最喜欢的一张照片，并讲讲为什么喜欢这张照片。这一环节是最动人的，家长们精心选择了孩子成长历程中自己最喜欢的照片。这些照片有的是孩子蹒跚学步时留下的，有的是个人成长中重要时刻的记录，有的是难忘瞬间的留存……总之家长把他们眼中孩子最美的一面展现在我们面前。随着家长动情的讲述，温暖的气氛在教室里弥漫。我看到了原本关系紧张的刘同学母女手紧紧握在一起；原本恨铁不成钢的曹同学父亲难得展现出柔情一面，他向大家介绍的是一张深夜学习的画面，他用自己学渣变成学霸的切身体会鼓励儿子，没有什么不可能，只要你肯于拼搏；我也看到一向内敛的庞同学，在母亲回忆她参加演讲活动的场面时，脸上难得露出自信的微笑。

设置这一环节的目的首先是再现美好的画面情景，缓解高三学生的焦虑情绪，另外在班会时由爸爸妈妈讲讲每个孩子成长过程中的美好瞬间和背后的故事，意在鼓舞同学们，让他们心怀美好，不惧前行，当战胜阻碍时，有我们这群人与他们在一起。

第四环节：分享与交流，家长与孩子之间的对话。先由学生家长代表小刘妈妈做了题为"我和孩子一起成长的故事"的分享与交流，内容包括三部分：我的责任、我与孩子共同成长、感想与期望。小刘家长着重谈了陪伴孩子成长过程中的感受，有快乐，也有烦恼，有惊喜，也有困惑。

学生代表小马做了一个了解度小测试"我们真的彼此了解吗？"，双方共同填写，然后交换，小马同学代表学生说出了他们的心声：由于沟通与交流时间太少，家长与学生的信息不对称。同学反映最烦父母做的一件事就是叹气，他们从父母的叹气中感受到的是压力。第四环节的设计目的是让家长与学生真诚对话，吐露心声，思想碰撞，达到和解。

第五环节：书信交换，达到"共情"。该环节的设计目的是在音乐声中，让孩子们阅读爸爸妈妈平时没有机会对孩子说的真心话，让孩子理解父母的教育初心，让孩子知道无论何时家长都是他们坚强的后盾。同时，也让孩子把自己想跟父母表白的话说出来，以达到共情的教育目的。

第六环节：班主任总结、点拨、提升。在孩子小的时候，每个家长都会把孩子的小手温柔地托于自己的手掌心，孩子跌倒的时候家长会扶起他们，可是现在，家长高高在上地指责他们。孩子需要家长的鼓励与支持，家长要用同理心进行有效沟通。与孩子沟通时少说"但是"，因为这会让孩子的心情如过山车似的起伏跌宕。家长要创设活动与孩子进行有效沟通，在活动中享受与孩子在一起的时光，用心了解孩子。

我由作文"行以致远"说起，总结了每个学生的优点，从每个学生的作文中去挖掘"行以致远"要素。学生深刻表达了从个人到家国怎么做才得以"行以致远"。

这次家长会达到了预期效果，建立了有效的沟通机制，这种沟通既包括老师和家长之间的，也包括家长和学生之间的。我们组织家长定期开展面对面的沟通交流，以实现学生在家庭与学校的信息共享，方便教师与家长有效制定和改进教学目标和方法，实现教育的可持续性发展。

之前的家长会没有取得预期效果，就是因为我们没有很好地了解家长与学生的实际需求。只有真正以生为本，才能促进学生成长，解决学生遇到的问题。在这一过程中，班主任需要做到以下几点。

首先，培养学生的成人意识，激发他们的责任感。在前行的路上，教师需要坚定学生艰苦奋斗、百折不挠的精神，这样方能"致远"。

其次，通过正面教育引导家长理性面对孩子出现的问题。家长应找回自己的教育初心，不只关注孩子的学习，更关注孩子的成长，用爱来温暖孩子，使他们不惧前行。

再次，主题班会以学生为主体，激发学生潜能、发展学生核心素养，使学生真正成为班会的主角。

最后，班主任在组织班会或家长会时可以运用美好的愿景引领家长与学生，实现共情驱动；与学生家长交流时注重多元评价，引导家长关注成长。

【专家点评】

高中阶段学生的心理发展存在很多矛盾特点：反抗性与依赖性共存，他们既有强烈的成人感和独立意识，不愿意听取家长和老师的意见，又没有完全摆脱对成年人的依赖，希望得到理解与支持；闭锁性与开放性共存，内心丰富多彩却不轻易表露，又极其渴望被理解；勇敢和怯懦并存，有时争强好胜，有时又表现得比较怯懦，不够坦然从容；高傲与自卑并存，随着偶然的成功与失败，骄傲与自卑在个体身上交替出现，自我评价不够稳定。鉴于以上特点，他们更需要得到成人的理解、接纳与信任。

张老师发现了班级中亲子关系紧张给学生带来的负面影响，在以往家长会效果不佳后及时反思、调研，精心设计了亲子互动式的家长会。通过观看视频、聆听讲解的途径，使家长全方位了解孩子的在校学习情况，让家长感受孩子面对学习时全力以赴的决心；通过讲述孩子成长故事、亲子对话、交换书信等途径，营造温馨的亲子氛围，让家长回归教育初心，助力孩子以最佳状态投入学习。

浸润式自我成长

张海连　北京新城职业学校

我接管的班级所学专业是电子商务，班内有 40 名学生，男生多女生少，只有 2 名本市学生，大部分学生是非北京生源。这些学生中有的是单亲家庭，有的父母忙生意没时间照顾孩子，有的寄居在叔叔、姑姑家，不在父母身边，还有的在爷爷奶奶家住。

高一开学后，学生刚来到新环境，在学习、纪律方面表现都还可以。一个月后，迟到、旷课、上课玩手机、到校后私自不上课、不做值日、个人桌洞里塞满用过的卫生纸等现象层出不穷。看到此现象，我反复强调，注意个人卫生、班级卫生、校规校纪等。但学生对这些都置若罔闻，丝毫没有效果。面对这些学生，我思考了许久。

针对学生的真实现状，我设计了一些调查表，以了解学生的成长经历和内心期待，如我的成长历程、我理想中的班级、我羡慕的宿舍、毕业后的我等。通过这些问卷，我了解到百分之九十的学生的内心是向善，对班级、对自己都有期待。学生也在问卷中表达了自己对旷课、上课玩手机等现象的看法，分析了这些现象的严重后果。个别学生在问卷中对有的问题回避不答，对有的问题回答得很简单。从中我也能看出有的学生对自己的现状不是很满意，存在自暴自弃想法；有的学生在学校就像在自己家里一样，想做什么就做什么。依据冰山理论，我了解到学生行为背后的内心需求。接下来，我和学生一一聊天，聊家常、聊过往、聊感悟，了解学生内心的想法。在聊天中，他们反映在小学、初中时即使自己努力了，也经常被老师、家长否定，这样一次又一次没有被认可，学生内心和老师、家长产生距离感，学生认为老师和家长不爱自己，因此没有归属感。有时候老师、家长急于转变学生，话说得重时会伤学生的自尊心，导致学生逆反情绪越来越高涨，在各方面的表现也越来越不尽如人意，从而失去自信，产生自卑心理。班级中还有许多学生是独生子女，他们在家人细致入微的呵护与关爱中成长，自我方面突出。由此，我决定创设有利于学生成长的班级氛围，让学生浸润在这氛围中，慢慢自己体会、自己感悟，从而实现自我成长。

一、活动感悟

班级呈现散沙状态，学生以自我为中心，不值日、乱扔垃圾等现象频繁发生，于是我利用一节班会课设计画圆活动，以转变学生认识，调动学生的感知系统。以下是活动课中我和学生的一段对话。

师：咱们有多少名同学？

生：40名。

师：请几名同学在黑板上画个圆。（请五名同学画圆，一人画一个圆）

师：五名同学都画好啦，大家看看，一名同学在黑板上画一个圆，五名同学画五个圆，全班每人各画一个圆要画多少个？

生：40个。

师：画在黑板上40个圆，黑板的面积够用吗？

生：够用。……不够用。

师：为什么会不够用？

生：你在这里画圆，他在那里画圈，你愿意在这里画，他愿意在那里画，当然就不够用。

师：如果是这样，那呈现出的效果是什么样子？

生：满天星，像一盘散沙。

师：这样，我们还是一个集体吗？是我们想要的结果吗？

生：不是。

师：那我们的集体应该是什么样呢？

生：我们要凝聚在一起，我们40名同学和老师一起做同心圆。

此时，有的学生低头，反思自己以前乱扔垃圾是极为自私的行为，是不文明的。经常不打扫教室，不做值日的同学说："我只想自己索取，没换位思考，不懂得为班级奉献，我做得不对。"还有的学生说："40个同心圆，层层叠叠，无比坚固，班主任在最外围守护我们，我们倍感关爱和温暖。"同心圆活动转变了学生的认知，学生热爱集体的意识被激发。然后我在黑板上写下：40个心，心心相印、互帮互助的同心圆，40双手，手手共挽、争先争创电商班，横批：团结向上。

之后我带领学生体验"不倒森林"和"无椅支撑"等活动。寓教于乐的团体活动，拉近了师生关系，促进了同学情感的交流。例如，有的学生说："在参加不倒森林活动时，如果我不伸手扶竹竿，它就会倒下，这样，我们组就失败啦，如果我及时伸手扶住竹竿，我们就成功啦，这就像我们的班级，如果大家都伸手相助，我们就是团结的集体。""我们组做不倒森林时，步调一致，大家喊1、2，1、2是准备的口令，喊3是松手的口令，松手的刹那，另一名同学立刻接住前面的竹竿，我们都做好自己的事情就行啦，这样我们就可以成功。"在无椅支撑活动中，学生这样描述：我们按照老师的要求，把10把椅子摆成一个圆，椅背朝圆的外环，椅面是圆的内环，每把椅子间距30~40厘米。10名同学端坐在椅子上，看到这里我很好奇，老师在组织什么活动呢？正当我疑惑的时候，老师继续指导这10名同学保持坐姿，向右转90度，大家依旧坐正，现在10名同学后背没有了椅背，但坐姿依旧像刚才一样，之后10名同学的头部和后背依次向后倾斜，直到躺在后面同学的腿上。这样10名同学在椅子支撑的情况下，大腿小腿成90度，双脚着地，组成了圆环。随后奇迹瞬间发生了，把10把椅子撤掉后，我们发现10名同学还像坐在椅子上一样，稳稳地互相支撑，没有一个人倒下。大家为了圆环，为了这个集体，劲儿往一处使，心往一处想，团结一致，这才有我们的胜利。这个活动让我们真正体会到集体的力量，感悟到个人和集体的密切关系。奇迹出现了，没倒！大家还像有椅子一样，稳稳地互相支撑，这就是我们的班集体，互相支撑，互相着想，团结一心我们就不会倒下。

教师通过活动而不是说教的方式引导学生，有利于稳定学生情绪，能够有效调动学生的主人翁意识，激发学生的责任感，为今后的班级管理奠定了良好的基础，使班级的凝聚力初步形成。"我为班级做贡献""我以班级而骄傲，班级因我而精彩"的理念深入每个学生心中，为班级服务也成为全体学生奋斗的目标。这次体验教育活动后，班级中再也没有出现不做值日、乱扔垃圾的现象，学生以自我为中心的行为逐渐减少。学生为班级着想的一言一行、一举一动，大家都一一点赞。学生在班级中得到了认可，有了归属感，班级荣誉感大大增强，班级的凝聚力大大增强。

二、榜样树立

学生能够在模仿中成长。在家效仿父母，在校模仿师长同学。"孟母三迁"讲的就是模仿的成果，这就是榜样的力量。

老师，尤其是班主任老师，要言传身教，以人格育人格，以灵魂塑灵魂，发挥示范作用。我认为一个老师的人格和灵魂更多表现在平时的一言一行上，表现在与学生相处的一点一滴中，喊破嗓子不如做出样子，要求学生做到的，班主任必须做到。老师要通过榜样的力量转化学生的一言一行。在工作中，我严格要求自己，以身作则，多少年来从没有迟到等现象发生。

另外，我还鼓励树立榜样同学的形象，让同伴影响力发挥到极致。我不仅请来在校的学长，而且邀请毕业的学长，进班交流成长经验，让他们讲述自己的成长故事和思想转变。在班级管理中，我从学习、生活、运动三大领域设置奖项，大力宣传学生的优秀品质，争取让每一名学生都有机会展示自己，看到自身的优势和价值，从而获得成功体验，树立自信心。

学习方面设立课堂纪律标兵、积极互动标兵、作业优秀标兵、阅读标兵、进步标兵等荣誉称号。

生活方面设立卫生天使、雷锋志愿者、经验能手、文化大师等荣誉称号。

运动方面设立早操健将、跳绳健将、篮球健将、足球健将、羽毛球健将、乒乓球健将、长跑健将、短跑健将等荣誉称号。

播撒一种思想收获一种行为，播撒一种行为收获一种习惯，播撒一种习惯收获一种性格，播撒一种性格收获一种命运。榜样的影响是巨大的，这是一种向上的力量，是一面镜子，更是一面旗帜，学生能够从不同方面学习榜样身上所具备的品质，看到自己奋斗的目标和努力的方向，不断提升自己，完善自己。被树立为榜样的学生，俨然像位老师，认真帮助同学，教同学如何学习数学公式、如何背英语单词、如何协作跳长绳等。教者，收获自尊自信，学者，获得成长完善，双方都获得了快乐，同学关系融洽，追求更上一层楼的愿望更强烈了。有几名同学在高二时就经常和我强调："老师，您看我，我在学习、生活、运动三个方面都获得荣誉了！"我以学生的优点为抓手，扩大优点的影响力，提高学生的自信心和获得感，树立阳光向上的班风，提高班级对学生的吸引力。在学习榜样的过程中，学生们互相帮扶，取长补短。学生们的这种自我教育成果也越来越多，我为他们葵花般的成长而欣慰。

三、故事感化

在一个接一个的故事中，学生一点一点地认识同学与朋友，认识班级与学校，认识社会与世界。我要求学生每周写一篇周记，哪怕一句话、一个故事都可以，可多可少，自己选择。那是高一开学的第三周，我看到一篇密密麻麻，写满一页纸的文章，仔细阅读，发现句句充满真情。我们电商专业的班级有两个学生是亲兄弟，作者是兄弟两人中的哥哥。征得他的同意，我在班上朗读了他的文章。这篇文章讲述的是他自己的故事，一个他们兄弟二人来校报到时向家长要钱的故事："别的同学向家长要钱上学只一份，而我们得要双份，三年的时间，那得是多少啊。我的父母得卖多少水果才能换来这么多的学费、生活费啊！"读到这儿，哥哥默默流泪了，其他学生也低下了头。由此，我们展开即兴故事会，讲述自己难忘的经历，说一说父母对自己的付出。大家你一言我一语，在一个个故事中，学生体会到家长的不易，懂得生活的艰辛。

我们不仅讲述同学的故事，还讲述其他故事。我设计话题让学生探讨故事背后蕴含的道理，引发他们的思考，潜移默化丰富学生的成长经验，使学生能够分辨对与错和利与害，指引学生成长方向，使他们形成自己的软实力。

四、文化浸润

创设温馨的班级文化有利于班级形成共同的奋斗目标。这项工作需要兼顾学生的共性与个性，突出专业特点，体现学生特点。班级文化创设风格可以通过电子屏、板报、园地、墙报等方式体现，以促进学生进行文化交流，从而提高学生的自信心，形成班级的核心力量。我们的教室是让学生表现自我、优化个性的场所，每一个角落都是学生的舞台，每张画、每个字都是学生的代言，让每个学生抬眼即看，睁眼即见的是我们的优秀文化与高雅素养。因此，我积极创建平台，展示学生的优势和特点，激励学生努力调整自己，同时利用学生来自不同地区的优势，突出他们各地的文化特色。我设计的文化栏目有墨香四溢读书擂台、节日我要说、艺术角、故乡美故乡情、我爱我家、我坚持我胜利等，让学生发现自己的优点，夸一夸家乡美。我鼓励学生接纳不同，拥抱共同。学生在这种氛围感染下，坐在教室里就可以欣赏各地的美好，陶冶了身心，丰富自己的精神世界，增强自豪感。

学生各自情况复杂。他们处在青春期，情绪容易不稳定，因此我利用各种体验活动，稳定学生情绪，让大家心往一处想，共建团结正向的班级。在这一过程中，团体活动奠定了班级健康发展的基础。通过活动体验，学生的主人翁精神被激发起来，正能量发挥巨大作用，一些学生的享乐主义、自我为中心的想法被转变，他们开始约束自己的行为，从而使后边的教育工作得以顺利发展。学生在多视角、多维度的正能量教育氛围中，慢慢感悟，自我觉醒，我认为这种浸润式自我成长更有利于学生身心健康的发展。

【专家点评】

学习成绩是长期累积的结果。大部分职高的学生由于成绩不好，外部现实压力大，内部学习中各种问题长期累积，往往会失去自我价值感，产生自卑心理，甚至自暴自弃。

案例中，张老师寓教育于无形，开展班级体验实践活动，引领学生自我发现、自我反思；张老师设计多元化评价，为每一名学生创造可以获得成功的机会；张老师利用讲故事的方式，对学生进行正确的价值引领；张老师利用班级文化，凝聚班级力量，激励学生向好发展。

创造最好的遇见

——设计融情入心的家校见面会

周晔　北京市海淀区教师进修学校附属实验学校

开家长会是班主任的常规工作之一，但也是引起班主任焦虑的重要难题之一。老师对开家长会的感受也五味杂陈。

内容定位难。如今，人们获取信息的途径越来越多，家长、学生不太需要老师开会来宣讲政策、教育信息了；家长关心的成绩都是个人隐私且影响学生情绪，不适宜在家长会上沟通。

人际沟通难。家长们都是背景、性格各不相同的人，因家长会聚在一起，彼此陌生，会场气氛不会像班级课堂那样轻松融洽，缺少群体沟通的氛围。

形神兼备难。班主任一对多讲，形式单一，单向发表观点，很难产生和家长的互动交流；家长需要个性化指导，但家长会无法兼顾到每个家长。其实，家长会的功能是给家长提供更专业、更具体的家庭教育和亲子沟通指导。

为了扫除上述困难，教师除了在课余时间增加和家长单独交流的机会，满足他们的个性化信息需求外，也可以提前调查家长需求，根据自己多年的经验和不同年级学生学业成长的特点，以促进亲子关系为原则确定各阶段家校沟通的重点内容，给家长提供有侧重的指导性课程。

在学校邀请教育专家来开展家长学校课程的启发下，我带领年级组的班主任们设计并实施了以"深度陪伴"为主线，贯穿三年的班级亲子课程。

七年级："走近我们"家校见面会——让孩子展示自我成长和集体的特点，使家长充分了解孩子、融入新集体。

八年级："深度陪伴　滋润成长"亲子交流会——开展心理游戏促进亲子合作，让家长和孩子互诉心声，增强亲子沟通。

九年级："青春的密码"亲子交流心理讲座——帮助家长了解青春期孩子的心理和情绪特点，介绍有效的沟通方式，缓解家长面对中考的焦虑情绪。

好的开始是成功的一半。彼此信任、欣赏的关系是家校合力育人的前提。七年级新生入学已经有两个月了，期中考试后即将召开第一次家长会。虽然之前已进行了个别家访，家长微信群也已建立并投入使用，但这是班主任和家长们的第一次见面，其意义非比寻常。我给第一次家长会的价值定位是：要通过这次家长会让家长看到孩子的成长，认同学校的教育理念，和老师们建立信任、欣赏的良好关系。这也是设计这次家长会的出发点和落脚点。

一、分析现状

需求调查。第一次家长会应该确定什么样的内容呢？如何能够满足家长、学生和班主任三方需要？我们通过设计调查问卷，针对班级孩子的需求及家长想了解的校园生活需求进行了调研。孩子们表示，希望能通过家长会让家长看到自己入学以来的成长变化，让他们了解自己的新集体、新同学和新生活。家长们想了解校园环境、师资条件、就餐条件、考试评价体系等方面的问题。最后，我们确定内容为：从班级文化、课程设置、老师群体、成长成果等多角度展现孩子们的校园生活。

时空条件。在什么时间、什么地点召开家长会呢？这次一个年级的所有班级都召开家长会，即便各班都派学生志愿者引导，如何可以避免秩序混乱？家长要在各班教室开家长会，学生仍需在校，可学校空间有限，无法安排孩子们按班上自习，再说孩子知道家长在开会，不论好奇还是紧张，都无法安心学习。如何能够兼顾家长和孩子？经讨论，我们发现如果将学生和家长融于同一空间，这样问题就解决了。我们可以让孩子成为志愿者和参与者，把时间确定在工作日召开，让学生引导家长游校园，并且共同在教室中组织参与，各司其职，岂不两全其美！

载体形式。如何把我们想呈现的内容，以喜闻乐见的形式呈现给家长？如果班主任只是把这些信息宣讲一遍，形式单一枯燥，气氛严肃拘谨；如果任课老师都进班和家长见面，整个年级授课老师难以安排次序，走马灯一样地换场，秩序也比较混乱；用录像方式，难以提供班级个性化的信息。最后，我们确定让学生分小组各自承担一个模块。这样避免了"一言堂"，既呈现了不同角度的校园生活内容，也培养了孩子们的主人翁意识。

二、设计筹备

经过班主任集体备课，智慧众筹，我们最后决定让班级成员全体参与，共同准备开一次家校三方见面会。这样既可以让孩子们对班级产生归属感，增强班级凝聚力，又可以让家长近距离地看到孩子们的良好精神风貌。

我先设计动员班会，确定分工内容，利用任务让各个小组用心合作，介绍或呈现初中生活各个方面的现状。这样做可以一举两得：对孩子而言，这次家长会的筹备过程，就是一次综合实践活动，可以促进各小组分工合作，促进每个孩子综合能力的提升；对家长而言，这次家长会不仅可以高效、多元地向家长呈现校园生活风貌和教育教学成果，而且可以通过体验加深其对学校育人理念和课程构设、教学活动的了解和认同。

班主任要精心准备一堂微课，给家长和孩子讲解小学和初中的区别，强调习惯养成、快速融合适应初中节奏的重要性，并挑选家长所需的家庭教育指导阅读资料。

三、师生合作

设计融情入心的家校见面会，从用心动情开始！在动员班会上，当听到所有人都能参与"走进我们"——家校见面会的筹备工作时，孩子们欢呼雀跃，积极发言。在一周的准备时间里，各小组根据自己的特长，选定任务，新组长和组员再细化分工。

多媒体组：负责制作、介绍两个月以来有关班级成长的暖场视频，并在会场现场摄影，后期在班群分享视频和图片。

会务组：负责会场布置和颁奖仪式。大家用自己的美术作品和活动照片、

创造最好的遇见

班徽、班旗等布置班内外墙报，设计、实施会场桌椅摆放方案，确保容纳所有人。

接待组：负责引导家长游览校园，介绍、准备、提供茶点和自制饮料，会后恢复教室布置，保持卫生整洁。

展示组：在组长的安排下，讨论确定展示内容、材料和分工，制作PPT或短片，准备3～5分钟展示。内容包括："我们的家"——介绍班徽、班训、班旗、班歌等班级文化内涵；"我们的生活"——介绍课程安排、选修课、学校社团、考评制度、学习习惯表彰和学法指导；"我们的朋友"——介绍任课老师，各小组的组名、组长、成员。

我作为指导者和支持者，利用课余和班会时间，指导各小组完成工作。多媒体组制作暖场视频、撰写演讲提纲，呈现学生进入初中半学期以来在教育教学活动中的表现与成长；展示组设定6个奖项及颁奖词，印奖状，并组织小组来评选，表彰覆盖全体学生。每天放学前的晚讲评时间，我听取各组汇报工作进展，提出建议，孩子们也互相帮助，解决疑难。（颁奖环节是惊喜彩蛋，不用汇报，对其他组保密）我自己也在制作微课的演示文稿，收集、选取家长教育心得，准备印发给家长自行阅读，引导家长如何在家庭教育中培养孩子独立自主、如何与孩子进行积极有效的沟通。

四、会议现场

所有的努力促成了家校见面会的"灿烂绽放"。只要给予孩子足够的信任和支持，他们就会给你带来惊喜！从校门口开始，身着制服的引导员，引领三五成群的家长参观校园并进行讲解。来到教室，家长们围坐在会务组精心设计的"画"字形的桌旁，欣赏着教室墙报上班级文化的图文资料，看着记录班级两个月来成长瞬间的精美视频。会务组送上了茶点和饮料。班长带领组员介绍了"我们的家"，呈现了同学们为班级设计的班徽、班旗和共同商定的班级愿景。在颁奖表彰环节，当听到孩子的名字，并被邀请上台颁奖时，家长们脸上洋溢着幸福的微笑，眼中泛起微微湿润的泪光……气氛温馨又甜蜜，孩子成为老师和家长之间的桥梁，家长在孩子们的介绍中，了解也认同了学校的育人理念，逐渐熟悉和爱上了这个班集体。

作为班主任，我最后出场，毫不吝惜地赞美孩子们，也欢迎我们家庭的所有成员欢聚一堂。之后，我以"和孩子一起成长"为题，给家长和孩子们介绍了小学和初中的区别，并针对孩子的自主、自控和家长的有效沟通提出建议。

最后，在本班合唱团的领唱下，全班唱起了《刚好遇见你》。"我们哭了，我们笑着，我们抬头望天空，星星还亮着几颗。我们唱着时间的歌，才懂得相互拥抱到底是为了什么。因为我刚好遇见你，留下足迹才美丽……"在歌声中，家校见面会即将落下帷幕，我诚恳地邀请家长写下参会感受，也可讲述孩子在家中的变化或自己对孩子和学校老师的希望，来延续融情入心的深度交流。

良好的开端是成功的另一半。这不仅是孩子们初中入学以来的第一次家长会，而且成为他们青春年华中美好而精彩的"原点记忆"。由此，家长和孩子们都融入了一个更庞大而温暖的"家庭"，家长、老师和孩子相互关爱、欣赏，各自都获得了更强大有力的支持。

五、收集反馈

家长会后，我们请所有家长将参会感受写下来，然后发给我们，以便了解这次家校见面会的效果。家长反应热烈，纷纷兴高采烈地分享自己看到的感受：在学生引导员带领下参观校园，看到孩子们穿着庄重，严肃地介绍班级文化和课程；第一次在学校当着所有同学，给自己的孩子颁发奖状；接过孩子的茶点和自制饮料……家长们非常感谢老师对孩子的精心教育和指导，让孩子在进入初中短短两个月，迅速融入并且爱上了自己的新集体和新生活。下面是一位家长的参会感受。

与其说是参加了一次家长会，倒不如说是参加了一次联欢会。孩子们略带紧张和羞涩的演讲，井然有序的安排、制作精良的小点心和饮料足以证明孩子和老师们对这次见面会的重视程度。印象较为深刻的是 ×× 同学精彩的演讲，×× 的内心似乎蕴藏着无比巨大的能量，令人很是钦佩。家长互动环节让我了解了每个孩子的特点和优点，从而知道孩子们之间的共性与差距，也窃喜孩子是如此幸运能来到这个充满爱和正能量的集体。

自开学以来，孩子在很多方面有了明显的变化，可以用精神、自理、礼貌、规矩这八个字来总结。

精神：以前走路总是会走着走着就靠在你身上，现在走路抬头挺胸。以前写作业不是趴着就是用手托着脑袋，现在不用老在后面提醒着了。每天出门前自己主动把衣服披好，整理好裤脚，给人的感觉就是精神了。

自理：这两个月自理能力明显提高了，自己能合理安排时间处理日常学业内容。虽然有时候有点急躁，但也能按质按量完成作业，已逐渐养成睡前把第二天需要带的学具准备齐全的习惯。

礼貌：这孩子从小胆子小，不爱叫人。最近跟朋友一起出游，突然发现他开始主动与长辈打招呼并且交流。

规矩：以前孩子做事总是毛毛躁躁，丢三落四。最近做事有条理、有规矩多了，少了许多大呼小叫。以前跟周围朋友一起出游，男孩子们总是在一起打打闹闹，现在任凭别人如何嬉戏打闹，他都做一个旁观者或者安静地做自己的事情，同时也开始影响着那些喜欢打闹的孩子，让大家都能享受宁静和谐的氛围。

对于孩子的期待嘛，我想说，希望孩子能交更多朋友，学会宽容、与人为善。

仅仅两个多月，就给了我们这么多的惊喜，试想三年后的他们又会怎样，我们共同期待、共同祝福，谢谢老师付出的耐心、关心和爱心。

【专家点评】

家庭是孩子成长的根基，家庭教育的品质是影响孩子发展的重要因素。以学校为主导开展的家庭教育课程对家校同向同行、携手育人具有重要的作用。

　　孩子进入中学阶段，青春期的特点更为明显。青春期的孩子大脑发育不平衡，他们的情绪、思维、自我意识都发展到了一个特殊的阶段，因此青春期的教育问题显得更为棘手。此阶段开展有效教育的基础是和谐的教育关系，家校配合，基于孩子的身心发展特点开展适切的教育引导十分关键。在本案例中，周老师对家长会、家长学校课程的有效性进行了深入思考，设计了系列家长课程，既有青春期身心发展特点的讲座培训、又有亲子互动体验式活动，这些课程的实施对建立和谐的亲子关系与彼此信任的家校关系都有积极的作用。